終於，可以好好說再見

當我們失去最愛的人，該如何走出悲傷？

THE GRIEF SURVIVAL GUIDE

How to navigate loss and all that comes with it

JEFF BRAZIER **傑夫・布雷澤**——著　謝佳真——譯

面對悲傷的問題導向學習

台灣安寧照顧基金會董事長／**楊育正**

我今年恰進入「從心」之年，學醫五十年，從迎接生命的婦產科醫師到常須面對生死抉擇的癌症醫師，又從治癌醫師到自己成為癌症病人，深刻經歷一課一課的生命學習，深知面對死亡是每個人終須面對的終極學習，就如馬丁・海德格爾（Martin Heidegger）所說，人只有面對自己的死亡，真實的自我才會顯現。然而每個人的死亡學習只有一次，無法重來，藉著別人生命故事，尤其是自己親人的學習，就是重要的學習和成長。

本書作者傑夫・布雷澤（Jeff Brazier）是合格的人生教練以及喪親兒童輔導慈善機構「邂逅悲傷」（Grief Encounter）的親善大使，他同時也是神經語言學（Neuro-Linguistic Programming，NLP）執行師，長於提升人與人之間的溝通技巧，以及積極正向的思維技術。他的妻子潔德在八年前的母親節（當時二十七歲）因癌症過世，其後他便一人帶著兩個年幼的兒子走過哀傷、走出哀傷，陪著他們長大。後來更在一個幫助人們（尤其是孩子）克服哀傷的單位工作，是個相當有經驗的生命導師。

自身經歷與豐富的輔導經驗，使他可以將喪失親人後可能會遇到的問題做分類，並教導大家如何解決問題，以正向方式克服哀傷，用更從容的態度面對死亡。

本書不著重於喪失親人的「經驗」，而是將重點放在喪親前後會遇到的「問題」，以及如何排解情緒、解決難題。這和當代學習的一個主要模式，「問題導向學習」（Problem Based Learning，PBL）相契合。

作者告訴我們，在悲慟降臨前，你可以盡力為摯愛營造舒適的最後時刻。同時，你也可以做不少事情來減少遺憾。我常說：「記得病人不是唯一受苦的人」，這樣的思考和準備，肯定可以使每個人做好準備，在自己人生的最後階段，也妥善照顧身旁的大家。

至親的死是你永遠不可能徹底釋懷的，時間雖然可以使哀傷看似淡化，但每逢昔日的情境重現，或夜涼如水之際，便常又觸動愁腸，但我們確實可以學會管理悲傷，與悲傷共存，使思念成為美好記憶的重現。

我們也常看到，如本書作者所說，家庭之中當失去一個人便會連帶失去很多人，相信很多人都聽過這樣的說法：「父母在，兄弟姐妹是家人；父母不在，兄弟姐妹是親戚！」本書作者也提醒大家要注意當全家人團結一心的原因不存在了，家人之間的關係便似乎開始沒那麼緊密了！然則我們當如何行？

本書原名為「悲傷生存指南」，書末「挺過悲傷的求生思維模式」一章便是重要的總結之章，作者拆解悲傷的所有要素，提供他一路上學習和體驗的所得，希望能嘉惠在漫長而曲折的悲傷之路上的每個人，他說這不僅關乎學習面對悲傷，也是關乎學習面對自己人生，深度追尋生命意義的重要時刻。

我期望所有的讀者都能藉此書有問題導向式的學習，就像我一樣。甚願為之推薦。

給我的好兒子鮑比與佛萊迪，你們的生命讓我的人生有了目標，
圓滿而踏實，洋溢著堅定不移的愛。
你們未來的生命也永遠會是我無上的喜悅、榮耀、成就。
這本書主要是為你們而寫，只盼望這可以啟發你們、撫慰你們，
我也希望這本書能幫上大家的忙，
但願我們的故事、我們的成敗經驗可以造福世界，
協助其他承受喪親之痛的人，
扶持他們穿越黑暗、寂寞、絕望這些不容置疑的喪親效應。

目錄

導論

「不管你的年紀大小、健康與否，你不是好好活著，就是走向死亡。」——瑪麗・透納，二〇一七年四月十二日死於卵巢癌，享年六十九歲。就在她死前不久，她大方地分享自己的智慧與幽默，希望能嘉惠本書的哀慟中人。

每個人與悲慟的關係都是獨一無二的。身而為人，你就是與地球上的其他人不一樣，因此每個人的哀悼方式都不會跟別人相同，這是再合理不過的事。

你或許失去了生命中重要的人，沒機會說再見，或是對方與疾病纏鬥多年，大限近在眼前。或許你痛失某人，覺得自己之前應該多盡一點心力。生離死別的場景千變萬化，有無限多的變異版本，在你尋找悽愴背後的答案與意義之餘，請你務必謹記這一點，因為除了你自己，沒人可以決定你要如何調適自己的心境。

喪親的心情取決於許多因素，沒人說得準你會如何消化那些感受。你會允許自己哭泣嗎？你會讓自己滿心譴責與愧疚嗎？你會掩藏自己的傷悲來保護孩子嗎？你會裝作一副沒事人的樣子嗎？

重點是：你不孤單。我寫這本書的宗旨就是要告訴你，總有辦法可以讓你的悲傷不再椎心蝕骨，終至減輕到你應付得來的程度；而也有一樣多的辦法可以加重你的哀慟，讓撕心裂肺的苦楚變成無時無刻不存在的困境根源。

悲傷是厲害到極點的捉迷藏高手，絕對每一次都會揪出你，不管你花了多少時間把自己塞進洗衣籃中，還老練地在頭上蓋滿了骯髒的內褲，一切全是白費功夫。你別無選擇，只能乖乖地坐好，陪它玩拼字遊戲。

布雷澤，你憑什麼說這些話？

憑我十幾歲時，有一天母親先叮囑我坐好，再說我一無所知、連見都沒見過的親生父親，在四年前的同一天發生船難意外，溺死在河中。憑我二十二歲時經歷了只有第一次在喪禮上目睹死亡才會有的震撼，在教堂外面克制不住地哭泣。

二十九歲時，一通電話令我噗通跪倒，永久翻轉了我的世界。也是在二十九歲的時候，我有六個月時間為兩個幼小的兒子作好心理建設，協助他們承受超乎他們理解能力的事，同時我得面對現實，接受想都想不到的變局。

「我應付得了嗎？連我自己都還像個小孩啊。我要怎麼填補那無可取代的一切？我要怎麼做？我能怎麼做？為什麼要做？幾時要做？」

你我之間的共通點，大概比你想像的更多。

一直以來，我就是會去看你、陪你談你的喪妻之痛、希望自己往日累積的經驗能派上用場的人。我勤勉向學，是合格的人生教練，也是神經語言學（NLP）的執行師，因此我可以幫助大家早日走完接受悲傷的歷程，包括接受死亡。我是談話式心理療癒師，我的個案拓展了我對哀傷的認識，如果只憑我個人的親身經驗，我不可能懂這麼多。

我提筆書寫我們與悲傷的關係，是希望我能照亮你的道路，讓你找到你需要的援助——我要成為陪伴你尋找方向的夥伴，跟你一起面對這一段人生必經之路，度過那詭譎多變、沒人想碰到、凡事都說不準的險惡旅程。

什麼是悲傷？

在各位進入正文之前，我得跟你聊一聊我在撰稿時發現的角度，這很重要，因為它能引導你進入狀況。你覺得悲傷是什麼？如果你閉上眼睛，想像悲傷的模樣，它會長什麼樣子？它會是猙獰的死神嗎？還是一朵烏雲？一頭兇惡的怪物？

有時候，我們覺得悲傷在欺負我們，希望它少來煩我們，疲乏的情緒也不要在日常生活中冒出來，搞得我們一把鼻涕一把淚，淒愴不已。為什麼我們不能按照自己的步調，在私底下傷心就好？為什麼悲傷一定要這麼鋪天蓋地，麻煩到極點？我們將悲傷當成敵人，才是導致一切都不踏實的原因，害得我們腦筋都轉不動，除了自己正在做的事，對其他事情都視而不見。

現在我只問你一件事，如果這個世界上沒有悲傷，那會怎樣？如果我們不回顧過去，反正看著別人斷氣也不會心痛呢？有什麼能讓我們想起那個人？我們是不是得在行事曆上設定通知，才會記得他們？如果沒有悲慟，別人過世的時候我們就不必付出情感的代價，那我們跟別人的關係還能走得多緊密？我們要怎樣在他們生前及身後，展現他們在我們內心的分量？

我不是在規定你應該怎樣看待悲傷；我的重點是請你**思考**悲傷這回事。當你閱讀本書的章節，你會看到許多的觀點，這些見解會挑戰你對喪失的認知，因此閱讀每一章的時候，最好把日記本擺在手邊，方便你記錄自己的念頭如何一點一滴地轉化，還可以回顧你的歷程。

這是我對悲傷的看法

我把悲傷當成一個叫傑佛瑞的人，傑佛瑞．悲傷。他個子矮矮的，沉默寡言，臉頰紅撲撲，是個不起眼的中年人，蓄著一點點的小鬍子，戴牙套，穿細條紋襯衫，打綠色領帶。他的褲子正面有一條筆挺的摺痕，雖然他跟時髦沾不上邊，但他相當注重儀表，皮鞋擦得亮晶晶，扮相從來不會改變。

我覺得他應該是那種年紀老大不小了卻不太會離開母親的人，八成還跟他的媽媽，也就是悲傷太太，住在一塊。他不擅長社交，但是工作認真。他是自由工作者，有許多需要他服務的客戶。他沒有固定的辦公室，因此省下了常務性的開銷，而且他私心裡也喜歡可以遠距工作，隨時隨地都能聯絡他的客戶。

他不休假，絕不遲到，從不違反規定。他對小細節一絲不苟得驚人，做事又周全，曾經多次贏得職場效率獎，獎牌就收在他母親家裡，排放在他房間裡的一個架子上。

他的職務內容就是拍拍雇主的肩膀，雇主就是你。他的工作，是讓你想起過世的人。當你咒罵他的存在，他不會覺得被冒犯；他明白挨罵是他的分內事，總有一天，你們的合作關係會愉快很多。

在合作期間，他會以精湛的技巧，帶領客戶走過一連串的想法與情感，這對客戶的整體身心安康是絕對必要的。他會牽著客戶的手，與客戶共度許多艱難的時光，當然，拋出那些想法來誘發那些感受的人就是他，但他是專業人士，絕對會在一旁守護，直到客戶從中得到他們需要的一切。

假如一切順利，他守護客戶的時間就會縮短，最後客戶接受他們的合作關係，甚至開始邀請傑佛瑞來家裡玩、一起出門，尤其是出席特別的場合。

當悲傷先生知道客戶認同他的表現，他總是很高興，但他不會違反職業規範，只會保持莊重的距離。公事公辦，不能夾帶私人的情感，就是這麼回事。有一天，傑佛瑞會和客戶握手道別，只留下回憶給客戶。他會不時寄寄卡片，偶爾也發一封電子郵件，只是確保客戶沒有忘記這段關係，但一位客戶走到旅程的終點時，總是會有另一位客戶剛剛踏上起點。

傑佛瑞很喜歡客戶們的差異，他說：「永遠都料不到下一位客戶會是什麼樣子。」有的客戶一下子就認清現實，明白自己只能和傑佛瑞合作，有的則沒那麼快；無論如何，他樂於接受這樣的挑戰。

有的客戶一見到他就腳底抹油，真是個壞習慣，他們都不曉得傑佛瑞是索塞克斯學校跨區越野賽跑的冠軍，已經蟬聯五年了呢。儘管四十出頭的傑佛瑞是外觀不健壯的瘦子跑者之一，但是老天哪，這傢伙活像身上裝了引擎！

他是荷甫公園路跑的老面孔，常常十六分三十八秒就跑完五公里的路程。超強！想跟這個傢伙鬥智或耍手段，實在是沒有勝算，所以在拔腿就跑的客戶們認清現實之前，他只把這當成額外的健身活動。

有一次，傑佛瑞透過魚多多交友網站跟人約會，他在個人檔案中填寫的最大優點是耐心。他必須耐心十足——與母親同住可不輕鬆，而且在他的客戶當中，也有很多人是否認他存在的高手。

根據工作規定，他每天可以不限次數地去拍客戶的肩膀，但一次只可以拍一下，要是這樣不足以引起客戶的注意，他只能沉住氣，一遍又一遍，直到客戶承認他就在那裡。

傑佛瑞的交友申請表格裡也寫到他愛玩拼字遊戲、烤蛋糕、收集珍稀的鳥蛋，這些是他列出的嗜好。這樣看來，悲傷先生其實一點都不可怕，對吧？只是一個公事公辦的人。我可以沒完沒了地繼續介紹這個人，但我不想讓你聽到發狂，趁你還沒變卦、決定不繼續往下看之前，我還是到此打住吧。

我以這麼複雜的譬喻來描述悲傷在我們日常生活中的實際角色，是為了將我們可能暗自恐懼的事物，拆解成我們能夠理解的事物，讓我們不再害怕，這麼做極有助益。

我們不可能了解自己不願意觀察的事物，不論悲傷在你心裡是圓的扁的、是大是小，只有正視悲傷，你才有辦法真的開始了解悲傷的真面目，以及悲傷的運作機制。儘管黑漆漆的巷子很可怕，但經過暗巷的時候，你不會閉著眼睛走路吧？好，面對悲傷也一樣。要是你不肯睜著眼睛看路，你便會承擔很稀鬆平常卻不必要的風險。

我們傷心時，別人的最大謊言

展開這本書的最佳起點，莫過於拆解我在悲慟時聽到的最離譜的錯誤觀念。別人常常勸我們「要堅強」，我們對這句話或這個決定的解讀有兩種。可惜，對於在悲傷時要怎麼做才叫堅強，一般人的概念卻跟真相背道而馳。

「在逆境下要堅強」的觀念之所以大行其道，很可能是因為那符合我們的父母、祖父母在第二次世界大戰前後的童年經歷。在四〇年代、五〇年代，有太多會要人命的危險，大家都很關切如何維護人身的安全，或是擔心為國出征的親人，當你身邊的人都飽受煎熬，你便不得不撇下別人眼中的「渺小或自私的煩憂」。這些根深柢固的想法，很可能導致我們壓抑自己的真實感受。

我總是會問我的個案，他們認為怎樣才算是在苦痛或哀慟中堅強——「照顧好身邊的每個人，打起精神，繼續過日子」是我聽到的典型答案，他們通常會接著列舉一連串自己必須堅強的原因。有一位個案告訴我：「我妹妹需要我，她先生過世了。我不想給媽媽添麻煩，我得為了她堅強起來。我兩個青少年的孩子現在很痛苦，我不能在他們面前崩潰。」就跟我們很多人一樣，她有一大堆不能在人前哀慟的原因。

在痛苦或哀慟時哭泣、造成別人的負擔、傷心到事情做不完，常會被視為軟弱。要是你真的允許自己軟弱呢？有的人覺得自己「大概會哭一整天」。另一個建議是把沒有哭出來的眼淚裝進箱子裡，不再打開，因為你害怕眼淚會溢出來，淹死你。

將眼淚或情緒裝進箱子封藏不是長久之計，要是你這麼做或採取其他類似的做法，囤積太多箱子可能會損害你的身心健康。把新的箱子堆到舊的箱子上面，不代表舊箱子裡的眼淚就此消失不見。

你的家人都曉得你在封藏眼淚，只有你以為自己守住了秘密。你的伴侶和家人不認為那是秘密，因為他們得在你晚上崩潰的時候，應付你氾濫的眼淚。當孩子看到自己給了你多少壓力，他們也知道你封藏了什麼。這算哪門子的秘密嘛！

「要堅強」反而讓你不能好好照應家人。你層層疊疊地堆放消沉與悲哀，箱子遲早會傾覆，內容物會倒得滿地都是。而你原本想要保護的家人，就得把地板擦拭乾淨。

有的人認為壓抑全部的情緒是堅強的行為。其實不然，現在我們體認到，吐露自己的情感與悲悽，才是堅強的表現。當然，如果我們想要抱緊自己的包袱，不放棄我們為了鎮壓悲慟而打造的箱子，這是我們的權力。但是，還有別的出路，與其把這些箱子都堆在儲藏室裡面，付出昂貴的代價，不如把裡面的東西捐給「慈善商店」。（對，我們還在談情緒的包袱！）

如果你「囤積」悲傷，遲早會寸步難行。每個房間、前院和後院的所有空間，都會堆滿「不值錢的寶貝」。還不如把回憶收藏在閣樓上，展示在牆壁上，每個星期倒垃圾的時候都一起清掉你的情緒，看著情緒在回收以後變成燃料，讓你老老實實地走過悲傷的旅程。你能想像你的悲傷之屋是什麼樣子嗎？那裡是不是整齊又清潔？還是堆滿雜物，都沒收拾？

堅強讓你可以脆弱、可以真誠，平日遇到別人關心你的心情好不好，你也能誠實地回答。不論真相有多麼不討喜，都要活在當下，這就是對自己展現的大仁大勇。即使你一副壓力沉重的樣子，疲憊又低落不已，但這正是我們痛失摯愛的實際感受，不是嗎？悲傷本來就很椎心。指望哀慟不會撕心裂肺，就太不切實際了。這就是這裡的大重點。如果你持續採用過時的做法，隱瞞真相，封鎖全部的情緒，情緒明明像雲霄飛車一樣在你的內心咻咻咻地奔馳，表面上卻向全世界假裝沒那回事，這才是軟弱的行徑。堅強，是指能夠去做對自己最有益的事，允許自己浮現天生自然的反應，持續表達你的情緒，不會顧忌場面變得如何難看、如何艱難、如何絕望。

這是沒人想要的指引，卻是每個人都需要的建議。我希望，這可以發揮棉薄之力，幫上你的忙。

1／最慘的青天霹靂

來日無多了。

當你得知自己的病情太嚴重，無法醫治，你的應對方式並沒有對錯之分，反應則會因人而異。但對大部分人來說，這是難以置信、非常錯愕的消息。即使你事前就知道說不定會有個萬一，但聽到醫生這麼說，仍舊像是青天霹靂。

你或許會張口結舌。你或許無法相信自己聽見的話，不曉得該說什麼，手足無措。你或許會哭，止都止不住。你或許會感到麻木，活像自己沒有情緒似地。你或許會暴怒，而且害怕。

你心裡可能冒出來的問題是：

為什麼是我？

怎麼會這樣？我做了什麼嗎？

醫生怎麼會找不到療法，治好我的病？

絕望、沮喪、生氣、無法置信都是正常的。務必給自己消化事實的時間和空間。你或許會想要獨處。或是想和伴侶、家人、朋友在一起，讓他們協助你面對；當然，要怎麼告知別人也是個問題，畢竟連你自己都很難接受現實了。

等你終於找到通知別人的方式，他們也會萬分沮喪，不曉得要怎麼接話。即使你們一開始只能一起心煩意亂，都會頗有助益。在那個節骨眼上，實在說不出什麼話，只有感受。

要是你不想立刻開口，就別說話。只要讓身邊的人知道你的需求就好。但是，千萬不要完全忽視自己的情緒。表達自己的感受，允許情緒浮現出來，即使那很不舒服，教人難以招架，卻永遠是比較好的做法。我的身體辜負了我嗎？我辜負了身體嗎？要是我沒有一直忽略自己的健康呢？但我一向都很愛惜身體啊。我們會想找出合理的原因，一個可以解釋我們被宣判死刑的「禍首」。有時候，找不出原因令我們更難受。問題滿天飛，可靠的答案卻很少。以前我一直以為，老了才會走到人生的盡頭。突然間，我們想像起死亡的滋味。我不高興自己竟然會冒出這種想法。是知道自己快死了比較糟？還是醒悟到自己沒有好好地活過比較糟？對於生命是「老天奉送的」的假設，我們覺得有多蠢？

2／說出壞消息

向親友報告噩耗是很傷腦筋的任務；其實，那可能會是你這輩子最難啟齒的一句話。要是你不讓親人知道你的實際情況，他們便不能開始調適自己，接受事實。聽到真相的心痛，遠遠不如失去你。前者，你還能隱瞞到自己作好心理建設；後者，則難以控制。真相與事實並不討喜，但現實就是現實，至少要讓親友能夠擁抱現實。

我一清二楚地記得自己跟潔德在皇家馬斯登醫院的對話。我們的兒子當時是四歲和五歲，她不想跟兒子說媽媽很快便會和他們永別。在那之前，我們都哄兒子說，媽咪的身體很不舒服，說不定會上天堂，可是媽咪在努力讓身體好起來。

在那段期間，孩子們仍然懷抱希望，總是急著知道媽咪會不會安然無恙、媽咪幾時會回家之類的。當她得知最後的診斷，明白大限已經近在眉睫，我們必須討論要在什麼時候告訴兒子。

她曉得自己一定要開口，因為她要兒子知道事實。他們要作好準備，面對即將崩毀的未來，他們也需要發問的機會，把得知噩耗時會擠爆小腦袋瓜的問題，統統提出來。

她判斷擺平這件事的時機就是當下。於是我帶兒子們到病房，她請我暫且離開，我便讓母子三人獨處，自己在門外默默地等待。她很勇敢，說出了我們認為最適合兒子的說法——

上帝要媽咪去當天使，要不了多久，上帝便會接走媽媽，然後媽媽會變成一顆亮晶晶的大星星，他們會看到媽媽變成的星星掛在天上，啟程前往天堂。她——或其他同病相憐的人——必須向幼齡的孩子們道別，實在令人心碎，每次想起那一場母子對話，我的眼淚都會滾下來。我們可憐的兒子，可憐的潔德。

不一會兒，兒子們便跑出病房，回到休息區繼續玩玩具，活像他們沒接到任何壞消息。這不是我意料中的反應——他們沒有流半滴眼淚——當然，現在我了解他們只是太錯愕，拒絕接受媽咪剛剛說過的悲慘消息。

我不得不問他們是不是聽懂了媽咪說的話，免得他們完全壓抑那當下的感受，但他們不肯面對現實，我也只好用盡全力抱緊兒子，跟他們說我永遠都會陪在他們身邊。直到那天傍晚，我們回到格拉斯哥，返回我當時主持的《X音素》（X Factor）巡迴選秀節目，他們才開始發問。

既然兒子們得知了真相，那就表示他們隨後六週都會忙著發洩他們的譴責，怨恨癌症即將帶走他們的媽咪。我們父子花了很多時間談論潔德死了以後會去哪裡、會做什麼，還有到時候她的秀髮全都會長回來，她所有的漂亮衣服都可以重新穿上身。這當然沒有化解他們的痛苦和憂懼，卻給了他們答案。

當潔德在二〇〇九年三月二十二日離世，我花了幾個鐘頭振作精神，然後向兒子們報告噩耗。她斷氣時，他們不在她身邊。我們一直跟著巡迴選秀活動奔波，保持忙碌，巡迴行程給了我們安全的庇蔭，許多窩心的人圍繞在我們身邊，給了我們溫暖的照拂。那天早晨，我一醒來就覺得她走了；我看一眼手機，證實了自己的直覺——有一大堆我漏接的電話和簡訊，通報了事情經過。我立刻替我們父子訂購返家的機票。潔德跟我認為這樣對兒子最好。我們覺得不應該讓他們守在醫院，只等著看她嚥下最後一口氣。他們母子已經互道珍重，之後，兒子們就在等我確認母親終於啟程到天堂的日子。

在返家途中，我想著要如何報告噩耗。這是艱鉅的任務，我根本不曉得怎麼開口才好。在請他們坐下來之前，我先到外面的院子透透氣，萬萬想不到她就在那裡，一顆獨自掛在清澈夜空的閃亮星星。

我把兒子帶到院子，無須多說什麼——他們知道那顆星星是誰，我們坐下來，抬頭凝視她一會兒，再向她拋出許多飛吻，準備上床睡覺，一起迎向未知。

如果收到診斷的人是自己，可能會有的感受

撇開我的個人經驗，在最初幾天，你心裡可能百味雜陳。你的心情可能說變就變，有時候，你可能感到麻木，或是覺得自己的靈魂似乎出竅了。

有的人說，剛得知自己來日無多時，他們覺得非常平靜，彷彿置身事外。那是腎上腺素的作用，腎上腺素可以給我們短暫的明晰，但遲早會消退，於是我們就得面對被腎上腺素掩蓋的情緒。

你大概會感到驚愕、憤怒、悲傷，不同的時候有不同的情緒。這些情緒或許會排山倒海。得知自己剩沒多少日子，代表你不能按照原本的期望來規劃未來。死亡可能表示你得留下伴侶、孩子，以及你生命中的其他重要人物。你可能會納悶，他們要怎麼適應沒有你的日

子，你不想看到他們難過，你可能因而對他們感到歉疚。

也有可能你看看身邊，發現大部分人都繼續過著各自的生活，你反而心裡不是滋味。看著別人一副無憂無慮的樣子，你可能會有異樣的感受；由於你現在站在全新的立場來看待生命的價值，當別人向你發牢騷，你可能會覺得聽了很刺耳。

這些感受像雲霄飛車一樣上上下下，調適起來絕對很累人。你可能覺得自己被困在一團特大號的烏雲底下，做什麼都沒用。

以上是大部分人或多或少會經歷的情緒。這種情況通常會慢慢改變。很多人都說，久了以後，情緒的強度與壓力都會下降。這不表示你會停止擔憂，或是不再沮喪。但你會比較能夠承受那些感受。你很可能會稍微恢復平靜，可以思考自己的處境，規劃要做的事。

披露你的情緒

務必向你心愛的人、你信賴的人吐露你的恐懼與悲傷，因為談論你的感受可以協助你適應變局。你的親友也會更了解你的處境。到頭來，這可以讓他們明白如何協助你、支援你。

一廂情願地認定別人希望你怎麼做、要求你有什麼感受，或是別人擅自認定你不會想討論什麼話題，這些都不能改善情況。明明白白地說出你的恐懼、掙扎、複雜的處境、願望，可以讓每個人都了解現狀，不會浪費時間和力氣在「瞎猜」其他人的心境。

但是，有的人很難開口談論自己的想法和情感，寧願一切都埋在心裡。重點是選擇你覺得最恰當的做法。不論我們決定做最顧全大局的事，或是打算走感覺上最容易的路，我們通常會在兩者之間擺盪。

話雖如此，你得按照自己的步調前進，如果你還沒作好心理建設，就不要因為別人向你施壓而勉強自己開口。這是非常私密、情緒很激動的時期。要怎麼處理事情，可以由你作主。如果你想要抒發胸中塊壘，慎選你談心的對象，這個人要能夠懂你的感受、可以支援你。如果過了一陣子以後，你仍舊手足無措，承受不起現實，不妨跟最親密的親友以外的人談談，找一個跟你沒有任何關聯的人。

一些個人觀點

我曾經目睹四位親戚在得知自己來日無多時的心路歷程，也見過不少處於各個病情階段的個案，最後認清了一項事實：我們社會中那些活得最多彩多姿的人，也是有機會活過一段漫長光陰的人，這實在有點令人意外。我們也可以從中得到一個有趣的觀點，到底怎樣才算「活著」，而與「活著」對應的「走向死亡」實際上又代表什麼。

生與死是一個時刻？還是一段過程？在我們過渡到「走向死亡」之前我們都活著嗎？當醫生說你會病死，你會認為自己瀕臨死亡嗎？如果考量到我們在生命中的每時每刻都越來越接近死亡，那麼我想，我們都在走向死亡。

有的人習慣把醫生說的話當成金科玉律，悲傷地立刻放棄人生，或是不再那麼努力；但也有的人會把這視為挑戰，採取反抗的行動，讓生命有了新的目標，往往也替自己爭取到更多的時間。

這確實突顯出心態的重要性，如果我們想要延續生命，心態攸關我們延長壽命的機會。

3／四位女性

簡介

瑪麗、海蒂、棠恩、安德莉亞是四位不同年齡的女性，她們和我分享了經驗談。我和她們討論了不少主題，她們深思熟慮地回應我的問題，各位會在後續的章節看到她們的答話。在此簡單介紹一下她們。

瑪麗・透納，六十八歲。二〇一一年三月診斷出卵巢癌，二〇一四年四月得知自己剩下十八個月的壽命。隔了兩年七個月後，瑪麗接受我的訪問，保持正向積極，直到二〇一七年四月十二日她充滿信心地告訴家人，她要「走了」。

海蒂・洛夫林，三十四歲，是兩位小帥哥的母親，分別是兩歲的泰特跟三歲的諾亞。起初，海蒂在二〇一五年九月把發炎性乳癌誤認為乳腺炎，當時她懷著女兒愛麗・茹薏絲，可惜她才呱呱墜地八天，便因為腦出血而早夭。發炎性乳癌相當罕見——目前英國只有五百位病友。發炎性乳癌的症狀、預後的前景、療法都和其他類型的乳癌不同。症狀包括乳房腫脹、皮膚發紅、乳房的皮膚凹凹凸凸，因此質地可能就像柳橙皮。海蒂服用賀寧癌來治病，在二〇一六年九月，醫生說她剩下兩年半的生命。

棠恩．夏普，五十歲，有兩個孩子，傑米二十九歲，康諾二十一歲。她在二〇〇四年診斷出癌症，在二〇〇九年得知自己會病死，醫生說她還能活兩年。八年後，棠恩的醫生們給她的綽號是「奇蹟」。

安德莉亞．巴納坦，四十二歲。單親媽媽，育有二子，一個是十四歲的傑克，一個是十歲的詹姆斯。二〇一六年七月十三日診斷出胰臟癌，起初診斷剩下四週的生命，後來則預估可活六到十二個月。

末期疾病是指不能治癒的疾病，或是無法獲得適當治療的病，可合理推斷病患會在短期內死亡。這個詞通常是用在進行性的疾病上，例如癌症或嚴重的心臟疾病。

不論末期的字面意思或醫學定義是什麼，有的人認為這個詞不能忠實地反映他們的現況，拒絕被貼上這種標籤，寧願以不同的字詞描述自己。

對妳來說，末期診斷是什麼意思？

海蒂：「我了解我們必須描述我們邁向『大限』的事實，但不論有沒有生病，誰不是這樣呢？我活著，直到我服用的藥物失靈之前我都活著，而且沒有能取代這些藥的藥品。」

不論你對這個詞抱持什麼態度，罹患癌症之類的折壽疾病，也可能會刺激你追求最雄心壯志的抱負。我一向覺得，當人來到死亡面前，察覺自己的人生將盡，這常常可以讓人突然迸發生命力——讓身邊的人跌破眼鏡，然而他們身邊的人看到他們這樣的作為，有時反而會惴惴不安。

海蒂：「我這輩子最有活力的時候就是現在。死亡讓人對所有的重要事物都有了最煥然一新的觀點。這讓我體認到有些事情不值得我操心，但我可以尊重那些事物。」

結束個人事務、安排別人的未來是相當繁瑣的工作。協助所有的相關人士作好心理準備也是龐雜的任務，但接受了自己命運的人，跟全面拒絕接受這種結果的人，做法會截然不同。第一位接受本書訪問的瑪麗．透納就表示：「到了某個時候，最要緊的就不是即將離去的人，而是會被留下來的人。」

這是真正接受現實的勇敢之語。當我訪問瑪麗與其他的善心受訪者，談論死前的重點準備工作，她們分享了許多類似的話。

如果你面對的是一併告知了大限的診斷，而你覺得自己大致還算接受現實，下列事項可以牽引你往正確的方向前進，最低限度，也可以協助你向自己及別人提出適當的問題。

或者，你可能覺得一切都太難以面對，或是像安德莉亞．巴納坦一樣，你根本不接受醫生的診斷：「『末期』這個詞讓我很反感。他們根本不認識我，實際上他們就是一腳踢開我，叫我回家創造回憶，但我是個牛脾氣，我的決心太堅定了。現在我一天只吃兩顆撲熱息痛來止痛，就已經證明醫生錯了。」

妳們怎麼向親友說出壞消息？

這沒有所謂的對錯，但紙很難包得住火，你可能覺得隱瞞親友是在保護他們，但這麼做的話，你其實是在阻撓他們把握時間，善用與你共度的最後時光。你很清楚時間寶貴，不要白白地浪費一分一秒。

瑪麗：「我在高爾夫球場的停車場告訴我女兒，她哭著跑掉。那時候，她很難接受事實。」

海蒂：「我聽到消息的時候，是坐在我先生旁邊，然後我們一起崩潰。不過，他很堅強。」

棠恩：「我是在兒子十七歲生日那一天接到消息。我實在不想破壞他慶祝生日的興致，但是當我回到家裡，他就知道了。」

安德莉亞：「我跟兒子們說的時候，我先讓他們坐好，然後說我的身體裡有一點點癌症，尺寸比詹姆斯的那顆小很多（安德莉亞的兒子在幼年時成功擊退癌症），而且他打贏癌症的時候還是個小嬰兒呢。我跟他們說，我年紀比詹姆斯那時候還要大很多，身體也比較壯，一定會盡力奮戰的。我讓爸爸去跟媽媽講，因為我知道媽媽會心碎，我沒辦法親自告訴她。」

妳們心裡最害怕的念頭是什麼？

面對末期的診斷，因為恐懼而冒出負面的想法絕對很自然，但真正要緊的是你拿這些念頭怎麼辦。

海蒂：「從我確診的那一刻起，我就很討厭必須跟兒子們道別的想法。那畫面就在我的腦海裡盤旋。那會是在安寧病房，兒子們會走進來，而我不曉得那會不會是最後一次見到他們。我會努力跟他們說出最真心的話，其中一個兒子會鬧脾氣，然後他們會告辭，不曉得那會不會是我們的最後一面。這個念頭每天都在我心裡上演，通常是晚上。我會用別的事來讓自己分心，好把這個念頭趕出腦海，然後提醒自己，路還長得很呢。」

瑪麗：「有時我會在三更半夜醒來，想著我老公有了第二春；儘管我能接受，我也不要他孤伶伶的，但這個念頭實在太鮮活，逼真到我開始覺得他在背著我偷吃！我有一個女兒待在美國，我就上臉書，找她聊天，然後那些念頭就會飄走。」

棠恩：「不能看著兒子們長大，不能看著孫子們長大。在臨終時失去溝通能力。我知道自己克制得住這種痛苦，但在最後的時候，我要跟痛苦『同在』。我大概不曉得要怎樣才能甩掉這些念頭，那些想法始終都在，可是日子還是得過下去，盡量不要讓心裡的感受影響身邊的人。我想，這是我一直積極樂觀的原因，我不要讓自己的生活害別人的生活出現陰影，我不要別人為了我傷心，或是替我難過。我一直想著自己會留在人間的回憶，我不要這些回憶是悲傷的；我要留下好玩的回憶，萬一我的家人以後又碰到類似的情況，這樣的回憶或許能幫上他們。我祈禱最好是不要啦，但這種事可能發生在任何人身上。」

安德莉亞：「最害怕的想法是……我快死了，兒子們要怎麼調適沒有我的生活。他們漸漸長大，而我不能在一邊照看他們的安全。我曉得我爸媽永遠不會走出喪女之痛。我擔心媽媽會崩潰。」

4／調適心態，接受現實

調適是終極預後

聽到自己大限的人一開始的反應，似乎可以分成兩類：有的人會接受醫生說的預後診斷和大限，有的人則根本不接受，或無法接受。你在哪一個陣營？待在那個陣營對你有什麼好處嗎？

何必調適？

這邊有兩種思路。說實在的，這要看幾個變數，例如確診的疾病處於哪一個階段、你對疾病的態度、你的韌性與決心、你的人生歷練、你身邊的人給你的影響與支援，而最重要的是，支撐你堅持下去的動力。

有人認為自己的病因，有一部分或完全是自己造成的（例如罹患肺癌的癮君子）。比起覺得自己莫名其妙就喪失健康的人，他們比較容易接受自己的大限。

如果你覺得自己的病因，十之八九就是你在人生中所作的各種選擇，或許你會走向另一種類型的接納：「因為我活該。」我是不曉得誰特別活該，應該罹患殺傷力這麼強的疾病啦，但這種心態或許是：「我老是做傷身的事，既然我曉得這樣有風險，現在病了，也沒什麼好意外的。」

上了年紀的人要是活出了充實又滿足的人生，大概也會比較能接受醫生的診斷，他們或許會想：「假如我要得什麼絕症，最好是等到我有豐富的人生閱歷以後。」當然，這因人而異，要看一個人如何看待自己的現實處境，以及他們對人生的期待。

調適心態有什麼好處？

預作準備的時間。拒絕接受現實的風險是把寶貴的時間消耗殆盡——這些時間本來可以用在為家人、為自己做好準備，處理財務事宜及私人物品，盡力創造留在人間的回憶，這會讓家人日後的喪親之痛比較容易承受。一個人或許會把時間用在拒絕接受預後診斷，浪擲了時間；另一個人或許會把時間用在積極向上，努力延續生命，挑戰逆境，夢想著奇蹟會降臨。這沒有對錯，只有你天生自然的本能。我相信你面對預後診斷的態度，建立在你仍然健健康康時所累積的人生經歷之上，但如果你覺得自己聽到的話、看到的書很有道理，也沒人規定你不能當場改變心態。說到底，這是你的壽命，你可以用在自己想做的事情上，只是務必確認自己那麼做，是基於正確的理由。

安排個人化的細節

你可以在許多地方行使「選擇權」，決定在最後時光前後的事宜，安排葬禮及事後的生命慶典。自己作主可以讓家人寬心，免去他們擔心自己猜錯你喜好的壓力。

對於你留下的回憶，你可以更有野心一點，為親友辦活動，畢竟在得知大限的初期時，你的健康狀態大概也比較好。你操刀規劃的時間會比較充足，更有享受這些重要時光的餘裕，明白這些時間對你身邊的每個人有多麼珍貴。

我也相信不論你是否馬上便接受了現實，在你接受現實以後，你會更能夠專心照顧自己的生活品質。也許你有兩年的時間可以完成前述事項，從中感受到自己主掌局勢，按照自己的心意行事。或者，你或許會拚搏四年，立志要還擊、反抗、猛攻，不願意在最終的時刻低頭，接受命運。

接受現實的負面效應

未知

誰曉得要是你跟壞消息戰鬥久一點，會有什麼戰果？或許醫生說你能活兩年，而你不像前述的認命，反而槓上病魔，活了十年。我認為接受自己的病、做出調適，或許有一天被疾病扳倒你是一回事，接受自己的大限是另一回事。接受大限的日期是假定醫生每一次的估算都很精準，然而實際上並非如此。

喪失動力

只想著「我快死了」而不附加任何形式的時間尺度，是破壞力最強的接受現實。有人認為作最壞的打算是很務實的，然而這可能只會讓你停止努力，消弭生存的意志，把你剩餘的壽命縮得更短。

我們都很想知道，在得知大限以後是什麼決定我們能活多久。是我們的意志力嗎？是為了撐到結婚紀念日、看孫子出生、出席婚禮之類的強烈動機嗎？我們的宗教或精神信仰可以改善情況嗎？還是跟自己說一定要活下去，否則身邊的人會陷入我們擔憂的處境，這樣就能延長壽命呢？

我們很難證實這些推論對不對，但真正要緊的是要有一個能讓我們打起精神的理由、動機、目標、在乎的人，我們可以從中得到力量，相信我們不能光是創造或延長壽命，同時還要享受這段時光，趁著還有一口氣在的時候多做一點事情。

5／正視生命

在生命的最後階段，我們可以採取許多行動，來確保自己留下最多的遺愛。有人在等死，也有人忙著活下去。不論你是哪一種人，總有你要決定的事。我們通常都有需要照顧的人，我們要如何幫助他們，同時繼續做自己？

安排後事

音樂、讚美詩、朗誦……當你替家人決定這些事，真的可以讓他們鬆一口氣，這樣他們便曉得你的葬禮完全符合你的心意，免得他們可能還在震驚中，或是還不敢相信你走了，便必須作出可能讓家人之間起口角的決定。儘管如此，家人或許也會想在儀式中注入他們的個人色彩，因此務必讓家人知道，雖然你擬定了喪事的架構，永遠都有供他們添加個人風格的空間。

瑪麗．透納告訴我：「我火化的地方跟下葬的地方有點距離，所以我安排我老公跟女兒們到時候去我們最喜歡的海灘散步，然後我第二天會裝在骨灰甕回來。我朋友有船，我的家人會出海去撒我的骨灰。剛好，我朋友幾個禮拜前才換了一艘比較大的船。我打電話跟他說：『到時我是裝在骨灰甕裡上船，不是躺在棺材裡。你真的不必特地換船的！』」

海蒂．洛夫林不情願地說：「等我覺得自己病情很嚴重的時候，我可能會開始考慮後事吧，但在那之前，我實在無法想像自己不在人世。我這輩子凡事都不忘幽默一下，所以在那一天，儀式一定要很幽默。」

棠恩說：「我只能從傑米的爸爸過世時的經驗，記取教訓。在幫他爸爸辦後事的時候，他覺得自己被晾在一邊，他很想包辦大小事情，問題是他爸爸那邊的家族卻一手主導，所以我曉得替我辦後事，對傑米來說很重要，我寫了一些紙條，交代我的想法，讓他可以跟康諾一起替我做最後的安排。希望我的葬禮會很有趣，氣氛不要太嚴肅，還要有不同的人上台聊聊我，不要什麼話都給神父一個人講，神父又不認識我。傑夫，我希望你以朋友的身分，上台聊聊我的癌症旅程，還有我如何面對癌症。所以，是我親自邀請你在我的喪禮上演講。」（棠恩是我的好朋友，我對棠恩說，這是我的榮幸。）

辦完葬禮之後

在我們多元文化的社會中，有許多種類的治喪習俗，例如猶太教的七日守喪、穆斯林在喪事後的家族聚會，而在印度教傳統中，弔唁的賓客會在喪事結束後的若干天裡，帶食物到一位親戚家中舉辦儀式，將死者的靈魂送進天堂。

在宗教習俗以外的常見做法中，大家或許會守靈，地點可以是住宅、禮堂，或許也能在酒館舉行。親族可以齊聚一堂，頌讚死者的一生，舉杯緬懷，交流彼此的回憶，甚至播放死者喜愛的音樂，痛快地跳舞。你或許會想要決定地點，選擇樂曲的風格，在吧檯預留一筆金額，或者和瑪麗一樣，你或許會想在告別人世之前，先舉辦自己的守靈活動。

瑪麗：「我們已經辦完守靈了！哪有我自己缺席的道理，我才不要錯過呢。大家都玩得很開心，我也講了幾句話，作為非正式的道別。要是一年後我還活著，我要再辦一次守靈。」

棠恩：「我希望喪事結束後，可以有一場給大家玩的派對，也許唱唱卡拉ＯＫ，代替我接受南方式的款待，大啖豐盛的美食，我要大家記得我是喜歡派對狂歡的人。在生前就舉行守靈的點子很吸引人，但時候未到，不過我會考慮的。不曉得我的家人會作何反應，我不敢說自己招架得住，而且我也不確定自己夠不夠堅強，可以臉上掛著笑容。」

你希望別人記住怎樣的你？你希望他們幾時想起你？

如果你告訴家人可以有哪些感受，不論是日常的感受或在特定場合的感受，你實際上是為家人提供了調適的機制，讓他們有一套可以遵循的規則與界線，可以與哀慟建立直截了當而且寬容的關係。想像一下這當中的差異，比如說，在你的生日時，你的家人知道全家要上某一家餐廳吃大餐，舉杯追悼你，只因為這是你要家人每年做一回的事。潔德對我的要求，是永遠別讓兒子們忘記她。我們游刃有餘地確保不會發生那種事，但如果她交代得更明確一點，我猜她可能會叫我帶兒子們到昂加的史密斯餐廳，因為那是她最愛的館子。

海蒂：「我要孩子們知道如果他們想要哭泣、想要悲傷，那都沒關係，但是在特別的大日子裡，我要老公坐下來，跟孩子說我所做的一切都是為他們做的。我要老公小酌幾杯，還要讓朋友一起來玩，大家開派對。我不要大家為了我難過，所以我希望他們會開心地交流近況，也許去海邊，因為我們常常去海邊吃三明治。」

好，這當然只是舉例，但你不吩咐大家要怎麼做的話，大家可能不會在紀念日團聚，而是各自待在家裡黯然傷心，因為他們不清楚在紀念日的時候，哪些行為是可以接受的。

顯然，很多家庭懂得安排自己的慶祝活動，一起聊聊他們都思念不已的人，從中得到慰藉，但如果你覺得自己不在以後，家人之間的結構會破一個大洞，那麼你稍微鼓勵他們一下，將會對他們大有助益。

棠恩：「我希望家人繼續慶祝我的生日；也許到墳地探望我，畢竟我長眠在地下嘛，然後他們可以上館子吃一頓，小酌兩杯。

「我來自一個人丁興旺的家庭，家人的感情很緊密，大家常常在一起消磨很多時間，希望這一點永遠不會改變。在媽媽家吃大餐始終是我最珍愛的回憶，所有兄弟姊妹的孩子們，現在孫兒孫女們也加入陣容，圍著媽媽的大桌子坐下，大桌子擠不下以後，就把幾張桌子併到大桌子旁邊，好讓所有人坐在一塊。我請他們在每一次的家族聚會時，都要替我留一個位子。我會到場的。

「我的孩子跟朋友的家庭都知道，我不要他們難過。永遠都要記得掛著笑臉、咯咯笑的我，他們要哀悼我或不哀悼我都可以。我要他們活出最充實的人生，等到他們到臨終之際，他們可以回顧人生，然後說：『我的人生真精采。』」

除了你的目標，生活中還有什麼要做的事？

除了列出心願清單，我希望各位明白，先把事情安排妥當是有好處的，我可不希望你在氣力大不如前的時候，才突然記起自己疏忽的細節。在確診的初期階段，你可能會浮現某種漠然的態度，有些錯愕，甚至經歷一段否認事實的時期，你可能得花上一段時日，才會接受現實。惱人的是，這也是你身體機能最佳的時期，可以作出本章詳細列出的選擇。

海蒂：「我用觀想法來想像自己抵達了里程碑，例如在他們開始上學的時候還活著。很多癌症國度的子民不允許自己去想超過六個月以後的前景，我很能理解當中的原因，但我們總得好好過日子啊。明年諾亞就唸小學了，他第一天上學的時候我會帶他去，然後哭得一塌糊塗，因為醫生說過我大概活不了那麼久。目標一定要遠大，之後會怎樣就怎樣。」

不好好管理自己的生活事項會怎樣？那就會落到家人頭上。通常在家人之間，會有人自動接管你的財務、帳單及其他的責任，要是家裡沒有這樣一個人，你可以聘請專業人士來代勞。別想著這樣做會令家人心痛，我們要實際一點，跟你走了以後他們必須承擔的感受相比，去銀行辦理終結帳戶的不便相形見絀。

打點私事最大的益處，是讓你覺得自己在駕馭局勢。病情可能不受你控制，因此當你在可以作主的事情上自己作決定，可以給你莫大的力量。當你的生理健康亮紅燈，這也是維持心智健全的方法，而正如許多人相信的，健全的心智可以帶來正向的轉變。如果你的心智健康受損，或許你可以請你信得過的家人幫忙，分攤管理你個人事務的權力，趁著健康良好的時候交代好重要事項，這樣也能安下你的心。

瑪麗：「算我運氣好，我年紀比較大，已經做了很多研究，曉得臨終真是一門大學問。你們知道一旦確定你嗚呼哀哉，他們就會終止你的帳戶嗎？我要打點好這些事，減少我的老公菲爾的麻煩。這麼一來，他要忙的事就會比較少，等到辦完喪事，他就能跟女兒們去度假幾週，他們只要照顧好自己就行了，不必為了文書作業奔波。」

在得知大限已近的預後診斷後，你希望大家如何對待你？

海蒂：「我不想被捧在手心上。我只想大家把我當成一般人來對待，除非是療程把我搞得七葷八素，那樣的話就給我一個嘔吐盆，還有幫我泡茶。會給我特殊待遇的人多半是我不常見到的人。跟一見到我就渾身不自在的人待在一起，實在很煩。他們會問我老掉牙的問題，無聊死了。我只想嘻嘻哈哈。」

安德莉亞．巴納坦：「我都跟正向的人在一起。我閃避負面的人事物，不計一切代價，好保護我的心理狀態。」

你過世以後，你想去哪裡？

這一題完全由你自行解讀，視你的宗教、靈性、個人立場而定。唯一要緊的是找到自己的慰藉。

瑪麗：「我想要去看爸爸媽媽，我覺得自己會重新出生。」

海蒂：「我喜歡我們會去『某個地方』的概念。我認為人生一定不只是這樣，否則這一切是何苦來哉？我喜歡以後會跟女兒團圓的想法。」

你想用什麼形式回來？

想像死後的生命，可以慰藉進入最後時日的人；讓一家人在那毫無幽默可言的時期中，迸發一些無價的笑聲。當你不再待在身體裡，你的家人可以尋找你，猜測那隻蝴蝶或紅胸鴝會不會是你，從中得到安慰。當然，你不見得要相信輪迴，但我確實覺得自己以前來過這個世界——或許你也是？

瑪麗：「回來的時候，我想當建築工或建築師。我也樂於繼續當瑪麗。」

海蒂：「以前我喜歡這種觀念，現在不喜歡了，因為要是真的有輪迴，除非所有的靈魂都透過世代交替而重新團聚，否則我說不定就見不到我女兒了。」

這是很辛苦的時期，你感覺如何？你有什麼遺憾嗎？

我們很難接受自己不會永遠活在世上的事實，如果你有很多未竟之事，就更難接受這樣的現實。遺憾分成兩種：一種是你做過的事，一種是來不及做的事。將我們的遺憾拆成兩半，便能看出尚未做到的事不是我們能掌控的，也就不會那麼念念不忘。

但是，我們可以化解往日的遺憾。假如你真的想要解放自己，你可以把遺憾清單分成兩欄，一欄是要原諒的人，一欄是要道歉的對象。不消說，如果你能拿著這張清單，在打完電話、寄出信件、發出簡訊之後一一畫掉那些名字——視自己的能力範圍，多多益善——那麼，內心的平靜將會倍增。

當你這麼做，你的行動將會引發非常強勁的正向漣漪。萬一你有一、兩位不能原諒的對象，於是只聯絡了名單上的一部分人，你仍然是在向解除情緒包袱的目標邁進。

自從確診以來，你犯過最大的錯是什麼？

聽到醫生說自己活不到天年，是最打擊人心的消息。我們在之後不論做什麼，都背負著深重的壓力與悲傷，當我們回首自己剛收到噩耗的日子，或許會覺得自己當初可以換個方式，來處理某些事情。

海蒂：「我的癌症類型很罕見，所以我上過節目，後來網路上出現了很惡毒的批評，而我最大的錯就是為了這些人大動肝火。只因為他們說出了我對自己的懷疑。」

瑪麗：「在我聽到自己剩下十八個月的壽命之後沒多久，我盯著店舖裡的涼鞋看，跟自己說：現在還有買東西的必要嗎？那天後來，我回想這件事，醒悟到『慢著！我還活著啊！』在最後的一刻來臨前，都不能否決自己好好過日子的權利。我回去買了那雙涼鞋，走到哪穿到哪。」

罹患折壽的疾病，要怎麼知道什麼時候適合離開？是一個日期嗎？一個數字？一個感覺？一件事？

我爺爺查理．法爾多在二〇一六年二月過世，他一直等著他的孫子，也就是我的弟弟李，從三個月的潛艦航程回來。當李到安寧病房探望他，他便撒手人寰。據說，要在哪一天的幾點幾分離開，我們是有一些控制能力的。

與折壽的疾病奮戰的人，可以從抵達某個時間點或里程碑得到莫大的安慰，允許自己劃出界線，決定那個里程碑是什麼以及時間點。

瑪麗：「對我來說是生活品質。要是我下不了床，靠嗎啡度日，那就是時候到了。」

我：「萬一別人求妳撐下去呢？」

瑪麗：「我跟大家說過，別那樣要求我。」

海蒂：「我才三十四歲，任何在未來二十年內的時間點，我都不能接受。假如一定要挑一個時間點，我想是我第一個孫子出生的時候。我拿到的指導手冊說，在統計上，我剩下兩年半的壽命。」

親自決定何時是撒手的適當時機，似乎是在毫不受自己控制的情境裡駕馭局勢的典範。這是很私人的決定，你可能要請家人尊重你的決定，因為你或許準備好了，而他們卻不作如是想。

有什麼你不能做卻希望自己做過的事？

問一個壽命將盡的人這種問題很殘忍嗎？並不會，其實讓家人陪你達成心願，或讓他們以你的名義去做那件事——媽，這是為妳做的！這可以讓家人之間更親密。讓家人知道你但願自己做過什麼事，他們會為你做到，而參與其間的每個人都會由衷欣慰。如果你沒有親近的親友，那就聚焦在你這輩子的成就、你去過的地方、你在人生道途上累積的經驗。

瑪麗：「我一直很想去馬爾地夫，可是我們老是去不了。我真是好福氣，人生中唯一做不到的事就是這一件了。」

海蒂：「在我生病前，我們打算去美國旅遊六週，我真的很想去，但保險公司很混蛋，現在打死都不賣我去美國玩的保險。這會兒我去不了美國了，真討厭。我也很想把女兒的蝴蝶紋在身上，但我不能刺青，怕會感染。我也想要紋眉，每天畫眉毛很煩！」

要為別人做什麼：讓你的遺族不那麼痛徹心扉

本書啟迪人心的受訪者做了一些事情，來確保回憶會以各種方式傳承下去，我們來看看幾個例子。

回憶

很多人會擬定心願清單，為我們的遺族提供可以緬懷的地點及事物，建立有意義的回憶，營造撫慰他們的時光。比如，全家一起去你們最喜愛的海灘、公園、湖畔野餐，對於和你共享野餐的家人來說，這個野餐地點便會是無價的寶地。或是去一趟陶藝工作坊，將你的手放在孩子的手上，親子共同雕塑作品，創造實質的回憶，孩子終其一生都會覺得，自己的手好像仍然放在你的雙手之間。

海蒂：「很多人在我的『罩杯裡的風暴』部落格建議了一大堆絕妙的點子，比如製作一本叫《把老媽的一切統統抖出來》的書。裡面的內容包括『妳在少女時代最愛什麼音樂？』。這樣的話，孩子就會記住我這些通常會被淡忘的小事。我也要給孩子們回憶寶盒，我的朋友都會寫信放進去，讓關於我的回憶能夠留存下去。」

在靜態及動態的畫面中

如今是社群媒體的時代，我們不缺照片和影片，但除了將照片裝框、送人，你可以安排攝影活動，跟家人在你們喜愛的地點拍照，創造雙倍的正向回憶素材。

海蒂：「我正在做相簿，還拍了一支叫『不凡的孕期』的紀錄片，供他們日後回味，但我也用錄影機拍了很多自己的東西，就是一些尋常的事物，用影像寫日記，對著鏡頭說話，給他們看我的一顰一笑、聽我的聲音，這些是照片不能傳遞的東西。」

紀念物

務必避免遺族產生誤會，誤會是引爆家人長年爭執的導火線，是讓大家為了親人的遺願與財物而撕破臉的古老傳統。只要你認為妥當，大可趁著生前就送出值得紀念的物品。我想對方會更珍惜你的禮物，但我明白你或許會擔心一旦自己把東西都分贈一空，你會覺得自己似乎把死期提前了。

既然知道自己大概會在多久以後面臨大限，假如你要從中撈出一點好處，那就是收下時間的禮物，許多喪親的人會告訴你，有一點點時間也強過沒有。

海蒂：「我們常在這邊的海灘撿東西，所以對我的孩子真正有意義的紀念品，大概會是經過歲月淘洗、像寶石一樣圓潤的玻璃片，因為我們是在愉快地一起撿東西的時候，撿到那些玻璃片的。等時機成熟，我一定要把那些玻璃片交到他們手上，因為以他們現在的年紀，他們不會懂這些玻璃片的意義。」

在我們訪談的那一天，我注意到瑪麗．透納的咖啡桌上擺著一盒桌上遊戲，我由衷希望她會確保日後家人會繼續玩下去。遊戲名稱很貼切，就叫「活下去」。她向我擔保這不是口是心非，不是以幽默感來輕描淡寫這件事，但我不相信她。

在字裡行間

想要活在親友的心上，最強有力的方法大概是留下一件東西，好在你逝去許久之後持續傳送你的感情。寶貴的信函可以超越時空，將你對別人的情感封裝在裡面，簡直跟仙丹沒兩樣，而且對方不管反覆閱讀多少遍，療效都不會降低。

給摯愛寫信或許會挑起你的激烈情緒，因此要慎選適當的書寫時機，但如果你辦得到，想想可以讀上千百遍的信件有何等的威力。你甚至可以在信紙噴灑你鍾愛的香水或鬍後水，藉由氣味，將記憶傳遞給你的遺族。

海蒂：「我一直在寫『在○○的時候看這封信』的信。比如，在你開始上學的時候、在你十八歲的時候、在你生了第一個孩子的時候。我是用現成的信件套組寫信，註明日期，等我走了以後，孩子們就可以看。我是在eBay買到的。」

錄音

如果你不喜歡拍攝個人影片、寫信的點子，而且可能也沒那個力氣，就拿起智慧型手機吧——要是你沒有，家裡幾乎一定有人會有——用手機的錄音程式，為親友留下一些訊息。可以在電器行或網路輕鬆買到的錄音筆，顯然就是專門給人錄音用的。聽見你的聲音可以撫慰你心愛的人，長長又久久，不要低估錄音的威力。

允許

在哀悼期，人會為了自己的行為而糾結：「房子可以賣掉嗎？可以讓孩子轉學嗎？先走一步的人會想要我怎麼做？」在世的人會在不勝枚舉的情況下，想要打電話徵求你的指引，確認你的心意。

只要你告訴親人，在你走了以後，儘管去做他們認為最適當的處置，便能讓他們免於自我懷疑、愧疚、自責。同樣地，如果根據合理的判斷，你非常擔心自己不在了以後的某些事情，那就務必把細節都溝通清楚，杜絕誤解的空間，以免家人四分五裂。但是要記住，你的要求一定要務實，否則你交代的事可能會造成反效果，導致一家人或摯愛在哀慟之餘，不能在生活中繼續向前走。

海蒂：「人生很短暫。如果你想要環遊世界十年，就去吧！想做什麼就去做，做讓你快樂的事。以前我不會這樣說，但這場病真的讓我明白一件事，規定小孩什麼能做、什麼不准做全都是狗屁。我不希望他們騎機車或抽菸，但這是一般媽媽會管的事。」

瑪麗：「我要外子快樂，我不要他孤伶伶的一個人。希望我不會以靈魂的形式回來，免得我看到他跟別人在一起！」

像瑪麗這種個性剛強的人，常會以打趣的形式允許丈夫走進第二春。這輪不到她作主，但她願意接受的言語，確實可以協助她的先生在日後替自己打算，不用老是覺得以瑪麗的尺度來衡量，自己做錯了事而內疚。

海蒂：「坦白說，我現在還生龍活虎，沒辦法考慮允許他跟別人談感情，但也許以後我會答應他。我實在不想讓別人來養育我的孩子，我也希望老公繼續在同樣的地區拉拔孩子們長大，因為我們認識的人都在這裡。」

家裡的孩子以為你要去哪裡？

海蒂：「我兩歲的孩子年紀還太小，沒辦法懂，但在接下來的日子裡，我們大概會一點一滴地灌輸他天堂的概念。我三歲的孩子稍微有一點點概念，因為一年前，他的妹妹只活了八天就死了。我們把話講得很清楚。我們絕對不說『睡著了』這種話，不然怕他們會對上床睡覺感到糾結。『死亡和快死了』聽起來很刺耳，卻一清二楚，這才是他們需要的。」

如果你有時常見到你的幼童、孫兒孫女、侄兒侄女、教子教女、鄰居家的小朋友，要編什麼故事來輔助他們理解事實是很傷腦筋的，卻是必須考慮的大事。怎樣的故事符合你兒女的年齡及理解能力，必須由你裁決。孩童的感知能力很強，完全能感受到父母的情緒狀態，如果父母否決孩子發問的需求、害怕面對孩子，那就太教人扼腕了。

當然，孩子會長大，他們對死亡的認識會趨於成熟，但永遠不用擔心在多年以後，孩子會覺得自己上當了，因為大人當年是替他們著想才編出故事，或是因為亡者相信那是死後的情況。

大致而言，如果你編織的說法能撫慰你，那就能撫慰他們，但請注意兩大重點。第一，你在生前、瀕死期間、死後的故事說法要維持不變，前後一致的故事才能變成慰藉孩子的說詞。這個故事可以是宗教類、靈性類或純屬幻想。要是細節一直固定不變，孩子便會認同故事。

第二，孩子不擅長以言語表達自己的困惑及喪親的悲慟，因此要定期給他們抒發疑慮的機會，提出他們希望和家人討論的問題。「你想聊聊媽咪是怎麼一回事嗎？」是開門見山的開場白，給孩子開口的機會。另一個重點，則是要知道在日常事務都退居幕後的就寢時間，是孩子們頭腦最活躍的時刻。

如果連你都很難接受現實，遑論輔導孩子，其實有些童書以圖文的方式向孩子解釋即將降臨的情況，你可以買來給孩子看。我們要保護捲進生死大事的孩子，別讓他們腦袋裡的想法化為自己的臆想，引發強烈的恐懼，以致他們壓力沉重，內心焦慮。在適當的時機給孩子適當的細節，便能避免這一切。

你給遺族留下的禮物是什麼？

我們都想實現人生的目標，不能只是活著而已，更要找出生命的意義。如果我們能感受到自己對別人的影響力，這能幫助我們接受現實，更能在我們人生的最後階段保持專注。

海蒂：「我想讓世人更了解發炎性癌症。好像沒人曉得有一種不會讓人長出腫塊的乳癌。我想讓孩子們領悟到，憑著意志力就能排除萬難，我要他們知道真正的力量是什麼樣子，我要成為他們見賢思齊的對象。」

你要跟遺族分享哪三個最重要的秘訣？

獨留在人間的家屬很樂意讓至親為他們指點迷津，這讓慟失摯愛以後的生活有秩序、有目標。你可以替他們設定挑戰，讓他們以你的名義執行你的要求。你希望下達哪三條指示呢？

瑪麗：

一、抒發己見，卸下包袱，讓別人看到談論生與死以及生死之間的一切，是很健康的。

二、表達你的情感！說出別人給你什麼感受，以及別人對你的意義。

三、讓別人走進你的內心，讓他們關心你過得好不好，讓他們照顧你。這是他們想要實現的目標。

海蒂：

一、別為了小事抓狂。

二、與每個人的關係是最要緊的事。

三、永遠大膽嘗試新事物。

你會留下什麼遺言？

如果你擅長溝通，你可能不會有遺言，反正那些全是你早就講了一輩子的話。但如果你很難向人傾吐你的情感，你也可以用書面文字或錄音。臨終的遺言比平日說的話更有分量，幾乎像是有魔力似地，因此問問自己，在你臨終之際，你想要向身邊的人施展什麼魔法咒語。

瑪麗：「我不用交代遺言，那些話我早就講過一百遍啦。」

海蒂：「是關於愛，還有做人永遠要厚道。絕對不是什麼要努力工作。我會叫我老公吃水果，不要啃指甲。」

你會怎麼處理遺產？

瑪麗說她跟家裡的所有孩子及教子、教女都見了面，趁著自己還有命在分贈他們一些金錢，因為她想把握身體健朗的時候，看著孩子們收下饋贈的模樣。當然，她知道孩子們不懂那筆金錢的意義，但最要緊的是她把很容易挑起風波的棘手事情，變成愉快的經驗，不只受益人開心，她也很歡喜。

提早解決這件事一點都不符合傳統，但有誰看過關於喪慟的教戰手冊？我可沒有，這本書也絕對不是！記住，如果提前處理遺產符合你的需求，就以你的行事風格去做。當你掌控自己的生命——不論是在任何階段，尤其是在現在——你身邊的每個人都會感到安心。

海蒂：「我實在懶得管任何還值一點錢的東西！我們根本沒有能失去的東西了，現在我們已經來到谷底，我們得振作起來，好好笑一笑。凡是值錢的東西一律留給我先生，才能確保我兒子們用得到。」

你不在以後，大家可能會爭奪最不痛不癢的東西，因此如果你願意，你可以讓他們免除難堪的場面，由你決定什麼要留給誰。我明白這是很難向大家啟齒的話題，有的人會不想聽你談論你不在的日子，然而判定什麼話非說不可，確實是你的責任。想要顧全別人的感受是人之常情，但那樣的話，你在剩餘的時日裡可以處理好的事情會變少，你的親人便不會那麼有條不紊地作好心理準備。

6／是開創奇蹟的思維模式？還是無法面對現實？

我跟許多罹患折壽疾病的人談過話，儘管大家的人生議題差不多就那幾個，但他們如何看待自己擁有的一切以及他們的畢生經歷，卻有根本上的差異。

你可能會遇到一生充實、圓滿的人，他們的孩子都大了；有的人必須倉促告別人間，有稚齡的兒女或是沒有，他們很難嚥下事實；也有的人並不滿意自己活過的人生，這種人不分老少。一個人會如何解讀這個消息，純粹是看當事人的個人觀點。

似乎有很多人會抗拒預後的診斷，不敢相信事實，感到錯愕。有時，他們的反應會被稱為否認現實，但換個角度，也可以說那是積極且勇敢的。

這是否表示抗拒消息的人更有反擊診斷的動力，結果活得比預測的久？這取決於當事人的主要目標是盡可能延長壽命，還是專注在照顧生活品質。基本上，這是重質不重量的決定。

與海蒂．洛夫林對談時浮現的一些觀點

我：「假設有一個人預估剩下五年的壽命，另一人是十年。五年的那個人積極向上，把握自己遇到的每個機會，善用每一天，剩下十年的人則優哉游哉，覺得自己明天就會斷氣，要是明天沒死，那就是後天。妳情願當哪一個？」

海：「絕對是五年的那個！」

我：「那我們暫時拿掉對時間的強調，取下某人戴在手腕上某處的『碼表』，把重點拉回到妳可以控制的事，讓妳的每一天壽命都發揮最大效益。」

在這一章，我們要討論那些明明時間不夠卻拒絕接受現況的人，看看不認為大限已近在眉睫的心態是否真的能替你爭取更多時間。

應該接受你的預後診斷嗎？

安德莉亞．巴納坦：「醫生只會引用統計數據，真是豈有此理，胰臟癌的患者通常是一輩子都菸酒不忌的七十歲男性，我是比他們健康的四十二歲女性，他們的情況怎麼可以套用在我身上？」

安德莉亞說得有道理。如果我們每次都照單全收醫生的說法，我們延長剩餘時日的勝算必然會下降。

安：「我一點都不接受醫生給我的講法。我真的很生氣。他們本來說我是腎臟感染，接著說我腎結石，再改口是尿道感染，最後才把我的疼痛當一回事。如果說我對同病相憐的人有什麼忠告，那就是別聽醫生的。我們都是獨一無二的人，不是統計數字，大家要好好奮鬥，證明醫生錯了！」

安德莉亞對自己的預後診斷，一向抱持挑釁的態度。她由衷相信自己會好轉。她的小兒子在兩歲時與腦瘤對抗，順利康復。這給了她所需的信念，她認定自己有克服萬難的能力。

安：「我兒子動了五次手術，醫生覺得他沒有挺過去的指望，但我兒子現在十歲，既然他都成功了，那我也行。我要成為孩子們的榜樣。」

或許有的人認為安德莉亞處於某種形式的否定現實，不願接受可靠的醫學推測，萬一醫生是對的，那她能回頭進行應有的準備工作的時間便會縮短——但我們又有什麼資格，批判一個替自己的人生掌舵的人？

安德莉亞堅信自己能夠擊退癌症，因此她採取劇烈的手段來保障自己最大的存活機率。假如她是你的家人，難道你不會希望她也採行同一套做法？

安：「我發現德國有一種叫『免疫療法』的先進癌症療法。副作用跟化療差不多，但沒那麼嚴重。有的人就是用免疫療法擊退病魔，病情全面緩解。要是免疫療法能讓我的腫瘤縮小兩公分，醫生就能動刀徹底切除。再兩天就曉得結果了。」

那一回安德莉亞的腫瘤沒有縮小，但也沒有變大，因此這是正向的結果，她有繼續進行這種彈性療法的憑據。

進行這種療程當然要花錢，但安德莉亞真的很令人肅然起敬，她號召親友團協助募款，要籌措十三萬英鎊的醫療費。

安：「我很感謝親朋好友和陌生人兩肋插刀，代表我去募集資金。真的是朋友們讓我活下去。」

經歷了療程的折騰與平日病情的蹂躪，還要保持正向、跟人募款，會覺得有點鞭長莫及也很合理，但我要問你一件事：是自己生病的消息讓你洩氣？還是醫生告知你大限讓你更灰心喪志？如果你像安德莉亞一樣質疑預後診斷的準確度，你是不是會多懷抱一些希望？

每個人對希望的看法不一樣。有的人認為希望是指多一些時間，有的人則是少一點病痛、多一點支持、不要孤孤單單、提升大眾對癌症的認識。我認為，我們在生命的任何時間點上都有懷抱夢想的資格，尤其是在末期診斷之後，我們是在停止奮鬥、失去雄心壯志之後才沒了指望，剩餘的時間變得最短。

棠恩・夏普是面對末期診斷的老手。她在二〇〇四年得知自己是癌症第四期，她擊垮了專家說她能活兩年的預測，截至二〇〇九年便已經足足撐了五年。她有兩個孩子，傑米二十九歲，康諾二十一歲。她顯然很了解如何在別人認為你希望渺茫的時候活下去。

正向的肯定語是任何人都能用的強效工具，但是當棠恩得知自己剩下兩年壽命，她以「我是棠恩・夏普。我不會死。」這句話定義那一刻。現在，她早已證明了自己說到做到。

我想了解是什麼力量支撐棠恩這麼久。只是保持積極正向嗎？一定還有別的吧？是運氣嗎？一位優秀的諮商師？還是身體對療程的反應良好？

「我的家庭醫生說我是她的奇蹟，他們拿我當範例。他們說我應該早就不在人世了，所以我曉得自己跌破所有人的眼鏡，這對我意義重大。當她說我剩下兩年，我跟她說：『不可以！我是單親媽媽，我的小兒子才剛剛失去父親，我得把一個十四歲的男孩養育成一個男人，妳要幫我達成目標。我不在乎我的生命品質，但我在乎他的人生。妳等著看我怎麼對付癌症。

「醫生說我的病不能醫，也不能開刀。這些話就砸到我身上。我覺得醫學界不該使用末期這種字眼，好像我走到了終點似地，但我明明就還沒嘛。

「我吃薑黃，薑黃可以消炎。倒不是說薑黃是我活到今天的原因，但我一天服用三顆薑黃膠囊，誰又能斷定薑黃沒有發揮作用？

「有一天，另一個病友對我說：『這件事的意義已經凌駕妳了。』我在世界上多待的每一年，都是在推翻界線。我離醫學界發現解藥的日子又近了一年。誰曉得呢，說不定醫生他們會在我這輩子找到解藥。」

棠恩顯然是分享經驗談的優良人選，她跟我提起幾位病友，說他們面對疾病的對戰態度，是她所不建議的。

「我見過一位癌症第二期的女人。我沒有說自己是末期的，怕別人聽了會情緒低落。她每次做化療都哭哭啼啼，我自作主張幫她打氣，說要是她都哭著做完療程，會折損療程的效果。『我跟她說，我都想著化療就像太空侵略者一樣進攻癌細胞，但她只是一個勁地說：『我不敢相信自己會得癌症！』她的意志實在太消沉，後來我覺得自己得離她遠一點，不然她會要了我的命。過沒多久，我就聽說她真的死了。她那時候才第二期，不應該死的。

「我由衷相信心態一定要健康。你看得出誰會平安無事。有個得了乳癌的女生，她很傷心自己還沒有寶寶，但她很正向，生寶寶就是她的動力。我們以前會一起唱歌。我唱詹姆士・英格朗的〈讓音樂延續下去〉，但她總是唱〈彩虹彼端〉，她會唱到每個人都垂下眼淚，但她自得其樂，後來就恢復健康，生了三個小孩。

「還有一個傢伙的老婆得了第一期的乳癌，幸好發現得很早，但那傢伙一直說自己不得不放棄工作，來照顧老婆。我覺得他應該照常生活，別讓孩子們看到他們那副德性。有一次，他得意洋洋地說：『現在我們憑著社會福利弄到一輛車耶。』老兄啊，拜託你不要把癌症跟錢扯上關係，還想著你能撈到的好處！我還見識過其他負面的人，我很清楚自己一定要遠離他們。」

聽到棠恩舉的例子，我想起當天看過的推特。在社群媒體上，有些人會在個人資料欄拚命宣傳自己的病情。我覺得這樣不好。你或許是想增加社會大眾對罕見疾病的認識，但這會在你與疾病之間建立相當強大的連結，彷彿疾病是你現在的化身，而你在染病之前的一切都蕩然無存。就像人家說的：「你的注意力放在哪裡，能量就流到哪裡。」

棠恩從不發布自己遇到的壞事，只談好事。她的臉書個人資料插科打諢，寫滿了頑皮的笑話。

「我尋求正向的影響力，以相同的心態面對天涯淪落人，所以我四處參加支援團體，因為我要得到力量。反正等我走到人生的盡頭，出口只會有兩個，一個是年輕女人走的，另一個是老太太的，後來，我發現這樣其實讓自己更糟。我受不了那種鬱悶，就乾脆跟朋友上酒吧。

「我請麥克米倫癌友支援團體的護士不要再來了，因為護士一來，總是會重新跟我提起癌症的事、我即將死亡的前景、討論我的後事細節，我總要等到她告辭以後才會覺得舒服。」

顯而易見，棠恩是求生專家，至少她有力氣判斷什麼對自己有利、什麼不利，奉行有利的事，剔除不利的做法。聽了她的說法，我開始明白擁有明確而強大的動機，是延續生命的必備條件。

「末期診斷的重點並不是你；而是你身邊的人。我不要大家在我走了以說，她走了也好，因為她都不再反抗了。我總是在瘋狂大笑，到處胡鬧。

「我還得確保康諾長成一個男人。他在我確診的時候是十四歲，現在他二十一歲了。以前我都逼他，要他發誓他會好好的，但他反而越來越不像樣。我拚了老命，想把他快快變成男人。但我做錯了，現在我付出了代價。」

棠恩所說的「做錯了」，是指一個年輕小伙子聰敏地察覺壓抑自己的能耐，便能協助母親延續生命。第二十五章會聚焦在康諾的觀點。

「他不再跟我談論我的健康。要是他身體不舒服，要是他出了任何跟疾病有關的事，他一概隻字不提。他不跟我聊任何生活點滴，以防我聽了不開心。他非常依賴我，簡直就像他認為自己的不成熟，是支撐我活下去的動力。『我越是沒有辦法調適好自己，媽媽離開我的機率就越低。』他不肯預作準備，所以我對康諾仍然責任未了。

「我也要活得比我媽媽更久！她已經死了一個兒子，要是我也走了，我想她會撐不住的。我要按照正確的秩序完成這件事——應該由兒女給父母送終，不該是父母送走兒女。我不能容許自己變成媽媽的死因。我不能讓她再承受失去小孩的痛苦。」

我想動機是關鍵，而棠恩有砥礪自己活下去的兩大動機。她真的優先照顧別人的需求，也就是她的小兒子和母親，我毫不懷疑這是她仍然活在世上的重要因素之一。

對自己無力掌控的事情設定目標是有風險的，例如你決定要活得比硬朗的父母更久，但媽媽說不定還能再活二十年。如果你的希望可能會破滅，當你有一天認清了自己許下的心願不會成真，你在人生的最後幾個月豈不是會糟糕透頂，充滿絕望？

是否也有不健康的動機呢？延年益壽一律有益無害嗎？只要人還活著，有必要計較活下去的動機是什麼嗎？如果你死亡的餘波蕩漾將會持久不散，於是你不顧風險，抱持一個不健康的動機，強求事情一定要如何發展，這樣會不會反而讓你更拚命要活下去？

康諾要培養出多少「男人味」，棠恩才會認為夠了？會不會就是要她撒手人寰，才能刺激康諾長大成人？我很高興自己能夠結識這一位鼓舞人心的女性，可是棠恩也令我有一點難過，她活下去的動力並不是因為她想要活著，也不是她選擇活著；她頑強地撐下去，可能是因為她認為自己不得不活著。

我想，不論你認為棠恩的動機很合理，或與你無關，棠恩就是選擇要這麼度過她的人生。她的動力泉源是兩項鋪天蓋地的恐懼，壓根兒沒把絕大多數人最膽寒的事——死亡——放在心上，這實在很妙。或許這就是她把兩年的生命延長成七年的秘訣……而且持續延長中。

7／生命的最後階段

在悲慟降臨前，你可以做各種安排，盡力為你的摯愛營造舒適的最後時刻。同時，你也可以做不少事情來減少你的遺憾，平靜地肯定自己在人生的最後階段，也妥善地照顧了大家。最後階段免不了讓所有的相關人士感到可怕又駭人，但如何「平平順順地」走過這個階段？又有哪些做法其實會讓你們一家人的處境更艱難？

悲傷諮商師蓓弗麗．華納在哈洛的聖佳蘭安寧中心服務，我向她請教有哪些親族常見的調適方式，以及人對於幾時嚥下最後一口氣，是否有些許的自主權。

有些人過世前住了幾個月的安寧中心、醫院、安養院，有人幾週，有人幾天。務必要體認到，在實際死亡之前，我們都沒死。這條道理夠淺白了，但我們得認清現實，我們應該善用自己仍然擁有的時時刻刻，好好蒐集回憶、付出關愛。這才是生命的重點。

家人之間如何應對比較好？

向家人提出不切實際的期待是很惱人的，背負那種期許的家人可能也會受到傷害。例如：「別鬧了，振作起來。」和「你哭什麼哭？」會遏阻邁向死亡的人抒發情緒，不去冒犯發話者的道德規範。

在此，口出怨言的人是在否定現實。他們應付不了自己的失落感，見到別人設法順應現實會令他們覺得自己露出馬腳、被拋在背後，因此不准別人排遣悲懷。

見到我們的摯愛走到人生的最後階段，會激發我們的許多恐懼，我們應該原諒自己感到失去控制。但是，我們表達恐懼的方式相當重要，將恐懼投射到別人身上只披露了我們無力接受眼前的情況。

我們會冒出「下一個會是我嗎？我也會死於癌症嗎？」之類的問題。這時，我們要別開蹊徑，真誠地表達自己的恐懼，不將一己的焦慮發洩在別人身上。如果你覺得坦白吐露實話很困難，是不是你一向都有表達情感的障礙？這是你們全家人的通病嗎？你很難容許別人隨心所欲地表達自我嗎？

扯自己後腿

我們會用極為嚴苛的規矩來要求自己，不看好自己的調適能力。當你聽見自己說「我永遠走不出來的」或「我再也過不了好日子了」，這些話可不是微乎其微的消極而已；你是在為自己的哀傷經驗設定規範與界線。慎選你的用語，對自己要慈悲，因為這些話會決定你的未來，影響力比你想像中更大。

在安寧病房的情境中，否認現實的形式和在醫院或住家有什麼不同？

安寧病房的情境就是一切已成定局，你會意識到大限已近，無法躲閃，在醫院或居家環境時，你或許還能漠視現實。保持正向和「抱著正向不放」是有差異的。在最後階段的保持正向是創造親密感，帶來慰藉，共享愉快的回憶，營造恬謐、安定的環境。

溝通的重要：計畫、談話、預作準備

別忘了問問他們要什麼……

了解臨終的親人有哪些最後的心願很重要——辦得到的話，就實現他們的願望。你的責任是為臨終的親人帶來平靜，問問他們希望自己走了以後，要如何安排後事。我們鼓勵大家在生命降臨之初提出生產計畫，決定要如何迎接孩子來到這個世界，其實我們要離開這個世界的時候，也應該比照辦理。如果你的親人健康狀況太差，你不方便詢問本人的意願，就跟你的親人討論出大家能認同的結論。

你可以盡力讓他們過得舒服點。他們愛聽什麼音樂？如果他們總是很自豪自己有亮麗的指甲，也許他們會喜歡每星期搽一次指甲油。他們喜歡一起床就看到哪些照片？他們想要拜訪誰？他們喜歡鮮花嗎？喜歡孫子畫的圖畫嗎？如果你能盡量把他們的床頭布置成撫慰心靈的角落，他們的內心會感到踏實，覺得受到關愛。

該說的話都說了嗎？

務必把握我們還辨得到的時候解決未了之事，趁著為時未晚，說出該說的話。聽覺是我們最後一個消失的感官功能，因此即使是在生命的最後時刻，他們可以聽見你說的話，聽見你愛他們、你要原諒他們、你要感謝他們與你分享生命，為你做了那麼多事，讓你的人生更多彩多姿。在最後階段之前，問問你的親人希望你如何記得他們。他們希望你在紀念日做些什麼？在你深深思念他們的時候，他們希望你想些什麼事情呢？

就算是在最後階段，他們可以為你決定傷慟的規矩與界線。聽聽親人的願望，了解他們希望大家記得他們的什麼事，知道他們想在死前告訴你的事，那麼你背負的千斤重擔將會大為減輕。一個你即將失去的人允許你去做的一件小事，可以發揮驚人的力量，也能免除家人之間的異議，諸如某些紀念品的處置方式，或他們想要哪一種葬禮。

他們過世時我不在

你或許會仰賴醫院和安寧中心來密切監督病患的呼吸變化，他們會隨即通報家屬，如果家屬想要來，便能待在病患身邊。可是話說到底，你才是家屬，這絕對是家屬的責任，你們隨時都要有人守著病患，負責聯絡希望在場送終的親族。

當然，前提是病患希望自己離世的時候，身邊有人。務必謹記，一切都是病榻上的那個人說了算。從他們的觀點，他們可能覺得假如你目睹他們嚥下最後一口氣，你會承受不了。這些事最好盡早說清楚，比如收到末期診斷時，或在病程中，甚至在大家都無病無痛時就要講好。

支援他們的精神生活

你的親人對於死後要走的路，或許有某種信仰。如果你不知道，就去弄清楚。他們或許希望宗教類的人物或靈性導師來一趟，安寧中心可以協助你安排。大部分的安寧中心都有定期來訪的牧師。病人或許會喜歡透過照片看看他們做敬拜儀式的場所、他們崇敬的靈性領袖，如果病人想要的話，把這些照片放在他們床邊，即使你沒有相同的信念或信仰。

對很多人來說，家人就是他們最樂在其中、最幸福的成就，因此，一張有最多家人入鏡的照片或許就是最佳選擇，病人可以把這張照片銘記在心，然後開啟進入人生下一階段的那扇門。

親人在臨終時的心思

你的親人或許會投注大量的時間回顧人生、思考，如果他們說得出口，或許會跟你聊聊他們的得意與失意，而你要敏銳地觀察他們的需求。

如果你覺得他們被遺憾淹沒，你可以把話題帶到他們得意的往事，協助他們原諒自己，放下憾事。很多性命將盡的人會沉浸在童年往事中，你可以請他們聊聊這些回憶。

他們可能也想要談論自己不能參與的未來，好安慰自己日子總會過下去，總有一天，一切都會沒事的。如果你能跟他們聊這些事，也能深深撫慰他們。

病人可以提前或延後最後的一刻嗎？

我的弟弟李在潛艦服役，他要我爺爺發誓，無論如何都要「等他」從幾個月的出勤回來。我爺爺守住諾言，在李走進安寧病房的門內不久，就斷氣了。

從醫學的角度，我們不可能知道我爺爺是否擊退了他的症狀，留住一口氣，但如果我弟弟的要求讓爺爺稍微操控了自己的生命，這就非常不得了了。

可惜，很多人的最後階段絲毫不受控制，也不平靜，萬一遇到艱難的最後時刻，安寧中心或醫院的人員會協助你、引導你。

是離別的贈禮，或不是

臨終之人遺留在人間的話語，有時就像一束鮮花，或是一面貼身捍衛你度過悲慟的隱形盾牌。但是，有些話語，有些指示或要求，倒是像千斤重擔、手銬或電子追蹤標籤一樣束縛你。

曾有一位個案告訴我，她的父親要她留在丈夫身邊——她父親根本不知道她的困境。

她將父親的遺言當成自己的行為準則，不敢違抗，不願忤逆摯愛的父親，結果她在丈夫身邊多待了很多年——一段滿是言語凌辱、深深不快樂的歲月。

我們不見得能控制自己在臨終時說出口的話，我們都希望遺言充滿關愛，令人如沐春風，但如果遺言不符合你的希望，只要記住雖然這些遺願很重要，但遺願不能侵犯你的福祉。

潔德只交代我一件事，就是孩子們一定要就讀私立學校。她那麼努力工作，就是為了攢下私校的學費，我當然滿口答應，因為我尊重她的理念。問題是，後來事實證明佛萊迪根本不適合私立學校。他在十一歲診斷出過動症，但在十一歲之前，尤其是在某間學校的時候，他始終覺得自己被排擠，當他被同儕全面排除在外的風險節節升高，我採取行動，讓他離開了時時刻刻都必須遵守規定的學校，那些不是他當時守得住的標準。

因為這違反潔德的遺願，我必須仔細地思考。事實上，佛萊迪現在可以待在更有耐心、更體諒他的學習環境中，而為佛萊迪提供他需要的教學支援，也符合學校辦學的宗旨，這表示我可以原諒自己的決定，因為我認為自己是基於新的資訊才作出裁決，而且我相信她會作出相同的結論。

儘管我們現在是在談最終時刻的試煉與磨難，最重要的是我們要體認到最終時刻也是潛力無窮的。以本章詳談的各種方式善用這段時間。盡力減少遺憾，對自己能在別人的臨終階段說出口的話語、提供的支援而欣慰。

8／喪親的常見情緒

喪失的旅程有許多階段與時期。以下列舉一些你可能會嘗到的主要情緒，介紹當中代表的意義以及排解之道。

憤怒

某人或某事帶走你的摯愛，逝者不僅是你的心頭肉，也攸關你的人生意義、你在這個世界上的個人定位以及安全感。少了他們，你會茫無所依，就像你的精神支柱突然斷成兩半。他們死了，你可能覺得再也不知道自己是誰，不知自己身在何處，要往何方。

你或許很憤慨老天帶走這個人。但是，你有很多的怒意跟他們死亡的情況毫不相干，比如也許你在氣你們沒有好好道別的機會、你還有很多想跟他們一起做的事但如今全都落空了，其實，你發火可能是因為他們的死，讓你想到自己並沒有真的發揮自己人生的全部潛力。

除非給自己的懊惱一個出口，你哪裡都去不了。唯有如此，才能消氣。你生氣的原因跟別人有關嗎？可以跟那個人談談嗎？你的忿忿不平純粹建立在事實之上嗎？有沒有摻雜個人的臆測？你檢討過你的期許合理嗎？你期許的事情是**你**可以一手掌控的，理應由你負責、承擔嗎？

否認

喪失可能強烈地衝擊一個人，於是防衛機制便接管了我們的反應，以求保護我們。否認是你在情急之下假裝現實不存在，想藉此扭轉局勢，可惜這一招沒用，只是把閃躲不了的現實往後推延罷了。當否認的障壁終於朽壞，真相滲入，那強勁的衝擊力會立刻把你送到接受之路的起點。

良心不安

在失望、痛苦、失敗之際，我們常會找自己麻煩，有的人還會攬下不屬於自己的責任。我們面對喪失的時候也一樣。我有的個案認為是自己沒有盡到責任，親人的身體才會衰敗；我曾經聽人一再鞭笞自己「不在場」或「做得不夠」。這一類的念頭會引發內疚，你可能會拒絕好好地生活，覺得自己不配擁有任何事物。當壞事降臨，你可能便會認為是自己沒能阻止摯愛殞落，才會倒大楣。

有些人會無意識地尋找不要活著、不要嘗試、不要快樂的理由，在心裡折磨自己，這種人若是背負了這種罪惡感，那罪惡感就會像不定時炸彈一樣，一旦他們受了苦，便會把痛苦放大到遠超過「正常」的程度，尤其是當喪失跟他們以前的限制性負面經驗攪和在一起，更是如此。

寂寞

當與我們的生命緊密交織的人離世，我們必然會在他們曾經存在的地方撞見空虛。即使你身邊明明有別人在，你照樣要承受寂寞的打擊，一個小時接著一個小時，一天接著一天，你所愛的人就是不在那裡，你不能照著多年來的習慣，打電話跟他們分享你的好消息、祝福他們生日快樂、邀請他們參加你的婚禮，寂寞可能會讓你吃不消。

傷慟之後的寂寞可能經久不散，直到你學會跟別人建立新的互動模式，取代你與亡者之間的慣例。回憶會緩慢而謙遜地讓位，待在我們為它們選定的位置，假如哪天我們遇上關卡，去那些位置就能找到昔日的回憶，不會消失不見。寂寞，是身體在提醒頭腦去想想我們曾經擁有的事物。這是不易根除的習慣，但我們可以學會如何正向地看待身體捎來的訊息，為此感恩。一直寂寞下去是個人的選擇，雖然所愛的人不再和我們長相左右，但我們可以沉浸在親友的陪伴中，而且隨時都能結交新的朋友。

怨恨

親人過世以後，你或許會對別人擁有你不再擁有的事物變得特別敏感，你可能因此心生怨恨。頭腦以這種方式來應付自己面對的不公平處境，有時我們會將這種負面的心態發洩在別人身上。何必讓別人過得那麼爽？憑什麼他們就幸福美滿，我就不行？

當我們走在路上，看見別人攜手同行或是抱著孩子，就和昔日的自己沒兩樣，我們會想起自己失落的一切。我們可以把自己的失落怪到別人頭上，但真相很簡單，就是我們得從內心接受大勢已去。喪失可能令你苦澀，但前進的路就是捫心自省，別人又沒有害你陷入討厭的喪失，他們跟你一樣無辜，你卻將喪失的痛苦化為對別人的怨恨，這樣是否合理？

跟合適的可靠對象談一談，能夠緩解、消弭你的怨恨。我們常把一切都悶在心底，假如把怨恨視為你的表達方式，你與其這樣子拐彎抹角地談論喪失，不如花一樣的力氣改用有效益且誠實的方式表達自己。這兩種照料悲傷的方法大相逕庭：後者關乎接受自己、發掘自己，前者是負面的循環，負面情緒不是只會從你發散出去，在你改變做法之前，那些你送出去的負面情緒都會反彈回來給你，令你的親友很難拉你一把，去關照你。

驚愕

喪失引發的初步反應是不敢相信事實。原來我們相信的一切並不是真的。你突然認清了不能把生命視為理所當然，你很痛心自己還有沒替摯愛做到的事、還有沒說出口的話；你無法否認他們已經離開人世，而這樣的現實卻令你迷惘。這些狀況聯合起來便教人腦袋打結，為了保護自己，我們便索性不相信有這回事。我們進入了驚愕狀態。

當我們消化了真相與現實，驚愕便會脫落，落下的聲勢或許會驚天動地，然而那種反應可以往後延。我兒子陷入驚愕、難以置信、否認的心態十個月，才醒悟到媽媽不會回來了。

驚愕不是彈一下手指便能擺脫的。這需要時間與耐心，要知道悲傷的過程是曲曲折折的。但我們可以不與自然形成的各個階段對抗，不節外生枝，助自己一臂之力。

思慕

渴求不能擁有的事物，就是喪親之痛的寫照。想要與他們有肌膚的接觸、想再一次聽見他們的聲音、聞到他們的氣味，這都是對喪失的自然反應。你對他們的思慕可以隨著你接受現實而平衡，但在漸趨平衡的過程中，小心不要過度攀附那一份思慕，變成你拿來傷害自己的工具。

對摯愛的思慕、需求、想望是正常的。他們在你的生命留下一塊空白，或許你覺得那是自己填補不了的。你可以想像自己搭上了悲傷列車，而這些自然是列車路線上的不同車站。在思慕、需求、懷抱希望之後，還有想望、為自己的喪失感到遺憾、思念，久了之後，你會經歷到接受現實、追憶昔日，生出感恩。

有些車站會持續出現；在悲傷之旅的路上造訪不只一次。悲傷列車會載你去各種教人難受的車站，趁著你還沒有萌生太多不滿，將這視為愛。是愛帶你踏上這趟旅程，這趟旅程是快是慢，取決於你與那個人的關係、你與悲傷的關係、你與自己的關係。

空虛

當所愛的人離開他們以前的棲身處，留下的空白便是空虛。他們永遠會在你的心裡、在你的思緒中，但實際上，那兒有一道深深的鴻溝，不曉得如何填補。

現在，你的人生目的或許會變模糊，如果殞落的人在你的日常生活中很重要，你甚至可能覺得「活在人世的理由」消失殆盡。除了為你痛失的對象活在人世，你遲早需要找到新的人生意義，才活得下去。

撇開我們的喪失不論，我們總是在改變，周遭的事物也隨時在更迭。如果這些異動似乎在悲戚中停滯了，我們或許會覺得卡住或壓力沉重。其實我們仍舊朝著一個方向前進；只是我們頻頻回顧曾經擁有的一切，便不太會察覺到我們仍在前進。

我們或許不願去想自己有朝一日會走出來，覺得那似乎不尊重我們的親人。真相是，我們必須允許自己自然地悲傷，感受空虛，勇於接受空虛，同時明白除非是自己不放手，否則空虛不會永久存在。

你身邊的這片空虛不是一片只能維持閒置的空間。務必穩健地去填補它，當你的親友與未來的新朋友開始進駐這片空間，撫平你與逝去的親人昔日共享的時間與空間，千萬不要粗暴地對待人家。

不敢相信事實

我們與親人的關係未必能長久，但不知何故，我們在人生中卻漠視這項事實。直到初次體驗到喪失，我們才接觸到悲傷的過程，而到了第二次承受喪失，我們才察覺第一回的經驗依舊沒讓我們有心理準備。

倒不是說我們在人生路上，應該隨時覺得自己真心關愛的人會死，但我由衷認為我們要抱持健康的心態，善用人生的每一刻，因為出乎意料的變局可能會發生。

當一個人英年早逝，當沒天理的死亡降臨，覺得無法置信是自然的。不敢相信事實是悲傷之旅的初期反應，但等你有時間消化喪失的本質，難以置信便應該只是一個「信念」。

麻木

驚愕是悲痛的同義詞。即使你知道喪失會降臨，真的接到噩耗時仍舊會覺得不真實。「戰或逃」是不受我們控制的內建機制，可以協助我們應付心理創傷，喪失時也不例外。

我們的身體會進入拉警報的狀態，分泌皮質醇和腎上腺素來釋入體內，於是我們便很難感受到情緒，身體是在保護我們不受創傷的傷害。但我們不可能長久停留在那種狀態，麻木感必然會消退，到時我們會噗通跌回現實中，原本無感的情緒突然間一股腦兒湧出來。

遺憾

遺憾經常被誤認悲傷，通常是我們覺得要不是喪失降臨，我們本來應該可以得到或擁有的一切。悲傷是針對喪失**本身**——關乎原本擁有的事物從生命中消失。

覺得遺憾很自然，畢竟我們無法扭轉現實，但小心別花太多時間胡思亂想，以為如果喪失沒有發生，你必然會如何如何。覺得生活每況愈下，覺得所愛的人不在身邊一切就變調了，這些都很正常，但你要將心思拉回自己確實擁有的事物上，而且關注這些事物的程度要大幅凌駕失落的事物，這會對你的悲傷之旅很有幫助。

在初期階段，你可能會覺得這根本莫名其妙。怎麼可能沒有遺憾？但是，等到悲傷之旅接近尾聲，我們便學會接受喪失固然淒慘，但如果耽溺在「為什麼？」這個問題中，生活只會天下大亂。

責怪

責怪是悲傷的近親，是在悲慟中拿來對付自己的另一項工具。凡事都想找出合理的解釋是我們的天性。然而死生大事卻不一定會有我們能認同的結論，這當然是不受我們控制的事，於是我們便可能不管自己的立論憑據有多薄弱，硬是編出一個能夠成立的理由。

我們或許不至於把死因全部攬在自己身上，但我們可能會在建構理由的過程中，挖掘自己要承擔的責任——我們說過或沒說的話、不曾承認的感受、我們沒有付出的時間。我們要問自己，這樣的追問有多少是合理的，又有多少淪為傷害自己的一種形式。

在你宣稱自己應該負責的事情中，操之在你的事占了多少，又有多少責任或許應該落在你失去的人身上？我們不是只責怪自己，也時常將矛頭對準別人，為一切失落的苦痛找到自以為正當的理由，緊緊抓住，揪著你斷定應該承擔責任的對象，將苦痛偽裝成憤怒與挫敗感，來挑剔對方的言行。

接受現實

接受現實是指以合理的目光看待最近的喪失經驗，並同意現實不能逆轉。你或許不想面對事實，但你得活在新的現實中，不在生活中逃避真相。調適是接受的孿生子。有人偏好其中一個，但以我來說，早在我們忖度起接受現實這回事之前，便可以開始去適應新的現實局面。哪一種最符合你的情況？你能否接受自己認識的人發生了某些事？還是你只能一點一滴地調適現實，始終不曾覺得自己經歷了任何形式的接受？

走出來

覺得自己「走出來」可能帶來正面與負面的效應。你或許慶幸痛苦在逐漸消退，卻因為自己「忘了過去」或「不夠悲傷」而內疚。面對喪失，似乎不管怎麼做都是滿盤皆輸。

走出來只是一種前進的形式。一般普遍認為，走出來遠比它的遠親「克服哀傷」好得多。很多人最後會發現，你不可能克服喪失，活像喪失是一道擋在你與餘生之間的一道柵欄。你不能避開喪失，你可以走出去，向前走，一部分的你會攜帶喪失，但不至於壓垮你。

學會向前走，將喪失扛在肩上、背在背上、收進口袋裡，就是開始「駕馭悲傷」，此處的駕馭是重要的字眼。一旦你明白當你面對自己的哀慟，有許多事情都可以由你作主，你便能向前走。

9／提前來報到的悲傷

我們通常認為哀慟只在死亡降臨以後出現，但悲傷分成許多類型，諸如與長期的伴侶分別、離開耕耘了許多歲月的職務或事業，有時，甚至是兒女離家。不是只有喪失會令我們黯然神傷；悲戚是我們失去自己心愛、需要、想要的事物後的自然反應。當我們每天看到、感覺到、知道的事物驀然消失，不再以原有的形式存在，可能便會引發悲慟的感覺。

如果一個與你很親密的人罹患失智症或阿茲海默症，當對方日漸退化，你們的關係免不了會改變，喪失之情便可能找上你。你或許覺得對方判若兩人，你都認不得他們了，儘管他們明明還活在世上，你卻忍不住哀悼起往日的情景。如果你所愛的人癌症末期——或許是一顆令人衰退的腦瘤，以致他們喪失言語或行動能力，或是發生意外事故昏迷，或是中風，你都可能陷入傷慟。

這一型的悲傷便是「前發式悲傷」或「在世的悲傷」，對很多人來說，這跟人死後的哀慟一樣猛烈。承認自己的悲傷提前來報到，並不表示你放棄那個人，其實你對他們的愛沒有減少，只是你在調適自己，順應外在環境及內心世界的變化。

了解自己認識的人正在承受的情況

我會特別關切「在喪失前的悲慟」，是因為我女友的祖父從二〇一二年起失智，每回我的女友與家人去探望他，都覺得自己失去了一點點對自己意義重大的祖父，我很想了解他們的心路歷程，尤其是他的女兒。

我想了解當你覺得對方的精神比肉體早離開你，這種感受會引發什麼效應。或許沒有身歷其境的人，無法想像當中的滋味。

我與妮琪．楚曼見面，她的父親厄尼．墨斯六十七歲，以前踢職業足球，是赤斯特非隊一向以來最強的射手。厄尼罹患失智症，家人說他的心智在最近幾年逐漸「消失」。前足球員的失智症是熱門議題。許多卓越的球員死於失智，傑夫．亞斯托、世界盃得主諾比．斯泰爾斯只是其中兩例，即使現代足球賽用的球輕盈很多，世人仍然很關切幾乎天天用頭去頂球的長期效應。厄尼曾經健壯又生龍活虎，愛開玩笑，隨時都能發表一、兩句意見，現在他不能說話，不能遵循指示，需要二十四小時的照護，而且除非是去足球場看他心愛的赤斯特非隊，否則不肯出門。他的女兒妮琪甚至在足球俱樂部與伴侶舉行婚禮，不然爸爸就不出席。慢慢地，即使是最簡單的事，比如做三明治、刮鬍子，他都做不到了。

厄尼只剩肉體跟原來一樣，心智與情感都不復存在，無法與他溝通，這對妮琪與母親來說根本是酷刑。妮琪的母親原本的夫妻關係充滿了對話，生活多彩多姿，現在她住在靜悄悄的屋子裡，照顧活像小孩子一樣的丈夫。當別人對她說「好歹他還在」，她都想要咆哮丈夫其實不在了，他不再是以往的樣子，成為一具空殼，他的靈魂、他的核心本質早就沒了，所有他珍惜的回憶都從腦子裡一筆勾銷。餵他吃東西、幫他穿衣服、照料他的生理機能是維持他生命的必要工作，卻令人覺得徒勞無功，空虛不已。當他不想再出門看球賽，到時會怎樣呢？

妮琪相信，假如厄尼知道自己如今的德性，他必然會震驚不已，一逮到機會就仰藥自盡，不願延續目前這種沒有尊嚴的生活。雖說妮琪很害怕，但她慶幸父親對自己的現況渾然不覺，也不曉得他未來的命運。妮琪認為，死亡會給她的家人些許的解脫，畢竟他們已經承擔了喪失。在他的靈魂離去之後持續維繫他的生命，是很辛苦的處境，時時刻刻都在消耗他們一家人的情感與體力，更別提厄尼本人。

每個人都一樣嗎？

我女友的祖父艾弗瑞得了失智症。他和厄尼一樣，在中風引起早發性失智症之前，都過著精采絕倫的生活。艾弗瑞的短期記憶受到的損傷比長期記憶嚴重，記不住幾個鐘頭前才來探望過他的訪客，這實在教人心疼。他的家人最受不了的是儘管親友時常來陪伴他，他的內心卻可能寂寞到極點。

艾弗瑞已開始談論虛假的事，例如「屋頂上有老虎」，這令一家人很難過，起初還設法解釋那不是事實，後來專家教他們要「順其自然」，別給艾弗瑞更多壓力。他們努力為他保留記憶，會跟他聊他們的昔日，即使他記不住家人跟他說了什麼，他聽人說話的能力依然撫慰了家人的心。

艾弗瑞認得親密的家人和朋友，能夠自己進食，但他實在無力照顧自己，也不能行走。現在他住在安養中心，家人擔心他是在苟延殘喘。他們畏懼他再也認不出兒孫的那一天，艾弗瑞的女兒黛比始終忘不了幾年前，艾弗瑞還沒中風的時候，曾說萬一他哪天失智了，就要服藥了結自己的性命，才能死得有尊嚴。

黛比非常遺憾父親必須受苦受難，沒能在中風時逝去，留下一條命來受折磨，原本活躍的充實人生從此變了樣。她承認當自己想到父親哪天死了，便能回歸平靜，脫離苦海，她內心會鬆一口氣。

膽子要夠大才能這樣講自己的父親。生命誠可貴，但或許前提是我們的心智能力足以享受生命的某些層面。艾弗瑞有時會有短暫的意識清明，這時他便會說，目前的生活只有小小的樂趣，或毫無樂趣。每回我見到他，都看到他因為自己喪失的能力而受到眾人的關注，搞得他窘迫不已，當你心愛的人不想留在人間，跟繼續過殘缺的生活幾個月或幾年相比，實在很難把死亡視為令人厭惡的結果。

從某些角度來看，親屬可能覺得自己是在維持一具肉體的生命。即使你知道自己的摯愛已不在軀殼之內，你也放不了手。當你所愛的人只有外表跟以前一模一樣，一定更煎熬。

覺得摯愛不如死了算了的念頭，違反了我們身而為人的所有直覺。求生存、保護親人的生命，是我們生命的核心。但也許，看著親密的摯愛在你眼前慘兮兮地不斷退化，沒有治癒或改善的指望，你也會期盼那一天的到來。

10／沒能道別

不論你聽過什麼規則或建言，一旦那慘到不能更慘的噩耗傳來，你照樣不會準備好迎接那徹底的絕望與令人崩潰的無助。你只能認清自己就是需要放下日常的責任好一陣子，接受那難以理解的事實，體認到人生突然翻轉，殺你個措手不及，而你毫無反制的力量。

癌症讓我經歷過許多次的喪失，然而絕大多數時候，至少還有設法為死亡預作準備的時日。唯一的例外是在二〇〇九年，潔德剛過世不久，我帶著孩子們到澳洲。當我接起電話，聽到媽媽的語調，我當場知道大事不妙。

果然沒錯。我外公了結了自己的生命。他童年時曾經目睹喉癌如何摧殘他的父親，當他自己也喉癌末期，他不想那樣離開人世，等到病情惡化得夠嚴重，他便自己作主，朝著頭部開了一槍。

當我意識到母親通報的駭人消息，我腿一軟便跪下了。外公的死訊、他的死法，完全超乎我的意料。我遠在澳洲，離開家鄉千萬里之外，照顧我才剛剛喪母的孩子，我別無選擇，只能試圖替外公終結自己生命的決定，找出合理的解釋。

我們對悲傷的體驗，通常始於噩耗帶來的尖銳震撼。我的生父死於一九八九年，伯爵夫人號與鮑貝爾號在泰晤士河相撞的船難。我不認識他，卻不曾停止想像在還不確定他能不能獲救之際，我的家人該是如何痛苦又著急地守候消息。以我生父與外公的狀況，你是不可能去道別的，這時你內心的責怪或內疚之類的情緒便會堆疊在悲慟之上，與來得突然又不公平的喪失混雜在一起，因此你放不下的事情就更多了。

三十六歲的艾美在可怕的情境下失去丈夫凱斯。二〇一一年七月，凱斯被裁員，孩子的學校在放假。一天早晨，他跟孩子一起消磨時間，然後到倫敦面試一份工作。之後，他和幾個朋友喝了兩杯，搭末班火車回來，睡過站，在凌晨步行返家的途中被車撞到，駕駛肇事逃逸。凱斯再也不能跟家人團聚了。

艾美與凱斯的最後一次互動是在吵架，艾美因此很難原諒自己。但她哪裡會曉得那一次的口角就是他們最後一次的寶貴對話？幾週前，凱斯在外面喝到醉醺醺，艾美不想又看到他那副德性，拜託他面試完以後不要跟朋友去喝兩杯。凱斯替自己的決定辯駁，而我們知道他說要去喝酒，也真的去了。他在半夜十二點四十五分打電話給艾美，說他在火車上睡過頭，並留下語音信息，問家裡有沒有錢讓他付計程車的車資。艾美在十二點五十分回覆訊息，說家裡有錢，但沒有收到凱斯的回音。她進入夢鄉，因為似乎聽見前門關上的聲音而短暫醒來一次。在睡得迷迷糊糊的狀態下，她以為凱斯到家了，便重新入眠。但早上起床時沒在床上看到他，她下樓查看丈夫是不是在沙發上睡覺。可是整間屋子都不見凱斯的身影，她驚覺大事不妙了。

她請一位朋友來幫忙照顧小孩，然後打電話給凱斯的幾個酒友，他們證實他在大夥兒上夜店之前，便離席去搭最後一班火車。艾美便去他們家那兒的車站找人，那裡正好是中央線的終點站，她猜凱斯是在那裡打電話回家，說要搭計程車的。

在車站前方，她看到一位封閉道路的警察。她告訴警察，自己的丈夫行蹤不明，她知道丈夫搭上了末班火車，但沒錢搭計程車，因此丈夫可能會走那條路返家。警官隨即詢問艾美的丈夫姓啥名誰，她名字都還沒說完，便看到警官臉色一沉。他揮手要她穿過路障，另一位警官迎上前來，告訴了她噩耗。

艾美處於自動駕駛的狀態。從她發現凱斯沒回家的那一刻起，她便料定會是這個結局。有時候，我們會作最壞的打算，認定事實就是那麼回事，以便搶得先機，減輕衝擊。戰或逃，湧出來的腎上腺素與明晰的頭腦無濟於事，也絕對不能持久。

沒人有機會和凱斯道別，艾美還得向凱斯的家人通報壞消息，當然也要告訴孩子。她要搞清楚、要掌握的資訊太多了——肇事逃逸是犯罪事件，而且會有一段時日不會有答案——幸好，還有能就近伸出援手的親友。

艾美跟孩子說他們再也見不到爸爸了，那是她永生難忘的一天。弗林只有三歲，其實聽不懂艾美說爸爸被車子撞到，頭部受傷，身體就壞掉不能用，所以他的靈魂去了天堂。伊娃五歲，在爸爸過世前沒幾週的時候，歌手艾美．懷斯猝逝，那時伊娃問過一大堆問題，因此艾美認為這能幫助女兒稍微理解爸爸怎麼了。

艾美思考過要如何向稚齡的兒女解釋這件事。她要孩子們閉上眼睛。「你們看不到身體，但你們知道自己就在這裡，對嗎？」她問道。「好，這就是你們的靈魂。」我認為她的說法很美，還能讓兩個孩子相信，即使爸爸的身體壞掉了，一部分的他仍然存在於某處。

我們給孩子的說法，永遠都要考量他們的年齡與理解的能力。假如事實太複雜，就要簡化細節，但不論你如何措辭，不論你採用靈性或宗教的說法，或者是直白地交代事實，你一定要說明死亡是不可逆的永久狀態，讓他們聽懂這費解的真相，否則他們會焦慮不安地期待到了明天、後天、大後天，死者便會不知怎地回到人間。不把話說死的解釋將會造成傷害，必然會在他們後來的生活引發迴響，延後他們展開悲傷之旅。

除了丈夫過世的事實，喪失的許多其他層面也令艾美痛苦，包括凱斯死的時候是獨自一人，他不是當場死亡（他被發現時，有他自行移動位置的痕跡），還有因為肇事駕駛是在四十八小時後自首，所以無法檢驗酒精或毒品濃度。他宣稱自己喝了一小杯啤酒和一小杯葡萄酒，但以為自己撞到的是一頭鹿。艾美渴望為丈夫討回公道。警方只草率了事地重建案發經過，於是她付錢請人重做，保險公司和她庭外和解，因為凱斯死因的證據並不明確。當警方察覺凱斯喝過酒，他們便結案了，圖個省錢省事。由於凱斯不能提出自己的說法，所以是雙方各執一詞。在凱斯被撞的那一刻，駕駛講了七分鐘的手持電話，但那是別人打進來的電話，警方便漠視這項事實。光是提筆寫出這一點，就令我氣憤不已。想想當艾美在拚命要釐清真相及釋懷的時候，凱斯從車站返家途中的遭遇將會令艾美多麼痛苦。

如何調適未竟之事？

艾美要處理的事情很多。她不只要調查車禍細節及殺夫兇手的身分、追求正義，還要面對複雜的情緒波瀾，諸如她要如何原諒自己跟凱斯的最後一場爭執。她也沮喪到極點，因為凱斯沒有聽到她的語音訊息，不知道家裡的現金足夠支付計程車的車資。

當然，艾美身為倖存的家長，她的首要責任是照顧小孩，協助他們接受父親的驟逝。

但這是艱鉅的任務，除非你有精神上及情緒上的準備而且身體夠強健，否則光是應付日常生活就夠辛苦了，更別提還要帶小孩，向孩子解釋情況。艾美察覺自己靠食物來安撫情緒，可見她在為凱斯的驟逝懲罰自己。

不久，她察覺自己不但有維持精神狀態的責任，也要保重身體。她不要孩子們面對另一場喪失，所以她必須照顧好自己的健康。我可以感同身受。雖說在潔德過世之前，我或許想都不會多想便拿自己的性命冒險，但短期內我不會從飛機上一躍而下或在橋梁上高空彈跳，因為感覺上那是在賭命。我也努力攝取健康的飲食，保持身體健壯，時時刻刻都了然於心我必須照顧自己，這不僅是為了孩子，也是為了我自己。

凱斯過世後，艾美有足足五週都無法給凱斯辦後事。這表示她待在地獄的邊境，「完全無助又失控」是艾美的說法。在那段期間，她養成了一些扭曲的行為習慣，至今依然如此：「都是一些小事，像是枕頭要排好、毛巾的掛法要正確、罐頭一律正面朝向前方，全是多數人不會注意到的雞毛蒜皮、毫無意義的小事，我卻非常在意。每件東西都得照著我的規定擺放，我會在腦子裡規劃事情，看怎樣做我才會放心，然後就那樣做。」

在生命全面失控的日子裡，艾美對自己**可以**控制的小事特別敏感，便不可自拔地追求「她知道會有什麼結局」的結果，這全都代表她在凡事都說不準的日子裡建立某種平衡。

這種做法在那當下或許管用，但是多年以後，當生活恢復正常的秩序，我們卻常常忘記「歸零」這些行為。壞習慣就如此不斷延續，時間久到我們幾乎忘記當初那樣做的初衷，結果壞習慣原封不動地保留下來，不知怎麼著，我們便相信那是「我們的本色」。

「真理必叫你們得以自由」

當艾美能夠接受事實，脫離這些糾結的念頭，部分是因為她鑽研了前因後果，想通了凱斯之所以出現在車禍現場，其實是凱斯自己的責任。當我們失去某人，把帳算在別人頭上，而且只怪罪別人，這是相當情有可原的。但我們膽子要夠大才會容許自己認清事實，看出我們哀悼的對象理應承擔的責任。如果死者本身真的有責任，那就將這視為必要的助力，協助我們自己放下對事發經過的記憶與臆測。

在那一夜，凱斯有太多扭轉結局的機會，這是無可否認的事實，因此艾美與其把後輩子耗在追問「為什麼、為什麼、為什麼」，搞得自己精神渙散，不如艾美向自己承認，她必須以寡婦的身分養育兩個喪父的孩子，純粹是因為兩個成年男子在那一夜作出的選擇。凱斯沒有赴死的打算，駕駛也無意殺人，但雙方各自選擇的行動交織成一樁禍事，這便是艾美所接受的現實。

內疚

艾美記得她的內疚高聳入雲霄。她最後一次向丈夫說的話是在口出惡言，她很懊惱自己沒能對丈夫說出她愛他，很感恩與他共度九年的美好時光。

她記得自己會埋怨他把襪子扔進錯的洗衣分類，嫌他太少做家事、亂花錢，以及她如何在太匆匆之間明白了當你放眼大局，這些都不是真正要緊的事。

艾美相信自己能夠放下內疚，是因為她接受了凱斯死了就是死了，她得選擇好好活出自己的一生，拉拔他們的孩子。她憑著靈性的信念，平靜地接受了自己沒能向丈夫訴說她多麼珍視丈夫，她相信丈夫知道她深愛著他、感激他，而且丈夫至今依然了解她的這些感受。

艾美認清別人得替他們自己的行為負責，這是對的。這讓她腦筋清楚，心靈平靜，可以維護自己在心智上與情感上的健康狀態，踏上養育孩子長大的路，獨自照料她和凱斯的後代。

她也意識到那些反覆出現的思緒，諸如她對他們最後一次對話的悔恨、對他出門的氣憤，都是她自己的思緒，是出自她腦袋的想法，所以她得為這些思緒負起責任。這些內疚的想法、渴求她不能再擁有的事物、希望拿回她被搶走的事物，她覺得這些念頭一開始時是不由自主冒出來的，但是到了某個時間點，她的心智重拾掌控權，她便能夠選擇。

等待：遲發的反應

可想而知，一開始有許多人圍繞著艾美，協助她消化那一份驚愕。她的父母是很棒的後盾，對孩子的幫助尤其大。當艾美被情緒壓得喘不過氣，應付不了大家對凱斯的遭遇、對艾美和孩子的情況的關切，她的父母會聽她傾訴，有時則難以置信地默默坐著陪她。艾美的朋友則允許她吼叫哭喊，表達她最晦暗的思緒與恐懼。憑著這樣的支援，艾美不至於批判自己怎麼會有那些感受。長期來看，能夠抒發自然的反應比較好——即使感覺上「長期」似乎遙遙無期。

艾美得到各方的扶持，有時援助多到氾濫，所以要等到大家減少幫忙，她才有認清個人現況的餘裕。「直到一年後，我才認清自己的現實處境，曉得那是什麼滋味。」她告訴我。「最難調適的是週末，因為凱斯不在了的事實，在週末最明顯。」

我這樣說或許很殘忍，雖然擁有奧援很重要，但保留個人的空間也同等重要。太多人的圍繞有時會扼殺你的思考能力。你的親友、援手喜歡擅自主張你應該如何感受、如何思考、如何調適，但到頭來，只有你能決定自己要怎麼做。

當你準備就緒，就要在與友伴的相處以及與自己的相處之間找到平衡點。適當的友伴會鼓勵你抒發情感，不會評斷你或發表他們的意見，只是樂於傾聽，但你還是得在獨處的安靜時刻，才會得到**自己的**答案。平衡點就在這兩者之間的某處。傾吐與摸索，讓自己感受到慰藉，找到自己的路。

讓別人再次親近你

艾美在凱斯過世兩年後有了新戀情，維持了十八個月。小倆口相當投緣，男方似乎也很能接受自己在孩子們生命中的角色，直到有一天他似乎喪了膽，衝到門口，宣稱：「不想幫一個死人養小孩。」

想也知道，艾美對這位男士很心寒，這場經驗太慘痛，艾美不禁提防起男人，害怕再次受傷。孩子們都喜歡上他了，他卻拍拍屁股走人，無疑令孩子們想起父親，原本就擔心再次被遺棄的母子三人這會兒更加惶恐了。

驟逝的後遺症

你可能得耗上幾年才能接受驟逝。以艾美的稚齡子女來說，隨著他們年紀增長，越來越了解父親的遭遇，驟逝的餘波都會持續蕩漾。弗林滿腦子都是終結父親性命的人。他把那個人掛在嘴上，有一陣子，他半數時候都在氣憤地大吼大叫，憎恨自己的生命，希望自己也死掉。

凱斯過世後沒多久，伊娃開始出現分離焦慮症，受不了艾美離開她的視線。艾美直到最近幾個月才恢復獨寢，能夠一覺到天明，而到了就寢時間時，伊娃就用寶寶監視器看艾美睡覺，確認媽媽就在那裡。伊娃把上床睡覺視為畏途，就怕起床時會發現家裡又發生變故。

艾美的孩子不只要接受他們的喪失是不可逆的狀態，也要面對凱斯死因的性質及其驟然性。他們的反應方式不同，伊娃是將傷痛內化，幾乎絕口不提父親卻在心裡想著他，艾美時常在跟女兒聊起凱斯的時候發現這一點；弗林總是在發問，想要細節與答案。

我沒能跟外公道別，當你跟一個人共度了一輩子，憑你們深厚的愛，你本該在他們離去時得到他們的遺言與最後的擁抱，但要是沒有的話，你會很難接受。葬禮通常是向逝者永垂不朽的回憶道別的儀式，但如果孩子太年幼，或他們不適合出席葬禮，不妨就點一支蠟燭、將氣球釋放到空中、為逝者畫畫等等，孩子就會覺得自己有跟逝者道別了，而且逝者會收到他們的心意。孩子們會希望，逝者至少知道他們在那當下想起了逝者，如此孩子便比較不會良心不安，覺得自己沒有告訴逝者他們很愛逝者、會思念逝者。

有幸向逝者道別或沒機會說再見，兩種情況下的悲傷有哪裡特別不一樣嗎？唯一的差別是假如死亡來得很突然，你會比較驚愕，而有幾個月時間預作準備的人就不一定會有驚愕的階段。話雖如此，即使你們事前說過再見，也許還在不同的場合道了幾次別，你都會覺得次數不夠多。要是作最後的道別很簡單，你也不會看一本談論悲傷的書了。

11／在喪失中否認現實：裝作沒那回事

有一位個案告訴我，有十年的時間他都用忙碌來逃避自己的感受，硬是將注意力放在四個孩子身上，同時經營一家生意興隆的酒吧，藉此壓抑自己的情緒。在他決定賣掉家族事業的那一天，結果怎麼了？他大受打擊。

你可以逃避事實，但你不能否定在你內心存活的事物。失去摯愛而不排解你的感受，久而久之會醞釀成更嚴重的問題。

常常有人以為所謂的堅強，就是要裝作什麼都沒發生，擺出自己絲毫不痛苦的樣子。其實能在悲慟中抒發情感才是堅強；表達你的哀傷便能釋放某種東西，雖然為時短暫，但這就是允許自己誠實地面對自己和別人。

以下是一位否認現實的個案，三十八歲的維琪，從事編舞工作，育有一雙兒女，茉莉兩歲，喬治七歲。

維琪的情況

二〇一一年二月，維琪的父親死於癌症。他不是什麼好爸爸——其實他以前做的某件事令維琪深深憎恨父親——但是維琪成為母親之後，她父親卻改頭換面，在茉莉出生之前，她便樂得原諒父親昔日的所有過錯，看到孩子和外公相處融洽，她也很欣慰。

維琪否認現實，她不肯承認父親過世了，覺得一旦承認，就不能隨時隨地都保持堅強又完美，說不定她會哭泣，變成弱者。

維琪其實投注了大量的時間和精力來活出這樣的假象，閃閃躲躲，充滿恐懼，認定要是想到自己失去的父親，她周遭的世界便會翻覆。她沒有意識到否認現實的行為，正在慢慢侵蝕她的生活。

維琪說不出父親死了。她將父親的死稱為「走了」，她發現每回提到這個主題，她很難不反覆斟酌每一個字，活像要是她把哪個字詞說出口，父親的死就會變成事實。她的頭埋在掌心，膝蓋縮在胸口，頭靠在桌面上。她的肢體語言告訴我，除了喪失之外，她也在奮力抵抗某種事物。

要否認現實，就得有面面俱到的佐證故事，才能讓捏造的現實變得栩栩如生，連本人都信以為真。維琪的否認台詞是這樣的：「我沒有可以軟弱的空檔，根本沒空承認那件事（將喪失的所有相關事宜簡化為『那件事』）。那太奢侈了（她無福消受或不允許自己擁有的奢侈）。大家會在臉書上的喪親社團討論他們的悲傷，我覺得大家怎麼可以聚焦在自己的內心，自我放縱呢？那些貼文太脆弱了。我要照顧小孩，我一軟弱起來，我的小家庭就會垮掉（給自己設定幾乎不能掙脫的規範）。看到大家在臉書喪親社團上的留言，真是讓我嘆為觀止（帶著一抹嫉妒的口吻），我無意失禮，但他們哪來那麼多的時間跟精力在那邊掏心掏肺？我不能那麼開放，我就走搞笑路線，寫一些傻氣的回覆。我沒有脆弱的時間。每個人都那麼自在地談那種事，真的很刺眼。我打死都不會跟媽媽、哥哥坐下來聊我爸——光是考慮那種可能性都很白痴！」

否認現實所披露的悲慟真相

趁著你還沒批評維琪把人與悲傷的關係亂扣帽子，記住如果我們特別嫌惡某件事物，那通常是在渴求某件我們自認為得不到的東西，所以便低估那件事物，評得一文不值，徹底貶低它的整個存在。

我要檢驗她判定悲傷是自我放縱的謬論，便說我想談談自己失去外公的經驗，問她能否接受。「所以你想聊聊你外公的死，而你想知道我會不會覺得你在自我放縱？」她回答。「一點也不會。如果你覺得應該談那件事，而且你說出來會比較輕鬆的話，那我無所謂。你愛用講的還是用吼的都是你的自由。只是如果換成是我的話，我覺得自己不配快活起來。」

維琪顯然相信自己不能抒發哀慟，否則會打破她給自己立下的規矩。她沒有否定別人的悲傷，後來她說自己協助孩子們哀悼外公，她甚至告訴我，將情緒表達出來對孩子很有益。

因此我問她覺得自己做錯了什麼，為什麼她認為自己不應該快樂。她望著我說：「不知道。」在某個生命時期，維琪學到了她不應該快活，而我想揪出是誰做了什麼事或說了什麼話，令她覺得自己不值得擁有人類對喪失的自然反應。

當喪失與分離攪和在一起

維琪開始談論她的前夫，但一開始聽不出她是與前夫在一起，還是沒在一起。維琪在喪父之後不久，她的丈夫、孩子的父親湯姆判定維琪「不是他要的老婆」，說她父親的死「讓狀況變清楚了」。在她爸爸離世五個月後，他離開他們的家，長時間遠離他們的孩子。茉莉和喬治不但失去了跟他們很親的外公，還要調適他們對爸爸的思念，他們覺得這很困難。

被人撇下不管的效應跟喪失很類似。對維琪來說，她與父親的關係才剛恢復和諧，父親便被奪走（雖然沒人決定離去），接著是她丈夫（可以自己作決定）選擇自己離開；這又是一次的失落。

不難明白她為何將全部的注意力，都聚焦在失去湯姆之上——據她自己的說法，要是她「夠努力」，不論希望如何渺茫，丈夫說不定會回到她的身邊。

我問她，要是湯姆沒有離開，她認為自己會如何哀悼父親。她回答：「所有的限制都會解除。」她的意思是假如湯姆還在，她的悲慟反應就會自然得多；她不會否認現實，也用不著忌諱，或許喪親之痛便不會那麼難以調適。

不知怎地，我懷疑她。維琪的感情議題與她以前學到的「我不配好起來」行為模式，都分散了她對悲傷的關注，不僅如此，她還得照應母親和哥哥，因為在她父親過世前後，她的父系親屬跟他們家鬧得很不愉快。

維琪說起她的姑姑、叔伯將整場葬禮搞得烏煙瘴氣，完全毀掉她母親想要營造的氛圍。維琪的母親被一位妯娌甩耳光，不滿維琪的母親沒有及早通知，害他們不能在維琪的爸爸嚥下最一口氣之前趕到，但維琪的母親根本不可能及早通知他們，因為當時她也才剛到場而已。

維琪設法維護媽媽的安全，努力不讓哥哥為了這些親戚的信口雌黃而動粗。我問她扮演什麼角色，她總結自己是「管理每個人的心情。」我問她：「那妳自己的心情呢？」她無須回答——答案昭然若揭。

維琪一輩子都習慣優先滿足別人的需求。她協助媽媽和哥哥走過跟親戚交惡之後那幾個月的痛苦時光，照顧自己的孩子，疏導他們的悲傷並適應遭到父親遺棄的現實，但她一直沒有想過自己的需求。

維琪忽略了越關注自己的內心，越能造福身邊的每個人。永遠都要愛惜自己，我們如何照顧依賴我們的人（通常是我們的孩子），就要給自己相同規格的照顧，而且我們給自己的待遇，要贏過那些並不真的靠我們生活但我們有時會認定應該優先照顧的人。因為，如果你深深不快樂，卻粉飾太平，你還能有多少力氣去滋養身邊眾人的生活？我要讓維琪明白，如果她能在個人與他人的需求之間找到正確的平衡點，她滋養別人生活的能力將會無遠弗屆。

指出否認現實是一種習得的行為

從維琪談論個人往事的方式，我推斷有某件事讓她認為自己不重要，即使她承受終結感情關係的創痛、面對親族之間的棘手問題，她依然只想著要為其他人分憂。怎麼會這樣？

維琪說媽媽直到最近才曉得湯姆跑了，由於母女倆都認識的人湊巧跟她媽媽說，維琪和湯姆已分道揚鑣，維琪才不得不吐露實情。在那之前，她媽媽都以為湯姆和維琪仍是夫妻，大概是因為維琪允許湯姆自由使用她的房子，活像房子仍然屬於湯姆，才唬過了維琪的媽媽。維琪認為這樣對孩子最好。在離婚後的一年半裡，她跟孩子說爸爸在上夜班，因此她也沒有跟孩子說出真相。

儘管維琪和媽媽深愛著彼此，她們顯然不談論雙方都很在乎的事情。即便媽媽已經發現她和湯姆分手，維琪都不准媽媽發問。她們之間彷彿有一堵沉默之牆。我問維琪，她母親是否聊過喪夫的事。「才沒有咧！」維琪說。「我們不講那種事。我們兩個都選擇不要講。」因此這是母女共通的習慣。

維琪的媽媽在丈夫過世前，兩人已相守四十年有餘。她曾經多次想要離開丈夫，後來丈夫卻洗心革面（大約就在茉莉出世的那陣子），待人和善，大家共享了三年的美好時光，直到癌症帶走他。妙的是維琪認為父母的婚姻很成功。她媽媽最後得償所願；丈夫為她浪子回頭。我問維琪，在四十年的婚姻裡，擁有三年的和諧算得上值回票價嗎？她望著我，彷彿我講了什麼驚人之語。用數字來檢視實際情況，似乎改變了她的想法。「她付出半輩子的人生，才換來大部分人會覺得差強人意的婚姻。說到底，他們的婚姻並不成功，是吧？」她悲傷地說。

母親鬱悶度日那麼多年的事實，令維琪明白了母親始終把別人放在第一位，而她則在複製母親的行為模式。她忖度起自己與湯姆的關係是否就像她父母的翻版，而她告訴我，她用盡一切法子挽留湯姆。她不顧一切地想保住婚姻，只要婚姻不破裂，她什麼都能忍。現在她也明白了，她縱容湯姆自由來去，枉顧湯姆對她的惡行惡狀，當著孩子的面貶低她，而她還哄騙自己這是為了茱莉和喬治好，實際上這對孩子有害，會給孩子樹立危險的榜樣。茱莉會從媽媽身上學到怎樣的感情觀？我們應該允許自己接受怎樣的對待？現在維琪認清現實，她緊抓著自己與湯姆仍是一對的想法，活脫就像是她母親不顧她父親咄咄逼人的兇惡行徑，努力維持夫妻感情。「在我們家族啊，」她解釋道，「夫妻通常是不拆夥的。我爺爺奶奶在婚姻的最後二十年幾乎都在一起，直到我爺爺在不久前過世。其實他們在一九九〇年代分手。他們覺得分房就可以拉開足夠的距離；離婚太不體面了。」

按時間順序排列的事實

我時常用時間線療法向個案展示他們的人生，讓他們實際目睹自己走過的生命路線，以及這條路線朝著什麼方向前進。在維琪喪父之前的太多往事，令維琪覺得自己不配得到某種人生。她父母的關係顯然也深深影響了維琪，而她媽媽守著不愉快的婚姻，更是給了維琪效法的樣板。她爸爸過世後，緊接著她的家庭便崩毀了，湯姆一走了之，她比平時更需要照料別人，她得照顧孩子、母親、哥哥。

將這些喪故後的分心事務及責任畫個圈圈圍起來，便是阻擋哀傷的屏障，維琪之前說「我不能去想爸爸。我事情太多了」和「我一軟弱起來，我的家庭就會垮掉」都突顯出這一點。我們在她喪父五年後的對談，還是她第一次談論此事——希望也是她蛻變的序幕。但要怎樣展開時間線？幾時做？

一個好方法是捫心自問假如不改變做法，五年後我們會走到哪裡？又會創造出什麼局面？我們會有什麼感覺？

接著，我將維琪的時間線拉到當下的十五年後。我選擇十五年的時間點，是因為她大約可以把兒女留在身邊這麼久，之後他們大概便會離巢展開成年生活。

我使用一項技巧來讓她窺見未來的兩個結果。首先，是她不會樂見的結果。我請她想像從現在起十五年後的孩子，看看他們的狀況如何，聽聽他們聊一聊童年，問問童年對他們的影響，還有假如他們能作主，那他們希望改變什麼童年往事。

維琪滿臉的驚愕。仔細思考這些事情令她很痛苦。她跟我談了一些她孩子們的調適狀況，她不要兒女落入那麼不堪的現實。接著我問她，如果她開始多關注自己一點，相信自己值得幸福，那十五年後的孩子們會是什麼樣子？我問她，如果她和孩子一起為他們的外公哀悼，坦然無欺，那孩子會怎麼描述這十五年的生活？還有最要緊的是，如果她放下湯姆，和母親談論失去丈夫的感受，情況又會有什麼改變？

維琪笑了，沉浸在腦海裡的想像畫面顯然令她很開心。我乘勝追擊，問如果現在起的每一年都維持現狀的話，那會怎樣？也就是說，她的行徑會持續影響孩子，年復一年，越來越難翻身。我們不能把孩子的童年視為理所當然；每一年都很珍貴。現在該是她改變的時候了。

如何打破模式——從哪下手？

現在輪到維琪發號施令。我問她，當她走出我的大門，展開隨後的十五年人生，她要做到哪三大優先要務？她毫不遲疑，說她要和母親談湯姆的事。（我剛好知道她回到車上後，便馬上傳簡訊給媽媽，她媽媽收到訊息也隨即回覆：「謝天謝地！總算！我會準備普羅賽克氣泡酒去找妳。」）她說，希望她踏出的這一步能給她踏出第二步的力量——放下湯姆。第三步是跟孩子談談她對外公的感情，允許自己在孩子面前盡情哭泣，讓他們看見媽媽除了照顧他們，也會照顧自己。

否認現實的目的

否認現實是在保護自己，這是一種防衛機制，讓我們不用面對喪失，連帶不必處理我們隱藏的議題，而且那可能是我們長期欺瞞自己的事情。假裝喪失不存在，可能會讓人覺得對自己有利。

維琪決定否認自己的悲傷，不是因為她同時在處理其他的狀況。關鍵在於她的人生經驗，實際上養成了她否認其他事情的能力。否認現實成為她偏好的調適方式，而且根深柢固。她看著媽媽粉飾關於爸爸的問題，如法炮製在自己與丈夫的關係上，連丈夫都跑了還不改初衷，直到兩人分手五年之後，才告訴（跟她很親的）媽媽。她學會了否認現實，而且事實證明，她的功力已臻化境。

慘烈的事件或後天學會的事，讓你把否認現實視為一種調適的手段。有的人會買單，有的不會。依我之見，悲傷本身不足以激發否認現實的行為；必然有其他的因素存在。

否認現實的反面就是接受現實。這是面對真相的能力，在哀慟來襲的時刻，你會為悲傷挑起的感受與想法盡一份心力。你接受自己會經歷某些痛苦，踏上你情願不要有的旅程，儘管如此，你會主動上路，因為你知道自己跟別人沒兩樣，你只是一介凡夫俗子，你沒有其他的出路可走，只能面對悲傷，不論你是立刻著手，還是擱置五年或更久。

與現實——真相——玩捉迷藏是撐不久的，現實總會逮到你，到時你便得正視自己能拖就拖的念頭，讓你虛度了多少年的光陰。否認現實是很累人的防衛手段。此舉本身就徹底矛盾。一方面讓你避開某件事，一方面讓你進退維谷，衍生的問題比你當初想逃避的事情更難纏。要堅強，允許自己面對生命裡的不如意，要知道這本來就是人生在世的一部分。

你控制不了自己的境遇，但你絕對可以控制自己的回應方式。

後來我聯絡維琪，關心她在我們諮商之後的狀況如何。她說自己和媽媽談過了，話匣子一打開就停不了。對於湯姆的事，她也一點一滴地採取行動。他不再回家裡住，現在她對湯姆也公事公辦。她的新伴侶很健談，而她覺得自己在情緒上並不成熟，但她的伴侶不會縱容她假裝自己沒事，因此她漸漸在進步。儘管她覺得不自在，她明白這樣對她有益，能幫助她接受喪失。

12／接受喪失

既然失去摯愛令我們痛不欲生，我們何必接受喪失？閃避悲慟，不想正視喪失的現實，那麼我們就會被喪失或許不曾發生的幻想綑綁，陷入許多不健康的情況，把別人也拖下水，只為了繼續否認下去。

簡單說，你可以否認事實，問題是你觸目所及的全是事實。在慘事降臨之際，常見的合理防衛機制就是不想相信有那回事，但如此一來，任何牴觸你虛假現實架構的人事物一概會被你疏遠，一旦你虛假的現實架構瓦解，真相大獲全勝，你便只能回頭收拾那滿目瘡痍。

在本書的許多個案研究中，都將接受現實與自我調適，列為管理悲傷的成功要件。當你接受喪失，踏出這艱難至極的第一步，便是在允許生活中的其餘層面整合起來。其實，也就是回歸現實。

在喪失之後，你可能會有一陣子覺得接受與調適都遙不可及，這是絕對正常的。當你陷入喪失引發的驚愕與困惑，你只能允許那些情緒發作完畢，才能問自己：「我對這件事有什麼感覺？」

視喪失的性質而定，在驚愕消退之後可能會有一段過渡期，然後事態明朗起來，你徹底意識到剛剛落到自己身上的遭遇，這時悲慟才會攫住你。在這個節骨眼上，你要作出一些選擇。

依我看，接受現實涉及十大要素，我相信這些要素決定了你是接受現實、想接受卻做不到，或是可以接受現實卻不想那麼做。

接受現實不代表遺忘。你不可能忘得了的，用不著那麼惶惶不安地怕自己會忘記。接受現實是開始順應現況，克服障礙，有些障礙是你自己架設的，以防自己重播喪失的事件或晦暗的事實，跨越障礙後，便進入可以回想愉快往事的階段，讓你對摯愛的回憶存活下去——這對你的精神狀態有益。

如果你失去的人不只一位，在思考下列的問題時要逐一檢視他們的個別情況。他們是完全獨立的個體，不論生前或死後都永遠應該視為獨立的個體。如果你還沒看過討論多重喪失的章節，建議先閱讀那一章，打好基礎再回來這裡繼續往下看。

一、我們與對方的關係。你們有多親？

你跟死者越親，可能就越難接受他們不在人世。有些人在我們的日常生活中留下一個大破洞，當他們不能天天待在我們身邊，我們顯然會很不能接受。

要是我們暫時聚焦在你們的情誼，而不是你失落的事物，你會不會說自己與失去的人共度了好幾年的美妙時光？你們的關係給了你許多幸福、快慰的回憶嗎？如果是，這本身便能大大助長你的接受度，因為這個人已經在你的生命中落實了一項相當重要的目的。否則，他們的逝去就不會如此令你心痛。

我們在悲慟時想的大部分是失落的一切。假如你與對方相處融洽，擁有值得自豪的情誼，你或許會給這段關係打高分。但你也可能因為太難割捨美好的往日，反而給了低分。你要有心理準備，自己的想法可能因時而異，在未來幾個月不妨重溫這一章，評估自己有哪些轉變。

你與逝者的關係裡或許有你過不去的地方，或是無解的問題，這些都會影響你接受喪失的程度。即使整體而言，你與對方的關係並不穩健或正向，你或許照樣很能接受現實，因為重點在於你是否能接受自己的喪失，以及你是否能接受這段關係及你怨懟至今的紛紛擾擾。也就是說，就你與對方的關係而論，你能接受**自己**失去了某些事物嗎？

二、對方生前的情況。他們過著哪一種生活？

檢視對方生前的生活，是接受現實的要件之一。評量方式是就我們的認知，他們重視自己的生命嗎？我們覺得他們因此殞落是否公平？比如，有些人的生活既沒有方向又空虛，當他們死亡，你是否會更痛惜他們的逝去？扼腕他們在世時，可能過著空洞又不心滿意足的生活？

也有的人造福廣大的世人，盡情揮灑生命，在許多人的生命中留下自己的足跡。你覺得他們活出幸福的人生，相信他們過得快樂又滿足？看著他們擁有短暫卻充實的人生，是否強過他們快快不樂地活到天年？

死亡的情況是我們接受現實的關鍵要素，但話說回來，你只能用個人獨一無二的角度解讀他們的死，以你對他們生活方式的看法為準，你能接受**他們**擁有的人生以及他們失落的事物嗎？你的接受度是多少？

三、喪失的性質。你有多受傷？

出了什麼事？事情怎麼發生的？這是需要探討的重要領域。如果摯愛是活到老年才去世，如果逝者全力對抗病魔，活得比預估的大限更久，讓他們周遭的每個人都與有榮焉，並且有預作準備的空間，生者或許便比較不會那麼難接受他們的死。

假如對方是死於意外、死於暴力或犯罪行為，或死的是自己的孩子，或對方是自己了斷生命，或許我們便會較難接受事實。這一類的死亡事件發生時，便牽涉到更多錯綜複雜的因素。你想要平息自己的情緒，就得釐清他們的死法給你什麼感受。你對他們死前的情況作何感想？你的摯愛是否應該承擔一部分責任？你覺得死亡事件在意料之中嗎？你有預作準備的時間嗎？或者對方死得很突然？對於死亡事件本身，除了死者是你關愛的人以外，還有其他令你無法接受現實的原因嗎？

喪失的本質令你更難或更容易接受現實呢？

四、喪失之後的時間。時間是最佳的療癒師嗎？

「時間療癒一切」的老生常談令人覺得只要耐心等候，事情便會自動解決。但依我之見，我們才是療癒師。時間或許是帶著我們穿越各種階段的載具，但前提是我們承擔自己的責任，建立適當的心態，為自己及別人作出良好的決定。即使時間之輪不停轉動，時間之輪會轉向哪一邊仍然取決於我們。

聚焦在時間上可能導致不必要的壓力。如果有人宣稱自己不到一年便走出喪失的陰霾，我們或許會很不公允地給自己施壓，期許自己也要做到。真相是時間與接受現實是不相干的，時間只是悲慟的諸多元素之一。你踏上的哀慟之路是舉世無雙的，不能跟別人的經驗相提並論，理由很簡單，因為他們不是你。

我們常常拿時間來跟自己過不去。相信自己跑得贏悲傷——「這件事以後再說。」——會讓你停在起跑點，始終背負著盤根錯結又亂七八糟的情感包袱。你得硬把自己的行事準則套在別人身上，約束身邊的人要如何言行舉止，好讓你繼續拖拖拉拉地不面對悲傷。

如果你最近才承受喪失，你或許仍然處於根本不可能接受現實的階段。的確是有人當場就接受了現實，甚至在死亡降臨之前，便與自己達成協議。

你走過了怎樣的時光，才抵達目前對現實的接受程度？你認為要多少時間，你才會接受現實？是什麼阻止你接受？要怎樣你才有可能接受？時間操之在你嗎？還是別人？

要多少時間才夠你接受現實、適應喪失的事實，全都要看你。如果你覺得不久後便能遏制從喪失以來便縈繞在腦海的負面思緒，就給自己打個較高的分數。如果那些思緒持續增生，沒什麼能減少那些念頭，給自己較低的分數。

五、怨怪與內疚。你覺得是誰的錯？

怨怪別人可能會阻礙你接受現實，是你不能平靜沉穩下來的主要障礙之一。我們常以為怪罪別人能夠改善現狀，但我對此存疑。我們指責的對象或許真的罪有應得，可是當我們將矛頭指向別人，便會馬上墜入痛苦之路，一旦走上這條路，或許就沒完沒了了。

問題在於我們不能改變死亡的結局，除非我們能夠寬恕，將導致喪失的責任歸屬分攤到別處，或省悟到自己一直在怨怪別人的負面循環中兜圈子，否則我們便不會接受事實，順應現況。

為了一件我們不能逆轉的事情長年累月地怪罪別人便已經夠糟了，比這更糟的則是耗費多年的光陰來怪罪自己。自我踐踏很危險。你或許和摯愛吵過架，你或許覺得自己應該在他們去世之前多盡一份心力，或許要不是你漏接了那一通關鍵電話，摯愛也不會出現在意外現場。有些人會扛下與自己無關的過錯，假如你是這種個性，便一定會找出自己應該負責的罪狀。或許這是因為你童年的時候，大人令你覺得你不重要、你的感覺無足輕重，才養成了這種人格傾向。

要是為了自己未必有責任的事情自責，我們會扼止自己走過悲慟。你或許認為本來就應該怪罪自己，誰叫自己在喪失降臨之前的一連串事件中軋了一角。或許開車的人是你，或許他們的藥物是你給的，但無論是什麼情況，你都得更仔細地檢視你自責的原因，允許自己原諒自己。姑且想像法庭在審理你的案子。你知道檢方會說什麼，因為你早已聽過千百遍，但想想以下的觀點：辯護律師會怎麼說？律師會以什麼理由來主張或許**不應該**怪罪你？

你可以放眼大局來尋找答案，認清要讓你重建生命的意義，或許你得從自己的生活中，剔除當初造成死者死亡的生活形態或心態，將這份知識與懊悔用來阻止別人步上你的後塵，讓他們脫離令你追悔莫及的老路。

如果你的罪惡感在減輕，給自己打高分。但如果你正在正視自己心懷罪咎的過程中，而你內疚的基礎是你渴望逆轉的現實，就把分數打低一點，但要知道當你化悔恨為力量，設法啟發別人、阻止相同的憾事發生在別人身上，你的評分便會上升。

六、我們與自己的關係。你有多善待自己？

我們對自己的觀感、我們的內在對話，與接受現實有什麼關係？有的人對自己嚴苛到極點，只看見自己放不下的陰鬱。在悲傷中善待自己，是指原諒自己那些會在腦海迴盪幾個鐘頭的輕率言語——不該說而說出口的話，以及該說而沒說的話！

在悲傷中善待自己，是指允許自己呈現最不堪的一面，去經歷哀慟的諸多元素，諸如憤怒、挫敗、迷惘、脆弱等等。

你的哪些作為是協助你調適哀慟的最大助力？哪些作為又讓你的日子更難過？你的哪些想法對你有益？又有哪些想法於事無補？你總是一肩扛下責任，認為全都要怪自己？你向來都默默批判自己嗎？還是從喪失以後才變這樣？

在悲慟時，最終級的善待自己是繼續做自己，不被否認現實與因循苟且的潛在拉力牽著走。如果你面對一切事情的動機純粹是與自己合作、為自己而做、永遠不跟自己作對，就給自己高分。如果你一肩扛起的事情似乎比卸下的更多，就要降低自己的評分。是誰教導你那樣對待自己的？

七、我們的精神力量。你控制自己思緒的能力強不強？

駕馭悲傷有很大一部分其實是在駕馭我們的腦袋。各種言語、行為、電視節目、音樂、人、老鄰居等等，會在我們意想不到的時候挑起我們的回憶，這不是我們能控制的。儘管如此，我們全權掌控自己要在這些回憶上投入多少時間與注意力。

然而在我們的回憶當中，有一個充滿黑暗時刻的檔案夾，那些時刻大部分來自死亡降臨之前，或者是我們沒有目睹卻以為發生過的事。在喪失發生之後，這些思緒最常閃現在我們的腦海中，只要想像思緒是出現在電影院的大銀幕上，便能給我們操控思緒的力量。我們並沒有要求播放這支影片，我們可以說：「夠了。把燈光轉暗，音量轉小。」然後抽出帶子，換成錄製了美好回憶的影片，打上燈光，提高音量，觀賞這支影片。試試看！下一次，實際幻想自己坐在老式的投影室裡面，更換放映的影片。

對於你失去的人，你的負面想法占了全部思緒的幾成？正面的想法又占幾成？如果占了六成，你就拿到六分，四成就是四分，依此類推。這也是一個隨時會變動的數字；現在你知道控制思緒的方法，明天你就可以改變自己的分數。

八、活在當下的能力。你可以利用忙碌來拖延時間，但你會這樣做嗎？

喪失降臨時，你的生活是什麼樣子？孩子、工作、搬家、感情失和等等事務拉走了你的注意力嗎？千萬不要中這種蠱，讓自己忙到無暇去理解自己的遭遇。

實在很難說一個人會花多少時間忙別的事，不讓自己好好哀傷。停滯不前是指在自己情願持續前進的時候，卻讓自己停留在那個時空的能力。要活在當下，就要有膽子正視喪親之痛，說：「我不曉得你會怎樣折磨我，但我哪裡都不去。」活在當下是善盡哀傷之外的所有個人責任，同時也夠警醒，給自己留下充裕的時間和空間來獨處，而不是全都在照顧別人。

你有多少讓你分心的事務？都是些什麼事？你看得出自己可能把這些事當成擋箭牌，不去正視自己的悲傷嗎？適當的平衡點在哪裡？怎樣才能避免你的世界崩毀，同時又留下自己所需的時間？

如果你相當擅長給足自己所需的時間，如果你察覺自己懂得迴避分心的事務，不閃躲如今已是家常便飯的悲傷，就給自己較高的分數。如果你察覺自己刻意分心，找一堆事來保持忙碌，以免悲傷的浪潮來襲，就給自己較低的分數。

九、悲傷的實際情況。我們以為悲傷是什麼樣子？

在生活各個層面上的期許都要合理，這很重要。對一件事有不切實際的指望，只會打擊自己。而面對喪親之痛，如果我們是第一次遭逢喪失，便很難拿捏怎樣才算合理。即使到了第二次、第三次的喪失，以前的經驗照樣不會讓你作好心理準備，因為每一次的喪失都不一樣。

要對喪失保持務實的期許，就要明白你不可能「克服悲傷」。我們只能學會駕馭自己的喪失，而不是淡忘。如果我們給自己時限，或禁止自己哭泣，或拒絕談論我們失去的對象，或移除照片之類的物品以防觸景傷情，這些都不是務實的做法。

我們在生命的各個領域給自己訂立各種規矩，自己還不見得有自覺。你是否察覺到自己說「我一定」或「我不能」？緊跟在這一類指令後面的話語，通常就是我們給自己下的命令，命令重複夠多遍以後就會變成信念。我們可以自由決定這些信念的狹隘程度，看是要持續使用負面的命令，或選擇將這些指令改寫成正向的指示，比如「我可以」或「我要」。

你對悲傷的期待合理嗎？你的期待是以什麼為基礎？是別人的意見？自己的臆測？希望？你期待自己輕快地度過悲傷，是因為你要用意志力克服萬難，還是你只打算能拖就拖？你時常談論自己的悲傷嗎？你依據這些有益身心的談話，來調整自己對悲傷的期待嗎？

關於喪親之痛的真相是如果你麻木無感，你就沒有在處理哀慟。如果你沒有給自己訂立不合理的目標，例如「我不能哭」或「我在葬禮上絕對不能流露情感」，那你在接受現實方面，便能給自己較高的評分。如果你常常明確要求自己如何如何，或「應該」如何如何，彷彿不曾經歷過悲傷一樣，那你的評分就會低。你的臆測會變成你的現實處境，因為你在思緒中已經把臆測當真了。

十、我們的過去。過去的影響力有多大？

我們的人生經歷會左右我們接受現實的能力。悲傷會喚醒我們的老毛病，加以活化、合理化，這是悲傷的特性。結果，我們往往會利用哀慟來對付自己，視為懲罰，或是我們自己活該，把原本就很難纏的悲傷搞得更棘手。

我們可能有過不堪的童年經驗，以致自尊低落，覺得自己不配幸福，不該稱心如意。往日的經驗或許會讓我們不樂於溝通，不想談論喪失，以免將壓力轉嫁給別人。駕馭悲傷的能力被往事阻斷的人所在多有。是不是有哪一件前塵往事，令你更難接受自己的喪失？

在你的生命中，有哪些曾經傷害你、耽誤你的重大打擊？那些苦日子對你有何影響？這些影響與你新近的喪失是否有相似之處？在你百感交集的悲傷中，是否摻雜了從你以前的經歷而來的元素？

我們視為悲傷的那種情感，其實經常合併了其他的元素，釐清有哪些元素混入其中只有好處。在思索其他的元素時，如果你很清楚自己的過去如何影響你調適喪失的能力，就給自己高分。有的人知道自己遭到喪失降臨之前的往事干擾，卻沒有正視過去的能力，或是不肯面對，連帶不能接受現實，那這樣的人在這方面便會拿到較低的分數。或許對你來說，處理你為了其他原因而建立的老舊防衛機制，遠遠比面對喪失的現實情況更可怕。假如是這樣的話，務必看看第三十八章〈當悲傷與原有的議題攪和在一起〉。

這一章無疑協助了你辨識自己在哪些方面表現良好，哪些方面則比較力不從心。既然你已經將自己調適、接受喪親之痛的情況拆解成更細膩的分類，你會更明白好好處理哪些層面，會對你有益。如果你在閱讀這一章時迸發許多新的想法與點子，不妨全部寫在紙上。每一個新觀點都可以引發行動，行動引發改變，讓你在調適之路上前進，更接近你想抵達的目的地。

13／在人生下半場的喪失與怨怪的重擔

有一天，我奶奶莫莉．法爾多跟我共進午餐，聊聊她新近喪夫的經驗。我爺爺查理．法爾多在二〇一六年二月死於癌症，距離我跟奶奶的那一頓飯一年。奶奶說了很多爺爺惹她討厭的地方，我一向認為那是她的自然反應，只要人家問她對爺爺有什麼觀感，她就會那樣回答。

這是她胸懷磊落的表現，不願意為了美化自己的人生，就把查理粉飾成別的樣子。然而即使爺爺已不在人世，她還是要用這種手段來維持她對爺爺的芥蒂，在未來幾十年裡都名正言順地延續她的小小不滿。我這裡說的小小不滿，意思實際上是天大地大！

奶奶講了一會兒後，便起勁地跟我侃侃而談。一開始，她只想跟我聊她的父母，所以我們從她的父親破題，也就是她的第一次喪失。一九八八年的時候，她父親在刮鬍子時心臟病發，驟然離世，享年七十九。

莫莉說她很震驚，她還以為父親永遠不會死呢。她回想起父親多麼了不起，是優秀的丈夫及父親，比起她自己，她更替母親難過。她接受父親的死，因為她爸爸的人生很美滿，活到天年才走。

莫莉喪父的時候是五十歲，她父親一走，她和母親旋即感到空虛來襲，於是她決定搬回倫敦東部，與母親同住。

失去母親

莫莉的母親在精神上是非常堅強的人，身體卻不怎麼強健。一九九六年的一場感冒帶走了她，時年八十八。莫莉說當母親死了，她也失去一位摯友。她們感情很親密，莫莉始終收藏母親的骨灰。

莫莉很欣慰母親還在自己身邊。她總是母親長、母親短的，慶幸等到自己走了以後，母女的骨灰會一起擺在某處：「不管我去哪裡，她都會跟我去。」

我們是不是忘了誰？

我們從一九八八年的喪失講到一九九六年的喪失，但有一場喪失是莫莉和我都選擇跳過不談的。我想，這是因為有的喪失是你能接受的，也有的喪失必須用全新的標準去衡量——而她失去年僅二十九歲的兒子史帝夫．法爾多，便是這樣的喪失。

只是交代一下背景

各位或許在納悶，我怎麼不用曾祖父母來稱呼莫莉的父母。他們**的確**是我的曾祖父母，但直到一九九二年我十三歲的時候，我才與父親的家人相認，當時我素昧平生的父親史帝夫，已在一九八九年泰晤士河上的伯爵夫人號與鮑貝爾號相撞的船難溺斃。

一九七八年時，我母親和史帝夫同在泰晤士河上工作，因而相識，在短暫的風流韻事後，我母親懷孕了。史帝夫沒有供養她的能力，她便帶著身孕獨自離去（呼！），年僅十六歲的她便生下了我。

十年後，在史帝夫喪生的第二天，我住在一位阿姨那裡，她恰巧也在泰晤士河上工作。她應該知道我爸爸下落不明，也應該知道我可能與父親天人永隔。我不知道那一夜的事件竟然是這麼要緊的大事，我替阿姨難過，她太清楚這件事對我代表了什麼意義。說來真的很不可思議，我仍然記得那一天我待在雷哥利亞號酒吧，從阿姨的辦公室眺望河面，想著怎麼會有那麼多警方的船隻圍攏在天鵝碼頭不遠處，忙得不可開交。

各位可能在想，大人怎麼不跟我說我父親的事呢？當時我母親已經嫁給我的繼父，他禁止我母親讓我或其他人透露他不是我的生父。因此在她的那一段婚姻期間，我對父親毫無所悉。

那我怎麼會不曉得他不是我的生父？我實在不明白自己怎麼會忘掉，但那時我不記得他沒有參與過我五歲之前的人生！那些年裡我待在寄養家庭，但現在回顧那段歲月，我並沒有陰影。不僅如此，我擁有早年在寄養家庭裡平安又快樂的許多回憶。那時候，我真的以為繼父是生父——或許，我們只會看見自己想看見的事。

在此向各位完整交代我們家的背景，一九九二年，我母親、我、我弟弟史賓賽離開我的繼父，逃到大雅茅斯的婦女庇護中心。後來，我們在科赤斯特附近的提特里落腳，我母親就在那個時候叫我坐好，出乎我意料地問我想不想去見我親生的爺爺奶奶——莫莉和查理。

就在她問我的那一瞬間，我想起了繼父掄起拳頭，闖進我小時候住過的社會住宅，那時我們因為沒有及時繳納房租，所以被攆出去了。他坐在浴缸邊緣處理手上的傷口，而我對他說：「保羅，你的手在流血。」我想起了自己這一句披露了身世的話。我怎麼會直呼他的名諱，沒有叫他「爸爸」？

我對母親的第一反應是，為什麼不去見我的親生父親？於是她說我見不到父親了，他已死於意外事故，接著她便說明事情經過。關於我當時的心情，我記得自己很快便接受現實，很高興可以跟從沒聽說過的家人相認。第二天晚上，他們全都來到我家客廳，從此便成為我生命的一部分。

爭議

回到我們手上的故事。我奶奶回憶前塵往事，說我的親生爸爸史帝夫曾經跟她談論失去爺爺的心情，他對她說：「現在爺爺不在了，以後的日子真的就跟以前不一樣了。」他們渾然不知就在幾個月後，史帝夫會為了拯救別人而殞命。史帝夫是船長，他掌管的船會被一艘疏浚船撞上，像玩具船一樣被捲進疏浚船的下方，僅僅三十秒便完全沉沒。

守在疏浚船船頭的兩位船員沒看到前方的伯爵夫人號，鮑貝爾號的船長道格拉斯．韓德森沒在掌舵。他在意外發生前的午後喝了兩千八百毫升的啤酒，後來他因此遭到非議。

根據水上事故首席調查員的枯燥事故報告，伯爵夫人號在半夜一點四十六分被疏浚船鮑貝爾號撞上。伯爵夫人號是休閒娛樂船隻，載有一百二十七位乘客和四位船員，他們才剛經過沙瑟克橋。

鮑貝爾號在伯爵夫人號後方，兩艘船都調整航向，待在河道中央，以便從坎農街鐵道橋下方通過。不知怎地，兩艘船交會了，其實休閒娛樂船的船員看到了疏浚船從後方追上來，但以為疏浚船是要抄到他們前方。

疏浚船在幾百碼之前，抄前了赫靈罕號，那也是一艘休閒娛樂船。疏浚船以八節半的速度前進，是兩艘休閒娛樂船的兩倍快。

眼看疏浚船一定會撞上來時，伯爵夫人號上至少有一位甲板水手嚷嚷著向史帝夫示警，史帝夫以最大馬力駛離，想閃避大船。但徒勞無功。

鮑貝爾號的重量是一千八百八十噸，全長超過兩百六十呎。伯爵夫人號只有八十五呎長，重量才四十六噸。疏浚船的鐵製船體掃開了伯爵夫人號的木造船艛，力道之猛，連上甲板都脫離了船體。

善後工作拖泥帶水，亂七八糟。當時的交通部長塞西爾．帕金森拒絕展開政府調查，一九九三年，他的繼任者史帝芬．諾里斯也拒絕。而水上事故調查局提出的報告，則被親屬及倖存者評為文過飾非。

鮑貝爾號的船長因為沒有善盡監督之責而兩度受審，但兩次的陪審團都沒能達成判決，韓德森宣判無罪。

在錯綜複雜的法律攻防戰期間，驗屍處、伯爵夫人號及鮑貝爾號的船員、倫敦港務局乃至泰晤士河警備隊沒有做好萬全的準備，全都飽受批評，直到死因裁判庭終於在一九九五年裁定受害者「非法遇害」。

直到二〇〇〇年二月，時任交通部長的約翰．普雷斯考特才啟動正式調查。上訴法院的克拉克法官於是彙報應該早一點進行正式調查的。

撇開批評、怨怪、懊悔不談，對我奶奶來說，傷害已經造成，拖沓的來來回回令慘烈的喪失變成一場苦戰，她一邊捍衛兒子的名譽，試圖證明兒子的清白，一邊面對控訴她兒子害死人的人，承受他們排山倒海的敵意。

莫莉怒不可遏。她不只要處理自己的喪子之痛，還要處理憎恨與控訴。喪失有時是極度不公平的，但這是另一回事。她很生氣。她會在公車或火車上看著別人，想著坐在車上的人應該是她的兒子，而不是他們。她因為兒子受到的待遇而困在仇恨之中，以令人憂心的形式表達內心的怨恨，將哀傷與怒意發洩在別人身上。她明白自己必須罷手。

奶奶坦然承認她不能接受兒子死了，她始終沒有適應兒子不在的事實。她忘不了，她才剛學會調適自己。她最常浮現的念頭是：「史帝夫，你怎麼不游出來呢？」

回到查理的主題……

「普蘭斯洛特爵士」[1]（這讓我迸出大笑——我沒聽過誰那樣叫他，但這是很貼切的名號）過世將近一年，奶奶首先說：「他不是個好老公。」接著又平衡報導，說了比較親密的回憶。「他一向都很性格；他給我的歡笑跟怒氣一樣多。」

莫莉的態度柔和起來，補充自己很感恩老公給了她三個好孩子。她不但有內孫外孫，現在也有了曾孫，子子孫孫全都是由他而來的。

他們在二十年前離婚，各自獨居，但查理的單身生涯過得不太好，她可憐查理，在十年前允許查理搬到她家，直到查理去世為止，兩人都分房。

查理從不跟人道歉，但查理向她道謝，說他在安寧中心的期間承蒙她的包容，奶奶說這讓她「有一點點開心」。我想，奶奶大概是在輕描淡寫。

莫莉失去了什麼？

到最後，她對爺爺的感情就像手足之愛，而他們共同建立了美滿的家庭。查理嗜賭又貪杯，大致上是自私的人，她不懷念那些事情，但她想念跟查理之間的對話、歡笑、陪伴。跟一個人相守了那麼久，無論是好是壞，你很難不覺得這個人在你的生活中留下一個大洞。

她排遣寂寞的狀況如何？

莫莉說她的天字第一號大原則是不要困坐在家裡。以前她會回絕的事，現在她會答應。她盡可能多多出門，在聖佳蘭安寧中心的慈善商店當志工，跟朋友聚會，和女兒們及曾外孫們都非常親暱。她允許在世的親人來填補喪失留下的破洞，家人總是在她身邊，樂於伸出援手，聽她說話。

有任何遺憾嗎？

我奶奶曾多次遭逢喪親之痛，我想了解她在走過四次喪失的悲傷後有何感想。她後悔自己不曾和諮商師談論兒子，尤其是以前她認為不能跟其他的孩子談論他，因為他們要處理各自的哀傷。如今，他們早已能夠談論史帝夫，所以我不會過問。但有幾件事情一直在干擾

1. Sir Prancelot，卡通主角，為了逃避銀行經理與妻子而決定參加聖戰，不料全家人跟著他上路，一路上憑著他的各種發明化險為夷。

她的日常生活，我不能坐視不管。

劃分喪失的心情

我不必明察秋毫，也能注意到莫莉在談論失去父母及查理的事情時，總是忍不住將話題轉回兒子史帝夫身上。顯然，這就是接受現實與不接受現實的差異。在哀傷之情不明顯的情況下，若是能夠劃分自己是在為誰哀傷，認清哀傷與懊悔、憎恨、怨怪之類的情緒混合後，將會呈現截然不同的面貌，這會對我們特別有助益。

盔甲上的小裂痕——展開輔導

奶奶描述她如何為今日而活，如何珍惜大家的生命，一切都多虧了她了不起的父母教導她凡事向前看，不要活在過去。當我聽到這裡，我不得不協助她看見自己的矛盾。她深深地沉浸在過去中，問題並不在於她緬懷過去——我們明白回憶很重要——而是她篩選自己要記住的事，讓這些回憶對自己發揮某些作用，而她必須為這些作用負起責任。不曉得在喪失之後不停怨怪別人的人，是否會出現類似的行為？

我請莫莉回顧在她每一天的生活中，當她想起史帝夫的時候，正向及負向的念頭各占幾成。她回答正向是六成，負向四成。負向的念頭較少，但數量相當可觀，這些一直揮之不去的念頭涉及了「假如」，當然與她對兒子的實際回憶沾不上邊。

我問莫莉這是不是自主的念頭？她能不能加以控制？莫莉承認這是自主的選擇。她止不住地想著自己的喪失「不公不義」，但她不想克制自己。為什麼？「我覺得那就像自己推開了史帝夫。」她告訴我。

我請奶奶說明另外六成的念頭。她說全是兒子二十九年的人生裡的美好回憶。我問那四成的念頭又是什麼。她說是那場意外、怨怪、不公不義、憎恨。所以說，那四成與史帝夫無關，我指出：「那些都是事件引發的痛苦，還有這件事對妳的人生、對別人的行動所造成的影響，但這些跟史帝夫其實完全不相干。」她同意我的說法。

我問莫莉（我沒有把她逼得太緊；我想她大概沒有碰過這樣的對話），動用四成的時間擁抱她鄙夷的事情可以讓她開心嗎？她大可放下那四成，享受百分之百與兒子相關的正向念頭，她可是深深思念著愛子啊。

既耐人尋味又悲哀的是，我奶奶在二十年前便明白這個道理，但她在走到六：四的比例時（起初是百分之百負向）便決定踩煞車，不願走完接受現實的旅程，轉身擁抱那四成，只因為她覺得若是放手，便會同時放下史帝夫。

我得繼續和奶奶討論這個主題。希望我能協助奶奶減輕憎恨，化解史帝夫的死所引發的義憤，畢竟我們都同意這不能改變過去，卻大大影響她的現在和未來。想想當她抽離意念中的負面思想，這些細微的改變將會累積成多大的變化！

怨怪的真相

抓著怨怪不放是自我傷害的一種形式。當災難降臨，這種心態幫了我奶奶的忙，但在有關當局作出裁決之後，這便成為沒有戰事的戰鬥模式。只剩下奶奶還在拚搏，有時她站在那裡咬牙切齒，握緊拳頭，卻沒人跟她對打。別人都另謀出路了。

放下你對摯愛的回憶與放下關於摯愛之死的紛爭，兩者有重大差異。母親的角色是強勢保護兒女，但她的兒子不會希望在事情落幕已久之後，母親還在奮戰不休。

放下爭端並不是在兒子的事情上妥協。而是體認到這樣做，對她自己及她身邊的親屬最好，大家只希望她歡歡喜喜地過日子。

我會告訴她：「奶奶，要記住史帝夫跟妳的關係，比跟伯爵夫人號更親密。對有些人來說，他是捲進悲慘船難的船長。對妳來說，那一天是二十九年份的回憶裡的一天。」

如果你想釋放怨怪

如果怨怪占了你喪失的一大部分，不論喪失發生了多久都縈繞不去，成為你思緒的一部分，我彙整了一些能幫助你拆解怨怪的問題。

一、評估

你的哀傷有多少是正面的回憶？有多少是負面的懊悔？

負面的部分有多少是可以改變的？有什麼可以撫平你心中的冤屈？不論是否公正，別人是否認為怨怪的責任分攤已經了結？

二、時間軸

你維持這個百分比多久了？拿紙出來，按照時間，畫出你從失去摯愛的那一天到今天的比例變化。是什麼讓比例變化朝著某個方向走？在時間軸上的那些時間點發生了什麼事？變化的走向是固定的嗎？從全然負面變成摻雜其他情感的趨勢在某處便終止了嗎？有哪些可能的因素嗎？

既然看見了自己的來時路，知道自己正在往哪裡前進便很重要，因此為隨後的五年擬定計畫，再大著膽子做十年份的規劃。你希望未來抵達怎樣的百分比？怎樣辦到？需要做些什麼，你才能放下陰霾？你採取了哪些行動來追求你想要的進展？需要等別人先做到某件事，你才會允許自己前進嗎？如果是的話，那是什麼事？你幾時要搞定這件事？

三、想像

要做到這一點，試試我請奶奶做的練習。我撕開一張面紙，在面積較大的那一半寫上「六成關於史帝夫的正面回憶」，在另一半寫上「四成的冤枉」。

暫時將冤枉的那半張實際拿開，只聚焦在剩下的美好回憶上。這樣有什麼感覺？如果只專注在正面的回憶上，心無旁騖，這樣有什麼好處？你覺得自己在懷念什麼？

將面積較小的半張面紙——冤枉／怨怪——拿出來，放在象徵美好回憶的那大半張衛生紙上面。見到負面的烏雲覆蓋了你無價的寶貴回憶，帶來陰影，你有什麼感覺？現在，再度移開負面的陰霾，丟到地上，問問自己在害怕什麼？放下負面思想的話，你會失去什麼？

最後，將正面的回憶移到看不見的地方。你擁有什麼？怎麼樣會落入這種處境？只剩下你一個人守著衝突的滋味如何？你有可能淡忘那一切回憶嗎？你是否覺得什麼都毀不了你的正面回憶，但負面的思維是你憑一己的意志緊抓不放，沒有其他外力介入其中？如果正負對決，是正面回憶會勝出？還是攀附在怨怪之上的負面思維？

四、切換角度

讓自己進入已逝的摯愛的內心，包你不會錯到哪去。以我奶奶為例，就是想一想史帝夫會如何看待她依然抓著意外事故的原因與結果，讓事件影響她的生活，傷害她毫不受限地記住正向回憶的能力。

他會說「媽，不要放手，現在還是不公平」嗎？還是會請她卸下這個擔子？

你覺得呢？你會得到什麼訊息？在改寫不了結局的情況下，沒有多少人會覺得有必要持續鬥爭。

五、勇氣

勇氣是串聯一切的黏膠。我們不會偶然撞上答案；我們必須願意付出心力，還要有勇氣去違抗我們原有的想法，我們常會在心裡反覆重申那些想法，將想法澆灌成眼睛視而不見的信念，但耳朵還是聽得見的。

最後一項練習。想像你在大限即將降臨的時候坐在搖椅上。想像你意識到自己有攀附負面思想的傾向，諸如怨怪、懊悔等等。現在想像自己對失去摯愛之後的人生有何感想。當中有沒有你白白浪費的時間？有沒有可以更善用的時間？對於你時時刻刻把負面思想放在心上的事實，你覺得如何？現在的你從中受惠了嗎？

最後，修改房間裡的狀態，更換椅子，然後將思緒切換到你臨終之際，你坐在搖椅上回顧失去摯愛之後的人生，對自己善用時光感到自豪，充滿感恩。

你如何對待你的責難？你把時間用在哪裡？你如何處置你的思緒？你怎樣向別人說起

過去？你得跟別人達成什麼共識，你才能感到自豪？

目睹三十多年的責難如何長期左右一個人看待生命的眼光，實在教人心疼。在我們揭發怨怪是出自於個人的選擇之後，我的奶奶便有放下怨怪的機會，但三十多年來她扛著怨怪走了那麼遠的路，顯然她會情願選擇自己熟悉的模式，而不是陌生的新模式。

如果你決定把握機會，辨識出自己的怨怪機制，穩紮穩打地讓怨怪離開自己，那你一開始可能會覺得自己在饒恕某個人或某件事，但你很快便會察覺自己卸除了重擔，若是繼續背負這個擔子，人生的走向絕對會不一樣。你怨怪別人、憎恨別人的時間越長，你就越難放下，那種情緒會變成你的一部分。

14／悲傷中的愧疚之旅

面對悲慟時，我們常常不允許自己重拾喪失之前的生活。當摯愛不在人世，我們憑什麼快活起來？他們享受人生的權利都被狠心奪走了，我們哪來享受人生的資格？如果我們樂在生活，甚至只是微微咧開了笑嘴，或因為某件事而開心了一下子，算不算對逝去的親人不敬？但這種態度有多少是發自我們的真心，又有多少是在害怕如果我們的行為舉止不夠重視死者，如果我們悲傷的方式不符合別人的要求或期待，別人就會批評我們對死者不敬？

我深深相信喪失應該會激勵我們想要追求更多，達成更多的成就，也擁有更多。因為在面對喪失的時候，我們親眼見證了生命太可貴，應該活出最扎實有料的人生，畢竟我們能活多久是誰都不能保證的。如果我們為了不落人口實就一肩扛起罪疚，劃地自限，我們便會開始沉淪，終至消失。何必呢？這有什麼好處？

或許，我們或多或少覺得有個自我設限的藉口也不錯，一個不必努力嘗試的理由？千萬不要因為自己擁有人性而內疚；悲傷不等於敬意。喪失最正向的效益便是激發我們的雄心。

那時的我沒有盡全力

沒錯。早知道會出事，誰都會採取截然不同的做法。聊得更多，笑得更多，體驗更多。有時候，最大的教訓來自最淒慘的悲劇。如果你經歷了喪失，難道你不會更珍惜生命，更在乎與你共度人生的人嗎？

不論悲慟與否，我們常會在生活中懲罰自己。要是我們能夠看見記取教訓的潛在價值，認清生命的可貴，將這番領悟放在心上，開始去改善我們與親友的關係，向前進，那我們便不會砸下那麼多時間來懲罰自己，懊悔自己沒在首次嘗到喪失的痛苦之前便明白這個道理。我們通常不喜歡從負面的事物發掘正面價值，你是否準備好找出正面價值是你的事，但等你準備就緒，正面價值就是你的囊中之物。

我與親生的父親素昧平生。這無疑是我人生的負面事件，要是我見過他，我在成長過程中對所謂的父親，也無疑會有不同的觀感。但放任我們緣慳一面的事實變成我為人父親的陰影，可是我絕對不允許的事。我們或許曾經吃過苦，但我們今天的面貌或未來會有的模樣，都是拜過去之賜，這絕對是一樁好事。我們未必能夠主宰自己的境遇，但我們可以控制自己如何回應那些往事。

問問自己怎麼做可以逆轉你失落的事物。可惜，你束手無策吧。再問問自己，怎樣可以提振你擁有的現狀。可行的方法有無限多，不是嗎？我們常會把注意力的焦點放在過去，儼然是在往事裡落地生根了。悲慟時一定要力求活在當下，因為一開始的時候，我們非常難看見未來。未來可能在瞬間變成一片模糊，不清不楚，晦暗陰沉，你難免會記起與摯愛相關的往事，也怪不得我們在喪失之中，常常會向後看。但聚焦在過去只會讓你穩穩地站在原地。學習活在當下就好比站在扶手梯上面，你或許覺得看不見前方，卻絕對會一天天地前進。

活在過去與**追憶**所愛的人不一樣。活在過去表示不接納現況，否決真相與事實，不正視自己的心情和自己的情感經歷。追憶所愛的人時，則可以洋溢著正向的情緒，終至滿懷喜悅，但這並不是根植在過去，走不出哀傷，人生無法向前進。

分攤內疚

吉米告訴我，內疚在他喪母後鋪天蓋地而來。在母親的忌日，他決定去刺青來「讓自己不用再想這件事」，刺完立刻覺得自己既自私又不敬，因為他沒有和家人共度這一天。然後又說那天他們全家人共進晚餐，他也出席了，但我看他的眼神就曉得，吉米覺得自己怎麼做都不對。我問他覺得忌日應該怎麼過，他說：

「我應該陪著爸爸的，但我不想去火葬場。也許我應該跟他一起吃午餐，但那樣的話我心情會很差。」

吉米解釋自己不喜歡在忌日時陪伴爸爸一整天，他說：「我沒辦法拿走爸爸的痛苦，所以我不想面對他。」

他竟然給自己這麼龐大又不切實際的壓力和期待！撫平爸爸的痛苦真的是吉米的責任

嗎？沒有可以一筆勾銷痛苦的魔法咒語或療癒的擁抱，尋求這樣的奇蹟是在刁難自己。

我要協助吉米篩選出適當的做法，最重要的是要務實，便問他希望在母親忌日之類的紀念日裡做些什麼。

「懷念媽媽。」

不錯的起頭。

「那你懷念她了嗎？」

「有啊。在我去刺青之前，我想像她會怎麼回應我又要去紋身了。她一定會說：『噢，吉米！』這讓我聽見她的聲音，我一度覺得她跟我在一起。」

「刺青的時候呢？」

「沒有，我一痛就沒想著她；我只顧著痛。」

「刺完以後呢？」

「有。之後的時間我斷斷續續地想到她。」

「那你達成你的目標了嗎？」

「有啊，但是……唔……沒有。」

「但你說你的目標是懷念媽媽，你也做到了。」

吉米看來悵然若失，於是我請他進一步澄清目標；或許這樣便能破解為什麼他的罪惡感那麼重，他只是在這樣的日子裡替自己做一件事，而他認為此舉很失禮罷了。

「你究竟為什麼內疚？」我問他。

「沒在她的忌日陪伴其他的家人。」他回答。

吉米接著說明他們的家族聚餐。

「全部人都為了媽媽回家。」他說。「但沒人提起媽媽，我們沒有聊往事。我們舉起酒杯，但沒人說話。我們明明都是特地來吃這一頓飯的，我們很清楚聚餐的目的。」

「那天晚上，你實現了自己的目標嗎？」我問。

他描述母親是「……禁忌的話題。每個人都曉得這話題就晾在那裡，但誰都沒說什麼，怕其他人會不高興。」

然後吉米忖度起媽媽見到他們的聚餐會作何感想。他們可是媽媽身後留下的深愛的家人，他們為了媽媽齊聚一堂，又絕口不提媽媽。這令他沮喪，比刺青更令他滿心愧疚。他誓言以後要全力以正向的方式懷念媽媽，要頌讚她的生命，還要談論他對媽媽的美好回憶。

這聽起來是一個計畫。真的是一個計畫。有了這個計畫，吉米認為將來遇到特別的日子時，他便會知道如何自處。儘管他再也受不了大家的沉默，他很擔心其他家人不苟同他的做法，擔心他們覺得打開話匣子或坦承他們聚會的原因會太痛苦。

的確經常有人以為談論喪失的事實與現實，在某些方面來說並不體貼，或是會傷人。但在悲慟之中，最傷人的大概就是壓抑。如果你真心想要幫上忙，在短期及長期都發揮助力，我的建議是膽子要大，要勇敢。只要有一個人說出大家的心思，大家便突然像領到免死金牌一樣，開始分享、感受、調適、真實地展露自己。

吉米決定在下一回的紀念日裡提起媽媽，他要問大家：「你們最喜歡哪一段關於媽媽的回憶？」他要拋磚引玉，大家會看到他在跟大夥兒談論媽媽的時候多麼歡喜。吉米之前一直在替不受自己控制的事情負責，看到他開始替自己可以控制的事情作主，真是令人欣慰。

我們也會害怕惹惱我們關愛的人，但那種恐懼多半來自揣測。吉米其實不清楚家人是否想開口，只是認為打安全牌最妥當。但如果大家的想法和他一致，都渴望聊聊他的母親，分享寶貴的回憶，讓她在大夥兒相親相愛的交流中回到人間呢？

整體而言，我們哀傷的方式跟別人沒兩樣。我們是各自環境的產物，整體的成長經驗會塑造我們的樣貌，如果你在有意無意間置身在「壓抑的文化」中，除非你打破壓抑的循環，否則你便是那種文化的一分子。

吉米不需要等到下一次的紀念日。他在隔天早上打電話給手足，說他們得談談老媽的事，他想問問大家調適的狀況如何，有沒有他能幫忙大家的地方。

你猜結果怎樣？他們都敞開心房。全部人都承認自己想要談論媽媽，全部人都答應見面，老實地說出自己難以承受的部分。吉米推動了他們前進的方向，我敢跟各位打賭，你們絕不會看到吉米一家人在媽媽的紀念日裡悶聲不響。

有數不清的因素會導致我們愧疚，當中或許也有一些站得住腳的原因。但當你控訴的對象就是自己，比如他們闔眼的時候我不在場、我沒在一切都太遲之前原諒他們、我沒在他們走出大門的時候說我愛他們，這一類的控訴主要是在傷害自己，你得放下這些情緒，聚焦在別人的責任上。

如果你的罪惡感來自造成死亡的實際情況，那你要原諒自己，更深刻地去了解儘管你自認為要替對方的死負責，但對方的行動與作為都是出自他們的自由意志。

他們必然全程都作出自己的決斷，採取了最後促成他們死亡的關鍵行動。你要檢視是什麼情況或什麼人影響了他們的決定、他們當時的精神狀態，認清他們在死亡事件發生之前就知道自己承擔的風險，如此一來，或許可以找到減輕你歉疚的答案。

背負罪咎包袱太久的殺傷力很大，你需要知道挑戰罪惡感的方法，換個角度看事情。拆解罪咎的工程很浩大，你未必可以獨力完成，你的親友也未必能挖掘得夠深入，對你發揮真正的助益，因此別忘了你永遠可以向專業人士求助。

或許在某些方面你真的犯了錯，但那又能改變什麼？緊抓著責難不放，並不能讓你的摯愛逆轉死亡的結局，還會給你數不清的難處。等你學會卸下罪咎，便可以思考有哪些方式，可以讓他們死得真正有意義——也許設法讓他們遺愛人間，而不是白白逝去。比如，你能不能用自己的經驗來救人，阻撓他們走向相同的悲劇結局？

不論你認為自己應該負什麼責任，請將心思放在採取行動，去挽救別人的性命。你要不要去遊民收容所當志工，為別人貢獻你的時間和心力？或是做一個捐贈者，去捐血，為救人的慈善單位募款，例如空中急救隊？其實，只要是能貢獻一己之力的事都行，但話說到底，要從你陷落的谷底爬出來，唯一的方法是抬起頭，沿著你的來時路回去。這些點子提供了一些你或許可以嘗試的做法。

15／遲來的起步

喪親之痛降臨後，悲傷不見得會狠狠踹你一腳，有時你甚至納悶自己是否逃過了一劫。在死亡後的初步階段，我們常會摸不清自己的感受，而且悲傷可能遭到其他因素遮蔽。悲傷有許多個清晰可辨的階段，只有在你允許自己傷心的時候才會真正展開。

許多個案說最貼切的說法，是將悲傷描述成不斷累積的壓力，一片吞噬你的黑霧。我們可以哄自己說悲傷不存在，然而即使你看不見，你照樣知道悲傷就在那裡。當你憑著哭泣或談話釋放一些壓力，你會鬆一口氣，但是你悶聲不響的時候，隱形的黑暗壓力便牢牢地抓住你。

你可能察覺自己在失去摯愛一段時日以後才開始傷心，原來你之前都按捺住情緒，忙著追趕生活。但這跟整頓塞滿雜物的車庫不一樣；你不打開車庫門，就可以假裝不必整理。你大概可以耍賴個幾年，但你遲早會搬家，到時便不得不處理那批雜物，而你會納悶自己怎麼沒早一點清一清。

大家將悲傷視為敵人，是沒人要的重擔，想把悲傷關在門外。可惜，我們不學會管理自己與悲傷的關係，就不能真的療傷止痛。抗拒悲傷存在的事實是白費力氣，除了令你的生命停滯不前，沒有其他效益。把悲傷想成是一個會來你家敲門的人。他不想敲你的門，但這是他唯一的職責。如果你不開門，他會天天來敲門，直到你終於讓他進門，與他建立合作關係。一旦你開始這麼做，你會漸漸不再氣惱他闖進你家，反正你會等他來，你跟他也混熟了，而你察覺到他多少讓你記住你與某些特別的人之間的重要回憶。最後，他變成你的員工，你是老闆，你管理他的執班時間，直到有一天，你打發他離開，讓他半退休。他不是隨時都令你悲傷，只是讓你想起已經不在人世的人，而你感恩他在你身邊，因為這樣你會記起自己擁有過的一切。

史蒂芬妮，四十歲，經歷過坎坷的人生，我們耗費許多小時梳理一連串的複雜事件，悲傷是當中的核心要素。多年來，史蒂芬妮隱瞞自己的真實身分與目標，與所有的人切斷聯繫，在濱海地區建立新生活，只跟同事和一些朋友往來。

史蒂芬妮參加了我的網路悲傷支援群組，勇敢地吐露自己如何壓抑、否定、延宕自己的悲傷之旅，她慷慨地答應我和各位分享她的旅程。

大家好。寫這篇文章是我這輩子裡相當重要的一步。

我一直默默待在這個群組裡，偶爾匆匆瞥幾眼大家的各種討論，但每一次看貼文，我多半都承受不住極度的驚惶與害怕的浪潮，接著就按照我對付悲傷這麼久以來的慣例，撐個二十秒左右，就乾脆關閉網頁了。

是這樣的，問題在於悲傷跟我的關係始終不太融洽。悲傷有點像大家都作過的噩夢，那種夢你一定曉得……就是有某種東西在後面追，而我們跑啊跑……那東西就是窮追不捨，不管我們跑得多快、多遠——它都想要抓住我們。

二〇〇四年三月十九日，我出門跟朋友度過愉快的夜晚，突然間，我只想回家。不是回我住的公寓，而是一股想要回到爸爸媽媽家的強烈衝動。就這樣，在半夜兩點左右，醉到步履踉蹌的我回到老家。

我還留著鑰匙，就自己開門進去，想不到爸爸就在廚房裡，他還沒睡。我這輩子永遠不會忘記那一刻。他笑咪咪地說：「哈囉，親愛的，我在等妳。」我問他怎麼曉得我會回家？他只是笑一笑，聳肩說：「我就是知道啊。」

我跟爸爸的情感很特別。他常常說我會從他的腦袋裡掏出他的想法，然後說出來。我總是在他打電話來之前想到他，而他猜得到我的每個反應。我們是共犯，天生一對。

他很清楚什麼話能逗我笑；我們有相同的幽默感，嘻嘻哈哈只是每天的正常生活。

他超級保護我，從很久以前他就跟我的朋友講好了，只要我不在他的視線範圍內，他們就要負責照顧我，他會要求他們：史蒂芬妮過馬路的時候，請提醒她看路；不要讓史蒂芬妮太靠近海；注意她的時速，她都開快車；要看著她平安進到屋子裡才可以喔；不要讓她摸黑走路回家；你有我的電話嗎？有事就打給我。過度保護子女的家長有時候真的很煩，更別提我是熱愛自由的人，大家可以想像我在青春期發了多少脾氣，後來年紀大了，白眼才變成微笑。

我願意付出任何代價，只求換回我們的父女情。

總之，那一夜我跟爸爸道晚安，跟他說我確實知道他很愛我，而我也愛他——然後我就睡了。隔天早上——三月二十日，天氣晴朗明亮，是一個始終不曾離開我的腦海太遠的日子。我爸爸是汽車業務，有客戶要來看車。等爸爸接待完客戶，我們就要一起消磨時間，也沒打算做什麼，只是想聊聊近況。

我窩在孩提時代的房間裡，悠哉地跟爸爸說笑話，而爸爸一邊下樓，一邊聽完我講的笑話，哈哈大笑起來。

那是我們最後一次的交談。

十分鐘後，我聽見猛烈的撞擊聲，還有粗重而辛苦的呼吸聲。屋子瞬間一片死寂。我奔下樓梯，嚷嚷著叫喚爸爸，隨後幾個鐘頭既鮮明又模糊，我隔著洗手間的門板大聲叫著爸爸，我打電話到緊急救護服務中心，我在前院尖叫，我的朋友們趕來幫忙，我咆哮著催促救護車開快一點，隔壁鄰居設法打開洗手間的門，我拚命打電話給媽媽和妹妹們，電話一直打不通。我砸爛手機。

我爺爺奶奶跟救護車同時趕到，救護員說我必須施打鎮靜劑。但我不准任何人碰我，就上了我朋友的車，然後我們跟著救護車到醫院。我到了醫院便昏倒，醒來後，他們說我心愛的寶貝爸爸死了。

在一個心跳的時間裡，我的全世界都變了。一切都凝定不動，安靜無聲。陰沉。黑暗。空虛。悲慘。不幸。

一開始，我媽媽崩潰了，妹妹們也是。身為長女，我自認為應該照料每個人，我覺得那一份責任落在我肩膀上，大家都沉溺在自己的悲傷中，我只能順應現實。沒人知道當爸爸困在洗手間而家裡只有我一個人在的滋味，也沒人問過我。但願他們關心過。但願有人問過我的心情，誰來問都好。

全世界都避開我而繼續前進，大家哭哭啼啼地聚在一起，而我的世界呢，嗯，是死寂的。我努力照顧每個人，勇於承擔，一邊內心亂糟糟。要是我的眼睛居然敢動了哭泣的念頭，我會連忙用手背抹去淚水，繼續前進。問題來了。強勁的怒火緩緩浮現，不斷累積，像一縷青煙醞釀成沖天的烈焰。

我只想用飢餓來閃避怒火，但衝著我茹素十七年的事實，我心想管他去死，就這麼開葷了——我是在賭氣。我開車上路時，動不動就對其他駕駛發火，也拋棄了工作。我恨不得哪天一覺醒來時自己又是幸福之身，而這一切只是一場噩夢。

直到六個月前，我才接受那一刻其實永遠不會成真。

葬禮是在爸爸過世三週後舉行的。有兩百多人到場，向我一級棒的好爸爸道別。大家回憶他的真實樣貌，他的朋友一個接著一個地分享他的趣事，笑聲此起彼落。我事前寫好一篇文章，讓叔叔幫我唸。在滿場的笑聲中，我回想起有一次車子又在山頂上沒油了，他說是我大白痴。

喪事後，生活便要向前進。就這樣。你應該繼續過日子，像個沒事人。如今回顧——那時正是我迫切需要援助的日子，若是有人主動拉我一把，或者我自行求助，或許我調適的狀態會輕鬆一些。

我披掛著憤怒／錯愕／情緒化／空虛的外殼度日大約六個月後，我再也受不了繼續住在同一座城市，便搬家到一百哩外的倫敦。我在倫敦中心地區一家非常重視銷售業務的公司找到一份差事，全然投入工作。

幾年後，我的事業便有聲有色，因為我工作起來很拚命——也玩得更拚命。我白天的工時長，夜晚尋歡作樂的時間更長，我成了社交花蝴蝶。沒人叮囑我的新朋友要照顧我，要維護我的人身安全。我是派對的靈魂人物，總是待到最後才離開，時時照應每個人……而不管自己。

我一會兒讓自己挨餓，一會兒又暴飲暴食來安撫自己。我會向自己發誓，我要展開健康的新生活。我要過平靜的日子，重拾在爸爸過世之前我很喜歡的事物，但我的腦子似乎就是轉不過來。我越來越埋首在工作中，一切的家庭責任都視為次要。

我越來越疲憊，胖了一大圈。我全心全意讓自己一刻都不得閒，腦筋塞滿事情，不然就是看看書，或怔怔瞪著電視上的垃圾節目。我重視每個人，唯獨不重視自己。

多年來，爸爸成了眾人的禁忌話題。家族成員與朋友都會躡手躡腳地避開，不然我會終止對話——我就是沒辦法提起爸爸。

我向來喜歡開車。當初是爸爸教我開車的，這是我們父女之間的另一項熱愛，我有一輛取名為豆子的車，是爸爸買給我的，至今依然留在我身邊。豆子是爸爸在拍賣會找到的紅色小Vauxhall Corsa，是我自豪的寶貝，如今舊了也割捨不下。現在我不像以前那樣駕駛豆子，而是把豆子安置在停車場，不再四處去，卻不曾用別的車頂替它。

久而久之，我養成了獨樹一格的強迫症。如果我喝了用別人的茶壺沏的茶，就會倒楣；如果我就寢前沒有先親吻螢幕保護程式畫面上的外甥再親吻爺爺奶奶，便會有一位家族成員喪命；如果我沒有數算東西五遍，家裡也會有人死。如果我的食物上面有焦黑的部分而我不小心吃下肚，世界便會崩毀，而且全是我害的。大事小事都會引發我的罪惡感，我被內疚淹沒，也不管究竟是什麼情況，一律責怪自己。

我對別人呵護備至；我關心每個人，不願任何人承受任何痛苦，甚至不惜讓別人對我惡行惡狀。只要別人開心，我就開心。以前我不會讓別人那樣對待我，那會兒我都願意接受。他們要把我踩在腳底下也行——反正我不重要。

而且我始終掛著笑臉，照樣是大夥的開心果，逗得大家哈哈笑。我的事業蒸蒸日上，儘管滿腹苦楚，我卻踏遍世界，四處作樂。沒人曉得我內心的真正感受。

然後……就在兩年前的這個時候，我做了一件永久翻轉人生的事——我求援了。我知道自己想要改變處境，但我也知道自己嚇壞了——我為自己打造一個凡事受我控制的保護性小泡泡，我怕泡泡會爆掉。

療傷止痛耗費了我好一陣子，因為我阻斷自己悲傷的功力太高強，副作用就是衍生了一堆其他問題，但總算有了成果。

二〇一六年六月，我坐在一家咖啡店，在傑夫的協助下，我主動向自己坦承其他人早已知道的事：爸爸永遠不會回來了。不論我如何笑口常開，不論我工作如何努力，不論我罪惡感多重，不論我如何閃避事實，爸爸就是死了，不會重返人間。不論我如何氣憤救護車那麼久才來，氣我自己不能及時把他從洗手間裡救出來，爸爸都已經走了。

那一天的煎熬無庸置疑，我也不曉得該如何解釋——但第二天，我覺得自己多了一些活著的感覺。多了一些輕盈，也多了一些……在人間。

我從否認現實，跨越到接納的初期狀態——我猜這是稍嫌奇怪的狀態，畢竟我有十二年時間無法接受爸爸的死。有時我明明順心如意，冷不防，悲傷的浪潮便從後面來襲，沖撞我。事前似乎沒有預警，沒有特定時機，說來就來。

十二月，在爸爸生日那一天，我第一次在這個群組發布貼文，之後便和朋友坐在一個房間裡，而我哭了又哭。他坐著陪我到早上五點半，放任我哭，又逗我笑，再讓我哭。我全身上下每一根骨頭似乎都在慟哭，我的心好像碎成千萬片，再也拼湊不回去。我椎心得想要大叫，有時我以為自己的呼吸都快停了。我以為自己或許永遠停不下來，以為我餘生都會在淚水中度過。以為那撕心裂肺的痛苦絕不會消退。結果消退了。

現在每一回的哭泣，在當下雖然不好受，第二天卻總是暢快許多。我覺得重拾了很多自己的真性情。我覺得自己有了起色。哭完後，焦慮會減少，人也堅強得多——每一次都不例外。

說來很怪，但我發現自己對橘色有深厚的情感連結。起初，我只是開心地將橘子汽水倒進杯子裡，一切就這麼開始了。這很傻氣，我自己知道……但這給了我力量。

現在，當我看到柳橙，或想到橘色——我便感覺到與爸爸的連結。我常在海灘的某個位置看夕陽，我會走到那裡，然後覺得自己與爸爸同在。

有時，我會買橘子去堆放在辦公桌四周；我會買番茄湯，覺得像是把橙色的大擁抱吃進肚子裡。我綻開笑容的頻率比之前高很多——但現在是貨真價實的笑。我沒有減肥便鏟掉十九公斤的體重，儘管有一些必須解決的重大個人生活事務——但我會穩紮穩打，總會大功告成的。

如今我覺得自己的快樂很重要，我很重要，要是我不照顧自己，爸爸一定會心碎的。

我還用單方契據[2]將名字改成史蒂芬妮．橙—希克斯。現在沒幾個人知道我改名，但我很快便會昭告天下。

最怪的是當我接受爸爸的死，他便返回了我的生命。我可以快活地想起關於他的回憶。我可以聆聽他喜愛的歌曲，不會驚惶失措；我可以笑著看照片，也開始替未來作打算。

我還有漫漫長路要走，但我終於開始向前進。在長久漠視自己的悲傷之後，想不到總算開口談論悲傷可以令我身心暢快，實在不可思議。接受爸爸的死，並不代表我遺忘了他；而是我現在可以真的悼念他。在有些日子裡，悲傷會一頭撞上我，令我心痛到噗通跪倒，但也有的日子裡，最爆笑的回憶會跳進腦海，歡笑的泡泡會衝口而出。我重新加入臉書，與最親愛的老朋友恢復聯繫。妹妹們將我和爸爸的照片製成影片，當作我的生日禮物，張貼在社群媒體上。我沒有逃之夭夭，現在還希望世人都能看到。我很自豪，以爸爸為榮，也以自己為榮。我加入鋼鼓樂團，我愛死了！我結交朋友，協助在辛苦掙扎的其他人。當我讓別人知道我需要援助，結果開啟了我的世界。跟別人談談，向別人求援很勇敢，也很駭人。在我能做的事情中，討救兵也是最重要的一件。現在我每一次想到爸爸，我的世界便會明亮一些。活像我的手是放在調光器上面，而我正在慢慢讓光線變亮。

我的生命永遠都會有一個爸爸形狀的破洞，但我開始向前看，懷抱興奮之情，而不是內疚。我慶幸自己有面對這一切的勇氣，慶幸爸爸來到我的生命，但我也很慶幸自己活著。

史蒂芬妮說明自己經歷多年的壓抑，終於坦然表達哀傷，她披露了前後的變化。是什麼令她脫胎換骨？就是勇於開口。以史蒂芬妮為例，她找上我，後來在多次晤談中討論哀傷以外的事物，漸漸釐清一切的根源顯然都是她的父親，我清楚記得在某次諮商時，史蒂芬妮終於不再逃避關於她爸爸的不愉快真相。停止逃避聽起來很簡單，實則不然——在史蒂芬妮體認到父親走了以後，有時她會試圖縮回閃避的陰影中——但託付別人在連她都不甘願看見自己的時候「看見她」，就表示她能夠關注當下，慢慢提升她與真相和平共處的能力，漸漸

2. 一種只約束當事人的法律文件。在英國，可在律師見證下，簽署單方契據來改名。

察覺到擁抱現實不但在許多方面改善了她對喪失的感受，同時讓她更能聚焦，更有力氣去照顧所有的生活領域。

不是每個人都請得起諮商師和其他的談話治療師，所以，接著要介紹我會用哪些策略來推動被延宕的悲傷之旅。

一、向人披露你的感受。不要隱藏悲傷。先跟一個人吐露你的心情，再挑戰告訴第二個人。不用真的說什麼話，也可以只是哭。他們跟你身邊的不少人，很可能早在八百年前就在等你走到這一步了。我們只會看見自己想看見的事。我們可以無限期地欺瞞自己，但是其他人呢，那些對我們瞭如指掌的人，卻很難被我們唬過去。

二、允許別人支援你的生活。朋友扮演許多角色——他們會陪我們出去玩，會慶祝我們的成功，與我們共享許多回憶，但朋友最重要的任務是陪伴我們度過難關。如果我們明明需要親友協助，卻不給他們伸出援手的機會，又何必與深深關愛我們的親友往來？幻想自己可以獨力走完人生路，一次都不必搬救兵，這是切合實際的想法嗎？偶爾脆弱一下並不礙事；這是我親身體驗過很多次的教訓。當你真的請求援助，事態便會開始回歸正軌。

三、向前輩請益。找出經歷過喪失之痛但狀態似乎不錯的人。多多發問，把悲傷令你難以承受的地方都問個清楚。你從他們身上學到些什麼？有哪些可以應用在自己生活中的做法？悲傷的方式沒有對錯，你得到的答案不見得適合你，也許你覺得某些答案令人反感，但你要明白，壓抑悲傷所引發的效應遠遠比悲傷本身更可怕。

四、從書寫踏出第一步。在私人日記裡寫下喪失引發的恐懼與不安，也寫下你之後必須走完的旅程。最糟的行徑是否認問題存在，不過話說回來，要不是你覺得自己有問題，你也不會看這本書。撰寫心情記事是試水溫的第一步，設法順應悲傷的真相，遠離逃避現實的危險。不妨使用不同的標題，諸如「默默想著喪失卻悶聲不響的時刻」或「只在心裡說出他們名字的時刻」。當你回顧這些記事，省思這些行為在一天之中出現多少次，你將會大開眼界。你從這樣的自我剖析所得到的數據，會給你不同的視角，讓你認清什麼做法真的對你有益，什麼做法是行不通的。

五、繼續過日子。只把喪失悶在心裡，閃躲你知道會惹自己難受的話題，避開你知道會令自己想起那個人的人事物，在一年裡的某些日子裡缺席，希望月曆上的某些月份消失不見。強迫周遭的人相信是「其他事情」造成你的壓力，是「其他因素」引發你的身體症狀。你向自己撒謊來保護你在情緒周圍建構的磚牆，你向別人撒謊來鞏固「我很好」的假象。這些做法實在不太好，但很多人並沒有卻步，照樣選擇這樣做。

摘要

史蒂芬妮的坦率與勇氣，無疑會支撐她走完剩餘的悲傷旅程。她現在懂得與人溝通，掌控她之前全面捨棄個人力量的生活領域，選擇可以讓她恢復自由身的做法，而不是會絆住自己的決定。我何其有幸能夠結識如此傑出的人物，還以我的專業輔導拉她一把，看著她脫胎換骨，我真是快慰極了。史蒂芬妮穩健地不斷進步，一再令我刮目相看。而她的例證也持續提醒我們，誰都能從長期否認悲傷中回復正常。

16／將自己交託給悲傷

將自己交託給悲傷，就是走向悲傷。簡直亂來嘛！當哀慟一陣一陣地來襲，你哪裡控制得了喪失的效應？喪失不請自來，是你不想要也永遠不會甘願承受的經歷，那你哪裡不好去，偏偏要去貼近喪失？可惜，在與悲傷建立關係之前，你無法真的學會與悲傷共存。

悲傷管理分為許多階段，假以時日，好好操練，便會懂得如何控制悲傷的浪潮，終於走到將自己交託給悲傷的階段。但是，你要先徵召自己的勇氣，向未知跨出一步，相信自己能克服痛苦與恐懼，改成敞開胸襟，接受每一天的一切。

我協助兒子將自己交託給悲傷的方式，是在每個月的十五日過一次媽咪日。這日期本身沒有特殊意義。我只是隨便挑出一天，久了就也就習慣了，沿用至今，我們就這樣選擇在這個自家的特殊日子裡頌揚潔德的生命，邀請悲傷參與活動。如果十五日有其他事情，我們也會變通，將日期彈性提前或延後。

活動內容通常是他們喜愛的玩樂——打保齡球、開卡丁車、玩跳跳床。他們向來不排斥歡樂的活動，比起只在墓園或火葬場才緬懷逝者或感受喪失的傳統習俗，將對母親的回憶連結到他們樂在其中的事物要健康多了。由於我隨時在功課、俱樂部、工作之間取得平衡，要維持我們家的慣例並不難。其實簡單得很——我們出門玩樂，特別正經地談論媽媽，而分享故事、懷念媽媽可以撫慰我兒子的心。他們也可以決定我們的節目，兩人輪流作主，我們通常會規定不能連續兩回都選擇相同的活動，要不然就會變成每一次都在玩跳跳床了，雖然潔德的確很愛這玩意兒，不時換換口味對大夥都有益！我喜歡我們每個月的媽咪日，因為這是向前邁進，不是後退，這是積極進取，不具破壞性，給人帶來力量與關愛。

每天都將自己交託給悲傷的方法，是刻意追悼死者，不要等著被某些人事物挑起你的回憶。兩者乍看很類似，起心動念卻截然不同，效果也完全不一樣；一個是**正對著**正向，一個是**背對著**負向。想像你在沙灘上，背對著海浪站立。你想要走向陸地，離開海水，但浪頭越來越大，最後打濕了你。你成了落湯雞，老大不高興，因為你沒看到海浪捲過來，而且不想弄濕自己。

接著，假設你允許自己面海而立。海浪很可能照樣把你打濕，但差別是你看得到海浪打來，而且這回你預作準備，穿了泳衣，損傷有限。有一天，你覺得自己能夠走到海岸線，稍微涉入海中，發現海水不是太冷，沒你想的那麼不舒服。下一回，你帶著衝浪板迎向海浪，浪潮依然嘩啦啦地淋得你滿頭滿臉，但你在受不了的時候，就退回岸上了。

轉身面向海水，自己選擇什麼時候要涉入水中，痛苦便轉化為接納，而透過接納，你可以愉快地懷念故人，不再驚惶失措。你開始應付得來自己的悲傷。

上述的畫面是否讓你看見了自己的悲傷經驗？或許你有自己的另一套譬喻？你覺得自己必須開始面向浪潮了嗎？你是否將自己交託給悲傷，凝視你的回憶、造訪舊地等等？

我有一位個案以一針見血的畫面呈現他自己的轉化，從覺得自己遭到悲傷的迫害，進展到實際學習如何與悲傷共存，甚至察覺自己可以學會控制悲傷，他的案例深深感動了我，我想與各位分享他的故事。

凱文的母親在七十三歲時死於中風，他來找我時，描述自從母親去世後，他就像穿了一件脫不掉的鉛製大衣。凱文覺得悲傷是惱人的訪客，會在他最不方便的時候來敲門，這群不受歡迎的訪客想來就來，不會事先通知，停留的時間也不一定，完全違反他的意願。我問他，假如他**邀請**他們定期來作客的話會怎麼樣，他尋思了一會兒，回答那他們大概會比較少上門，或許也不會待那麼久。

就在那一刻，凱文與悲傷建立了「關係」，不再討厭悲傷，不再試圖閃躲。他回去後就邀請悲傷登門拜訪，積極地悼念母親，翻看照片，聆聽某些歌曲，也主動談論自己對母親的回憶，不是只在母親躍上他心頭時談論她。慢慢地，當這群不速之客又來了，他發現自己有心理準備，比較能接受他們的存在。其實，他們登門的時候，他們不再那麼彆扭，現在他們停留的時間也沒那麼久。

在幾個月後的諮商中，凱文說他會邀請這些客人來看他，有時是在工作場合，有時是在家裡。他們現在多半就是來坐一下，他還發現自己越是勤快地邀請他們來，他們就越快走。他不再憎惡或害怕他們大駕光臨，如今他有能力控制自己與他們的關係，有時候也真心喜歡他們的陪伴。他還發現如果他們跑來公司跟他聊兩句，晚上就不太會去他家。

與悲傷建立關係後便會開始明白，正視自己逃避的事物對我們有益。將自己交託給悲傷，是積極鼓吹悲傷出來露臉，明白「正視」的態度才能大幅扭轉你的處境，「背過身去」的心態是無濟於事的。

悲傷是可以控制的嗎？

懸而未決的悲傷必然會不按牌理出牌地來訪，而將自己交託給喪失引發的情緒，則是盡力爭取主控權的舉動。重點在於先發制人地發出邀請，你便會覺得悲傷是受邀前來，不是不速之客。

將自己交託給痛苦，可以減輕傷害。你知道人家的拳頭已經朝你的臉揮過來了，那你情願直視這一拳，設法躲開，還是要背過身去，讓自己閃都沒得閃，只能被擊倒在地上？

如果硬著頭皮去想我的喪失，喪失就不能突襲我嗎？

總會有不受你控制的事物觸動你的情緒。也許你逛超市的時候，超市播放了你父親最愛的那首歌；也許在你把大包小包放進車子裡的時候，一位老朋友正好經過，便關心起你在喪失之後的心情。也許你下班回家後，孩子們的行為嚴重挑戰你的耐心，於是你便崩潰了，因為要是你的伴侶仍然在人間，日子會輕鬆得多。

要明白會有意料之外的人事物觸發你的情緒。你要接受現實，要明白你去的每個地方、遇到的每個情況不可能由你控制。若是你試圖指揮一切，便會萌生不自然的心理需求，對於別人、事件發展、事件結果以及對話，你全都想要控管。接受外境不能由自己作主，可以協助你管理悲傷。

說到底，一切都關乎控制。你有兩條路可走。你可以控制自己邀請悲傷駕臨的時間，或選擇步上許多人的後塵，將餘生用在操縱家人，控管生活中的大小事，來杜絕與喪親有關的悲傷及回憶。他們想要阻斷悲傷的自然流程，或是腳底抹油，把悲傷拋在背後。信不信由你，第一條路只要一、兩年就能駕輕就熟；第二條路則會讓你一輩子向自己、向別人提出不切實際的要求，造成所有人的壓力，強迫大家按照你的需求，裝出你要他們擺出的樣子。

我們在凱文說的「靈光一閃的一刻」之後一年見面，更新近況。他說悲傷不再吞噬他，而他的主要領悟是原來不被悲傷淹沒也沒關係。他的觀想讓他可以稍微接納現實。悲傷不再是又大又恐怖的隱形玩意兒，他覺得現在悲傷是「可以征服的」。凱文與自己達成協議，他要與悲傷共存。他提到「擁抱」悲傷的次數不是只有兩、三次，通常我們不會聽到這個動詞跟悲傷出現在同一句話，但現在他用不同的稜鏡來看待悲傷，他可以接納並控制痛苦。

如今，凱文把悲傷當成一個人。「悲傷是個討厭鬼。」他告訴我。「我們之間有一段過去，他是我生命中不容否認的一部分，我不是自願的，但他就是我的一部分。當我不再抗拒他，日子立刻輕鬆起來，我越是投入悲傷，越不會注意到他的存在。」

賦予悲傷一張面孔或人格，甚至取名，是將悲傷擬人化，縮小它的尺寸，最重要的是破除關於悲傷的迷思，那些迷思常常令我們覺得悲傷是大巨人，而我們是小可憐。如果你把悲傷視為無法量化的龐然大物，想必會覺得悲傷很可怕，嚇得你向悲傷低頭，或否定悲傷的存在。如果你把悲傷觀想成一個討厭的客人——比如公婆、岳父母或討債的！——是你可以請進家門、再請出門外的對象，你便會發現自己的戰局截然不同了。

唯一比經歷悲傷更恐怖的事，是害怕悲傷會怎麼折磨你。允許悲傷為所欲為的人，知道悲傷是我們每個人都得面對的自然程序，他們可以走出悲傷，往自己原本的方向繼續前進；閃躲悲傷的人則否認悲傷的存在，對未知的恐懼壓垮了他們，他們往往會走另一條路，一條環狀的路，這條路不只是陡，腳下也更不平坦。

我在某處讀過，悲傷就是愛。悲傷是所有你不能如願付出的愛。那些來不及付出的愛聚集到你的眼角，哽在你的喉嚨裡，還有你胸膛裡的空洞處。悲傷不過是無處可去的愛。它沒那麼可怕——是很令人情緒激動，但絕非不能攀越的山頭。別在你連一步都沒踏出去的時候，就被打敗了。未知的真面目，總是跟我們想的不一樣。

以數字來交託自己

把悲傷吞噬你的時刻想成是100％。在悲傷跑來拍你肩膀的那些時候，不受你控制的觸發因子占了X％。在那些時候，X％是你主動邀請悲傷前來的。想想你的百分比。

凱文發現自己越常「擁抱」悲傷，邀請悲傷前來作伴的百分比越高，那悲傷在意料之外的時機上門的比例，便會下降。

你情願哪一邊的百分比，占較重的比例？

想開始主動出擊的人，試試這樣做：

一、以一個晚上或一個下午的時間看照片，或是看你手邊的家庭影片。如果可以，找人陪你看，以便你談論自己的想法和感受，同時確保你有幾個鐘頭的時間不會做別的事，不會退縮不前或匆匆忙忙地做這項練習。

二、在你的辦公桌上擺放摯愛的照片。利用隨時看得見的物品來提醒我們悲傷的存在，可以擊退想要忘卻或忽視的內在欲望，因為在處境艱難的時候，我們常會刻意不去感受自己的情緒。

三、抽出一點時間，聽聽會讓你想起親人的音樂。這些音樂對你有什麼效果？會讓你想起自己的喪失嗎？還是勾起某些回憶？無論如何，這都是好事。也可以看看你們都欣賞的書，或是去你們倆都喜愛的地方走一走。

四、找一位同樣承受喪失之苦的人一起喝兩杯，聊聊各自的心情，你們都能理解對方的感受，又不會批判對方。這就像找一個悲傷搭檔，雙方都能從這段關係受惠，你們不但可以談心，而且見面的次數多了以後，還可以客觀地評量自己在悲傷方面的進展。

五、為特別的日子擬定計畫，別只是順其自然。那些討厭鬼絕對會來找你。你要他們逗留一整天，還是你要他們陪你釋放氣球，事後只待一會兒就告辭？

為了協助各位確實理解這個務實的做法，管理你的悲傷，而不是受制於悲傷，以下提供一個分解步驟的範例，等你準備好向前邁進時就可以試試看。

一、明確地決定自己在何時、何地體驗悲傷，例如早上十點，在家裡，等孩子們都出門上學以後。
二、決定以什麼方式刺激自己想著喪失，品味喪失給你的感覺，例如我要看錄影片段和相片。
三、判斷在你不得不去處理日常事務之前，可以抽出多少時間分享你的回憶。例如，我要給自己兩小時的時間來說話、哭泣、擁抱，靜靜地與自己的心情相處，再考慮做別的事情。
四、體驗過你平常能躲則躲的心情之後，回顧一下你的感受。

隔了多久以後，你才陷入突如其來的悲傷浪潮？

假如你在第二天重複相同的流程，只是這一回你要縮短分配給主動悲傷的時間，那麼難度會下降嗎？等你養成練習的習慣，你會找到許多能夠挑動自己情緒的方式，那出乎意料的悲傷浪潮還會殺你個措手不及嗎？

將自己交託給悲傷的其他方法

另一個朝著悲傷「勇往直前」的方法是寫日記。悲傷未必要用口語抒發，也能用寫的。我甚至聽說有人在臉書的狀態欄位長篇大論，藉此讓大家了解他們的悲傷狀態。有的人覺得這種做法很有效，但也有的人覺得臉書太大庭廣眾，不適合在臉書分享這種內容。

日記比較私密，有助於追蹤自己的悲傷模式，還能給你無價的細節，讓你辨識什麼做法對你有效，什麼做法無效，記錄你一時之間沒有答案的問題，留待他日找到解答。自我省思很重要，你需要給自己檢視個人狀態的時間與空間，記錄這些反省也是自我療癒的方式，有助於避免壓抑。

將自己交託給悲傷發落，是在你心愛的人殞落之後掌控你自己的生命。面對你正在經歷的情緒很勇敢，雖然這很艱難，但你務必要正視情緒，平靜地讓悲傷的效應沖刷你，明白自己可以感覺糟透了，可以沒有正向的念頭，也可以需要別人的支援。另外要請你明白，如果你還沒準備好交託自己也沒關係；等你準備好，便能把自己交給悲傷發落。有的人始終走不到那一步，但我希望各位閱讀這本書以後，可以在準備就緒時使用本書的方法交託自己。

17／多次的喪失

失去一位摯愛就夠難應付了，但如果你一再經歷喪失呢？在相對短暫的時間內，接連失去幾位和你親密的人，你可能會完全無力以有益身心的方式哀悼，引發各種難題。如果你失去不只一人，排遣悲傷的原則與複雜度會改變嗎？

喪失通常關乎我們關愛的人瀕臨死亡，或是我們關愛的人失去他們關愛的對象。如果我們失去所愛的人，我們要處理喪失在我們心裡留下的空洞，但如果是我們關愛的人失去了別人，我們就要擁抱喪失在他們心裡留下的空洞。面對連番喪失的情況時，不論我們要如何調適與回應，務必小心別將所有的喪失視為等值，否則只是毫無必要地令自己感到更無助。

艾瑪是職業婦女，育有四名子女，在父親死於難纏的肺疾之後來找我。兩年半後她又垂頭喪氣地上門，她所愛的人承受了喪親之痛，她擔心自己照顧不了他們。一位是她先生，她先生九十二歲的蓓爾奶奶壽終正寢，另一位是她弟弟，她弟弟的兒子麥可死於惡性淋巴肉瘤，年僅二十六歲。她將這兩樁死亡徹底封堵在心門外，壓根兒沒在面對——更要緊的是，她沒有安撫丈夫與弟弟的痛苦。

艾瑪說自己滿腦子只有亡父，搞得她都被罪惡感淹沒了。她哭訴自己太自私，最糟的是她覺得蓓爾和麥可的死，搶走了她父親過世的青天霹靂，她很氣憤他們竟然死了，因為她不要大家忘了她父親。她說自己還在調適喪父之痛，這會兒才剛剛看到真正的進展，卻碰上蓓爾與麥可的死，她覺得自己「實在招架不住」，不禁懷疑自己從一開始，可能就不曾管理好自己的喪父之痛。

我們可以確定一件事——當她懊惱自己安慰不了丈夫與弟弟，也應付不了自己大鬧脾氣的孩子——艾瑪決定拒絕承認蓓爾和麥可的死，將家人拒於千里之外，以捍衛並合理化她的決定。「要是我接受他們的死，」她哭訴著，「一切就完了。」我問她「完了」是指什麼，她回答：「崩潰，不能順應現狀，自憐自艾，不想跟我所愛的人或我關心的人在一起，基本上就像是我想從自己的生命裡消失。」

這是絕望之言。但在我聽來，這顯然是我們在哀慟時會說的話，她先經歷一個人的死，之後又遇到兩次。「崩潰」洩露了艾瑪的心事——她是在說她很害怕，覺得要是她允許自己為家人的喪失悲傷，就不能重新振作起來。我要她再一次聽到我們在她喪父時討論過的話題，當時我們談到悲傷不等於「崩潰」，崩潰是一時的感受，雖然感覺上可能毀天滅地，持續時間從幾分鐘到幾天不等，卻極少變成常態性的感受。我要她明白，為她最近的喪失悲傷並不礙事，不會奪走她父親的喪失，她也不太可能在哀悼時「崩潰」——雖然她父親的死給了她沉重的打擊，她也沒有崩潰——她因為不敢允許自己為蓓爾和麥可哀悼而萌生各種念頭，那全都沒關係。

對於不肯正視姻親與血親最近經歷的喪失，艾瑪很慚愧。她知道親人正在哀悼逝者，她卻缺席了，孩子們在等她回來、等她關心，丈夫在耐心地等她回來、等她協助他抒發悲懷，大家都在等她記起是什麼協助她承受喪父之痛，還調適得那麼好。

在我們的第一次諮商，我請她將一隻手放在桌面上，說那代表她父親。然後，取得她的同意後，我將雙手疊在那隻手上面，左手代表蓓爾，右手是麥可。我這麼做，是讓艾瑪看看自己承受了多少層次的喪失，感受目睹父親被壓在底層的感覺。接著我請她從桌上移開手，也就是她的父親，只留下蓓爾和麥可，而她說自己立刻覺得鬆了一口氣，彷彿卸下了肩膀上的重擔。我允許艾瑪暫時擱置她的喪父之痛，這時，她首度體驗到最近的喪失的威力。

我攤開雙手，問她：「如果把失去妳爸爸當成百分之百，那失去蓓爾和麥可是百分之幾？」艾瑪的內心很清楚，蓓爾的死主要是她丈夫的喪失，與她關係不大，因此是百分之二十五。這樣的比重讓她不自在，但問題不在於她對蓓爾沒什麼哀傷之情，主要是她必須能夠扶持丈夫，體認到他在悼念自己摯愛且懷念的奶奶。而她覺得，支持丈夫在她的能力範圍之內。

各位大概料到了，她最心疼才二十六歲就英年早逝的侄兒，我們用一些時間探索在她侄子離世六週以來，她所否認的情緒。她認為侄子的亡故是百分之七十五。艾瑪不僅為侄兒傷心，也很介意自己從侄兒過世以後，便沒跟弟弟提起麥可。

姊弟相敬如冰，滿肚子怨氣，雖然他們沒有撕破臉，但艾瑪很憤慨自從父親撒手人寰，照顧母親的擔子便落到她身上。

我掏出手機給艾瑪，請她假裝在跟弟弟講電話。她還沒開口，我便看到她恍然大悟的表情。「我好自私。」她說。「麥可剛死不久，他就跟我的弟妹一起來過，說他們沒事，麥可從一出生就病了，他們都以為兒子活不到一歲，沒料到能活到二十六歲，我覺得既然他們這樣想，就應該能調適兒子的死，所以把他們關在心房外。」但艾瑪明白自己不該臆測；她情願自己伸出了援手，好好地關懷他們，不該像之前那麼冷淡。

艾瑪坦承了自己應盡的責任，吐露心聲，這是很了不起的大事，我也打鐵趁熱，協助她歸納自己在失去三位親人之後的行動，並理解自己如何疏遠別人。我讓她閉上眼睛，垂下頭，藉此保護自己，隔絕那些喪失的現實，但她發現此舉只阻礙她看見事實及現況，感受不到天生自然的情感，認不清自己應該關心的人有些什麼心情。

我溫和地建議艾瑪，當她能夠抬起頭，連結到哀傷的情緒，就要接受蓓爾和麥可在她父親亡故之後離世，雖然這不是她想要的現實，卻是唯一存在的事實；唯有接受事實如此，她才能開始讓自己與身邊的人好過。

艾瑪以「一團亂」形容自己的處境及三位逝者。我想帶她看見，事實未必如此。在一旁的桌子上有一盆水果，我就拿了一顆蘋果、一顆蜜柑、一根香蕉，先放在一塊，然後再分開，強調他們生前是三個人，死後也是三個獨立的個體。

蜜柑代表艾瑪的爸爸。他在兩年九個月前辭世。之前，艾瑪借助三項技巧的力量，將喪父之痛調適得相當不錯。現在她重新演練這三項技巧，一邊將蜜柑拿在手上撫弄，一邊說話：

一、談論她爸爸，不將爸爸關在心門外，也不把他擱置在一邊。
二、進行有益身心的悼念，分享她對爸爸的美好回憶。
三、說出她對爸爸過世的全部負面感受。

在追悼爸爸時，艾瑪允許自己正視喪失的現實，感受當中的一切痛苦，但現在她面臨了新的喪失，便一筆勾銷了之前調適得不錯的成果。為了協助她重新負起應盡的責任，減輕內疚，讓她接受蓓爾與麥可的死，不去否認自己仍在為爸爸悲傷，於是我問她，她要怎麼做，才能讓關於她爸爸的回憶鮮活起來。

艾瑪臉色一亮，想起了之前在她爸爸過世後，我們以什麼技巧讓她的日子輕鬆一點。她說要談論爸爸，將正向的回憶放在心上，還要把她的負面感受告訴家人，這三件事每天都要做三遍。

我拿起香蕉，問她要如何協助失去奶奶的丈夫。她說：「首先，我要向他道歉，他在我喪父的時候扶持我，我卻沒有給他一樣的待遇。然後我要提起蓓爾，回憶關於她的好事，讓布萊恩向我傾吐負面的心情，一天三次。」

她看著蘋果。「還有，」她繼續說，「我今天下午要給弟弟打電話，跟他說對不起，老老實實地說明為什麼我都不聯絡他。我要問問他的心情怎麼樣，然後我們可以一起痛哭。」

我看得出艾瑪如釋重負。聽起來，她有了明確的目標，我相信她已準備就緒，可以開始和丈夫、兒女、弟弟溝通，而最根本的則是和自己溝通。

艾瑪故事裡的教誨

一、接二連三的喪失就像一團凝結的亂象，每個人在生前及死後都是獨立的個體，我們卻很難獨立看待每一位殞落的人。當你悼念逝者，務必聚焦在他們的個體性之上。總歸一句話，面對每一次的喪失，都應該依據死者在世時的個別樣貌來看見死者，緬懷死者。給自己視覺輔助工具，比如將他們每一位的獨照擺放在一處，讓你可以想起關於他們各自的事。

二、決定你要採取什麼配套方案，來管理好你的悲傷。喪父後，艾瑪的配套方案是良好的溝通、談論她的喪失、傾吐負面的情緒，好讓身邊的每個人都知道她的心情，可以支援她，還有刻意創造享受美好回憶的機會。

三、想像一座天平，而悲傷突然捎給你的負面情緒令天平的一側下垂。如果你以正向的方式追憶死者、談論你的喪失、傾訴負面的心情，天平會回歸平衡。

艾瑪覺得數字能輔助她管理悲傷，因此她規定自己悼念死者的時間或次數——她的數字是一天三次。哀悼蓓爾或麥可時，她回想他們的次數或分量可能會不同。遇到一連串的喪失時，你懷念每個人的時間未必要一致，畢竟那些喪失對你的影響不見得相同。

四、如果你良心不安，就要面對你的內疚。一個人會萌生罪惡感的原因太多了。也許你有一件還沒做到或逃避不做的事。艾瑪必須面對自己沒有扶持丈夫及弟弟的愧疚，當她正視這份感覺，決心改善，立刻輕鬆起來。

五、不要推開別人。艾瑪架設心防，將蓓爾和麥可的死擋在外面，不僅傷害了自己，也傷害了她先生、孩子和弟弟。當艾瑪察覺自己的心防根本不濟事，便敞開心胸。

六、注意自己的用語。不要對自己說你快要「崩潰」了，別說你適應不了現實。以我們承受的痛苦來看，反覆對自己訴說這些潛意識的謊言似乎情有可原，但如果你眼前的山明明沒那麼高，你卻把它變得險峻，也就不會去爬爬看了。用詞要力求精確。

七、不要壓抑你的感覺。如果你隱瞞自己的心情，在狀態不佳時說自己「很好」，你就沒有正視自身的實際處境。調適是載你到現實之城的巴士，在你抵達現實之城前，你無法處理哀傷。

經歷一連串的喪失，會令人感到無力又迷惘。如果你每次都摸不清自己在為哪一位逝者痛苦，要哀悼逝者就難上加難。要在層層堆疊的喪失中生存，關鍵是刻意區分逝者，各別懷念每一位逝者，不要將他們併成一體。

面對一份喪失就夠累人了，而處理三份喪失更是另一回事。如果悲傷是一條在我們面前的道路，多次的喪失便帶來幾條不同的路——路線不一，視我們與逝者的關係而定，有的路可能比較長。

幻想自己以相同的步調在每一條路上前進並無妨，但如果你花在某個人身上的時間特別長，你或許會覺得自己活像是同時置身在三個地方。

每次的喪失給人的感覺絕不會一樣，但如果你想起每位逝者的頻率及思緒的類型、你對緬懷美好事物所下的功夫、你專門用在談論這些人的時間，都維持在你應付得來的均衡狀態，你在每一條路上的進展狀態便會相去不遠。

18／成為成年孤兒

在喪親之痛中，失去雙親是重大的心理階段，不論我們年齡大小，永遠都極難接受父母不在了。我們一生中，絕大部分時候都跟老一輩的人共同生活，他們是知道答案的親人，是「過來人」，我們可以仰賴他們的經驗與指引。但當我們成為家裡年紀最大的人，老一輩的人幾乎都不在了，悲傷便會截然不同。

當我們哀悼的對象是對自己意義重大的人，當父母或親戚長輩過世，我們會破天荒第一次思忖起自己的壽命。「我還剩下多少人生？」我們或許會如此自問。「這輩子還有很多事沒做。」——父母在世的時候，我們仍舊覺得自己是某人的小孩，可能都不會問自己這一類的問題。或可說，父母過世時，我們的內在孩童即使沒有完全死亡，也只剩半條命，隨之而來的便是對時間變得特別敏感。

要理解傷痛的各個層次，就要有能力去辨識自己受到了哪些因素的影響。如果你允許自己先把全部心思都放在喪失之上，就可以在父母都不在了以後的幾個月裡面，開始摸索這對你的生活帶來什麼變化。

但有時候，我們認知中的悲慟，其實摻雜了喪親之痛以及在喪失之前便存在的其他問題。失去雙親可能會帶領你踏上非常微妙的情緒旅程，深深衝擊你的調適能力，影響你的行為，即使他們辭世已久。這正是蜜雪兒遇上的情況，以下就來分享她的故事。

事實真相與怨言的表面層次

我與蜜雪兒見面，她四十四歲，是兩個孩子的母親，與十四歲的女兒同住。二〇一〇年，蜜雪兒的父親與肺癌搏鬥短短的三週便過世了，在蜜雪兒喪父的二十年前，她母親便死於心臟病。而她母親是在她祖母葬禮之後的那一天死的，當時蜜雪兒年僅十七歲，肚子裡懷著男寶寶已經三個月。

我問蜜雪兒，在四十歲之前父母便雙雙過世，她覺得最難熬的是什麼事。她說是寂寞——她不能抓起電話就跟爸媽報告開心的事，還有不管她走到哪裡，即使跟許多人共處一室，她都感到孤絕。說來就有那麼巧，我坐在蜜雪兒家的客廳裡時，蜜雪兒正在等一位潛在雇主的電話，電話在我們談話結束時響起，蜜雪兒錄取了。蜜雪兒放下電話，隨即想要打電話跟爸爸報告好消息，當她察覺這個念頭，又哀傷起來。我恭喜她，但看得出在那一刻，她深深思念著父親。

失去雙親之後，她還有一群繼親，也就是她父親再娶之後的親戚，雖然她與兩位繼姊妹的感情很融洽，她總覺得自己是外人。

蜜雪兒說有時遇到印象模糊的事情，父母又都不在了，結果就出現一大塊不可考的童年。最要緊的是，她特別難過自己的兒女跟她父母相處的時間不長，因為她父母離世的時候，她孩子的年紀還很小。

「成年孤兒」——這是無用的汙名嗎？

蜜雪兒不見得把自己想成是成年孤兒，但她省思了父母雙亡的事實，覺得這的確就是她的處境。「大家都很同情變成孤兒的小朋友。」她說。「但成年以後，大家就覺得你應該承受得了。只是有時候會很寂寞，寂寞到極點了。」

我納悶難不成到了某個年紀後，就不適合繼續把自己視為成年孤兒，而蜜雪兒認為假如自己是五、六十歲，失去父母大概就比較不要緊，因為大家會覺得以你的年紀，父母應該都差不多壽終正寢了。

不是每個人都接受「成年孤兒」的標籤。費歐娜是我另一位哀慟逾恆的個案，她失去雙親時的年紀更年輕，才三十出頭，她就不能接受這個稱號，理由是這可能會被當成一種身分戳記，以父母雙亡為由，不好好善用自己的人生，或是當成自己信念狹隘的擋箭牌。

我並不認為給自己蓋上身分戳記是健康的跡象。貼標籤是社會串聯我們大家的方法，要求我們謹守分際，按照身分的類別待在群體內生活。標籤的作用通常是協助別人決定如何對待我們，卻不見得能協助被貼上標籤的人。萬一標籤貼錯了怎麼辦？

鑽進表象之下

蜜雪兒怨恨父母因為身體不好而離世，大概是社交習慣與飲食欠佳才害他們生病的。她忍不住覺得要是父母肯稍微注意一下健康，他們現在就會在她身邊。她明白在父母那個年代，大家對抽菸的後果沒什麼概念，但事實擺在眼前，她母親宣稱自己戒菸了，實際上卻沒有。

蜜雪兒的父親在病情惡化後，就禁止蜜雪兒靠近他的病床，以防蜜雪兒目睹他重病的樣子。這是重創孩子心靈的殘酷舉動，不論孩子幾歲都一樣，但她可以站在爸爸的立場，明白爸爸情願女兒記住他在病倒之前的模樣。蜜雪兒知道爸爸的初衷是保護她，但蜜雪兒希望自己能見到爸爸，盡量把握父女相處的時機，另外她也希望得到跟爸爸好好道別的機會。

我想知道她對兩次喪失的感覺是否不同。她說母親雖然年輕，心臟卻一直不好，因此她對母親的死有心理準備。當時蜜雪兒也有孕在身，轉移了她不少注意力，不過如今回顧，她才發現自己那時陷入產後憂鬱症，其實與她壓根兒沒有哀悼母親息息相關。喪父的過程則截然不同，差別在於她有更多時間，更多回憶，而且他們都是成年人，蜜雪兒因而有罪惡感。

我請蜜雪兒比較第一次及第二次喪失時的自己。「我失去媽媽的時候，狀況很糟。」蜜雪兒說。「我是青少女，父母離婚，酒可能喝得太兇，還有孕在身，但懷孕是我的計畫。」蜜雪兒想成為她不曾有過的那種父母，懷孕是她實現夢想的機會。「在那之前，我一直都像個家長一樣照顧我爸媽，我是母親的媽媽。在我媽過世之前，她比較依賴我，但是爸爸的話，我們的關係健康多了。我得到了爸爸改頭換面的機會，我也改頭換面，我長大了，比較成熟，所以父女關係比母女關係好太多。」

媽媽對蜜雪兒的依賴干擾了她的哀悼，因為她不只失去媽媽，同時失去了活著的目標。她是媽媽的照護者，她很期待跟媽媽分享懷孕的大小事。她記得那時她看見媽媽開始出現正向的轉變，但一切都來不及了。她母親過世的時間點，更增添她的怒氣；蜜雪兒說她才剛看見一線光明，光明就被奪走了。

蜜雪兒經歷過爸爸變成外公的日子，但媽媽沒來得及變外婆就走了。蜜雪兒的媽媽沒有得到探索人生選擇的機會，而蜜雪兒改造媽媽的潛在機會也消失，這令蜜雪兒更是覺得這不公平。

對於在喪母後為人母親的經驗，蜜雪兒覺得是美好卻寂寞；她沒有談心的對象，當她經歷各種的第一次，都沒人可以聽她說。在每個喜悅的時刻裡，她都有一點傷心媽媽不能共享她的快樂，而且她老是覺得，媽媽說不定會蛻變成蜜雪兒在少女時期一直想要的那種媽媽。

她說明爸爸怎樣變成可靠的人。他會遵守約定，是很棒的外公；他定下來了。其實她媽媽的死，是讓她爸爸想要安定下來的催化劑，因為他希望蜜雪兒有一個媽媽。那時他才覺悟到自己沒有善盡父親的責任，妻子殞落後，他內心的聲音叫他採取行動，於是他找到另一位伴侶。他說自己的主要考量是替孩子找個媽，這對走進他生命裡的新人來說，實在不太浪漫。

蜜雪兒的爸爸在續弦之後變成可靠的人，促進了父女之情。他有了人生目標，覺得自己要有大人的樣子，跟以前判若兩人。

我納悶在這些喪失中，她哥哥怎麼不見了。儘管他們承受相同的喪失，蜜雪兒跟他的關係並不好。每次見面，他們提起的往事大部分都是負面的，他們之間也有其他問題，因此兩人都同意，兄妹關係對他們兩人都無益。

現實情況，或原本可能擁有的一切

我想把蜜雪兒逼緊一點，丟出一道棘手的問題：她懷念的是父母本人，還是她認為自己應該要有的父母？蜜雪兒幾乎都在談她渴望得到的一切，而不是她的親身體驗，我想知道在她眼中，她實際的生活是什麼樣子。

蜜雪兒的坦率令人耳目一新，她承認比起她在現實中失去的事物，她更在乎自己現在應該要有的父母——也就是她認知中父母可能會有的樣子。她解釋說，等媽媽跟她的年齡都大一點，應該就會有培養並鞏固母女情誼的機會，就像她跟爸爸變得很親一樣。「他本來不是世界第一的模範爸爸，但我看到他變成一個會關心外孫們的慈祥外公。他總說要做一個好外公，彌補自己為人父親時的疏漏，他真的辦到了。我很想瞧瞧母親今天會變什麼樣子。她會定下來嗎？她會不會終於遇到適合的對象，那種可以逗她開心的人？她在最後的時候快樂嗎？我爸媽在一九八一年離婚，在媽媽過世的前一年，他們復合了，要是媽媽到最後都沒有得到幸福，我會很難過的。」

蜜雪兒的父親臨終時交代她「守著老公，他可是好男人」，其實爸爸不曉得他們之間的難關，這令蜜雪兒心裡很矛盾。假如她父親知道真相，遺言就會截然不同。蜜雪兒花了幾年工夫，才擠出「忤逆」父親的勇氣，結束婚姻。第三十三章〈遺言在喪親之痛中的分量〉進一步探討了這項議題。臨終之人說的話可以讓人重拾自由，也可以困住一個人。一切都關乎你們的關係、當下的情況，以及當事人是否願意服從遺言的命令，滿足逝者的期望。

對別人的衝擊

蜜雪兒時常談論自己的喪失如何衝擊了她的孩子，為了協助她釐清思緒，我請她說哪一邊比較重。我伸出雙手，左手是她失去雙親，右手是孩子失去外祖父母，我問她哪一邊比較要緊。很妙的是蜜雪兒在意的不是她自己，也不是她真正失去的人，而是她孩子錯過的事物，尤其是與她媽媽有關的事。儘管她女兒與外公相處了八年，兒子與外公則有十九年，兒妹倆都問了不少關於外婆的問題，而蜜雪兒描述過她是怎樣的人，還說她女兒就像外婆的翻版，但蜜雪兒希望媽媽仍在人間，做她兒女的外婆。

蜜雪兒只在意孩子們及孩子們錯過的事，可能是在無意識地轉移注意力，避免碰觸自己的哀傷。此舉可能就像防護罩，保護她不用處理自身的感受，而蜜雪兒承認或許真是如此。蜜雪兒的確需要這樣的觀點，才能讓自己需要抒發的悲傷浮上檯面，不再用自己對孩子的遺憾來掩蓋。

言語模式

當蜜雪兒訴說自己如何傷心母親不在人世，她把「需要」一詞掛在嘴上，但聽她描述自己跟媽媽的關係，感覺上她很早就不再需要母親了——這似乎有點自相矛盾？這個詞精準地刻劃出母女的關係嗎？還是放大了失落的感覺，其實不符合真相呢？

她同意「需要」一詞很矛盾。事實上，由於她母親失常的感情關係、酗酒、健康不良，她在十二歲左右便不再「需要」媽媽，早早便獨立自主，蜜雪兒因而感到怨嘆。她忖度起自己為何使用「需要」一詞，感慨地猜測自己的意思或許是她需要「一個」媽媽來提供安全的庇蔭，一個跟她媽媽不一樣的母親。需要與想要是兩回事，起心動念完全不同。以蜜雪兒的處境，需要媽媽是不可能實現的願望，因為媽媽不會死而復生，但想要媽媽，則是渴望得到母親般的照拂，這是自然的欲望，合情合理。

「我保護她，是因為我不能保護自己。」

當我們聚焦在蜜雪兒與女兒的關係，她開始察覺自己照顧兒女的方式，與她的個人經驗脫不了關係，包括失去雙親。以她的人生經歷，也難怪蜜雪兒想當孩子們的好媽媽，不讓兒女承受她的父母給她的待遇，我對此心有戚戚，畢竟我有一位不存在的生父和一位情緒陰晴不定的繼父。我在拉拔自己的孩子時，絕對希望自己一個人就抵得過他們兩人的總合——我總是守候在孩子身邊，耐心十足，全是拜那些經歷之賜。

在蜜雪兒喪母的二十六年以來，她第一次想到自己照顧女兒的方式，或許與自己的童年經驗有關（蜜雪兒的兒子二十五歲，住在愛爾蘭）。她女兒不高興蜜雪兒的控管，不允許她擁有十四歲應得的獨立自主權，而現在蜜雪兒明白，這是因為她不希望女兒嘗到她年輕時吃過的苦。

悲傷有許多層次

我們這一次的諮詢從一開始的討論失去父母，變成討論蜜雪兒的童年如何影響她的管教方式。為了避免兒女經歷自己當年的心痛，她在無意間造成不同性質的問題。

如果你喪父或喪母或父母雙亡，或失去任何重要的人，你認為自己是在哀悼你們之間共享的事物，還是在哀悼你沒能得到的事物？我們能哀悼自己不曾擁有的事物嗎？哀悼是不是只限於自己經歷過的人事物？如果我們在悼念根本沒發生過的事，那麼具體說來，這不是應該歸類為遺憾嗎？

遺憾是悲傷的自然要件。我們可以浪漫地幻想如果摯愛可以多活一年、十年，或活到我們自己嚥下最後一口氣為止，那我們將會擁有些什麼。這些幻想無傷大雅，然而應該要了解悲傷的本質是不由自主的，儘管遺憾與悲傷息息相關，如果要克服遺憾，就得調適自己，接受事實。

我們可以用遺憾扯自己後腿，我相信蜜雪兒便是如此。這當然絕對不是刻意的決定，卻是堆砌悲傷的工具。要為某件事遺憾，便是假定那是某件我們失去的事物。我沒見過父親的事實輪不到我來遺憾，因為別人的選擇與我無關。我可以惋惜事情變成那個樣子，但遺憾牽涉到我們個人行動的結果。

在我們見面之後幾週，蜜雪兒客氣地寄了一份摘要給我，讓我知道她對諮商的感想。

在探索悲慟對我的意義時，我發現自己主要是在哀悼一個念頭，想著我的父母可以變成哪一型的父母／外祖父母，我不是在哀悼自己失去的父母。小時候，我宛如父母一般地照顧我的父母，他們也沒有時時刻刻維護我的安全。我以為自己處理好這個議題了，但是在討論我尚未化解的悲傷時，我才曉得自己哀悼的是他們應該要做怎樣的父母，結果我過度保護女兒，以防她經歷到我的童年創傷。

這對我的孩子沒好處，我只是在防堵他們大概本來就不會遇到的事。我好像在試圖逆轉自己受過的傷害。在我們的諮商之後，我跟女兒一起坐下，檢討我對她的過度保護，她承認有時候，她覺得快要窒息了。

於是，我們的母女關係現在比較健康了。我以家長的身分，重新評估父母最令我懷念的地方是什麼，接受我不能改變以前的遭遇，為了我的孩子好，我不能試圖用自己的管教方法，來撫平自己的過往。我們諮商的內容非常實用，現在我有機會跟孩子們、跟其他的親屬建立比較健康的關係，謝謝你。

我們晤談時，蜜雪兒說幾年前她找過諮商師，「寫信」給亡母釋放了她的一部分怒氣，而當面跟父親對談則帶來了正向的轉機，協助她將父女關係提升到新的層次。

寫信是原諒別人或寬恕某個情況的好方法，抒發你的感受，不論對方是不是會看到你的信，趁著你仍然見得到對方的時候，與對方面對面解決你們之間的歧異是勇敢的行動，通常會值回票價。把信寄出去——實際投郵，匿名寄到任何地方——會大幅提高釋放的效果。

簡扼地說，父母雙亡的人可以問自己以下的問題，來評估自己的感受。

一、你在兩次喪失時的行為舉止都一樣嗎？
二、面對第二次喪失時，你比較有應付的能力了嗎？
三、你是個別哀悼他們，還是兩個一起？
四、你的父母在你的生命中扮演什麼角色？
五、你在他們的生命中扮演什麼角色？
六、如果多花一點時間哀悼你們有過的一切，你覺得遺憾的分量會如何變化？
七、評估你全部的感受，每一種感受各占百分之幾？
八、你在遺憾／哀悼其他的家人本來應該擁有的一切嗎？
九、解讀為遺願或命令的遺言影響了你嗎？
十、其中一次的悲傷特別令你心煩意亂嗎？

19／失去還沒出世的孩子

在接觸www.sayinggoodbye.org創辦人柔依．克拉克—寇滋之前，我天真地以為失去活過一段時間的孩子，比如一歲，跟失去未出世的孩子，兩者會給母親不同的悲傷。真是誤會大了。我怎麼會以為如果孩子沒活過一段時日，悲傷就會比較輕微？是因為我以為親子之間沒有建立身心連結的機會嗎？只因為他們沒有呱呱墜地，我就覺得他們的生命價值較低嗎？孩子的價值是以活過的日子來衡量嗎？

錯成這樣實在很荒唐，但有這種誤解的人應該不是只有我。我們對流產與死產有許多的錯誤觀念。

這是寂靜的悲傷

流產與死產是沒人想談論的喪失類型，或許是害怕一語成讖。大家絕口不提，假如整體而言，悲傷是禁忌話題，喪子之痛便是最幽深黑暗的角落，是大家最想閃避的地方。

由於大家對自己孩子的感情，喪子之痛是最悲涼的慘事。大家敬謝不敏。誰都不願意想像喪子的感覺，而三緘其口的責任便落到父母的肩膀上。我們認定他們不會想要談一談，但我們錯了。柔依的網站去年有六十五萬人次的點閱流量。

證據在此，以下借用柔依的說法。她請我想一想，大家普遍認同懷孕未滿十二週就不應該洩露有喜的喜悅，但這種規矩是哪來的？是因為我們英國每年二十五萬人次的流產中，有八成發生在滿十二週之前嗎？

如果是這樣，那我們是如何看待流產後的哀悼過程？如果我們沒向任何人透露喜訊，萬一流產了，就不必通知親友，訴說我們的失落，否則會很丟人現眼？為什麼不能說？為什麼你不應該被正眼對待？

不論流產給你什麼感覺——憤怒、哀傷、罪惡感、深重的悲傷——怎麼會有人以為這些情緒最好在心裡解決就好？如果說我們從本書的各章節學到了什麼，那就是把悲傷宣洩出來，絕對比悶在心裡好。

如果你懷孕了，想跟誰說、想幾時說都行，萬一怎麼樣了，越多親朋好友來支援你越好，對，你有資格在眾人的扶持下度過流產與死產的哀傷，就跟其他類型的喪失一樣。

這是應該說出口的悲傷，是需要談論的悲傷，要是別人聽了渾身不舒服，那是這個社會有問題，不是你有毛病。這是很多人的親身經歷，他們的心聲需要被聽見，他們的喪失需要被正視。

每個人的悲傷有輕重之別嗎？

絕對沒有。喪失不用較勁。每一份哀傷都很重要，道別（Saying Goodbye）慈善機構說得好：每一位寶寶都很重要。然而社會對出生前、分娩中、出生後的喪失之痛一概而論，失去孩子的人覺得自己必須替寶寶爭一個名分。

醫學界認為喪子是內科的問題，是母體在製造寶寶的過程中機能失常所致，不是什麼殞落的人命，以致你連替寶寶悲傷都隱約有股罪惡感，這是失去寶寶的獨特現象。假如你失去的對象是伴侶，或者是活了幾年的孩子，大家就會等著看你悲傷，也允許你悲傷。

但如果是流產或死產，大家就不見得會允許你傷心。他們竊取你悲傷的權力，要是你悼念寶寶，大家對待你的態度活脫是你反應過度，因此你的親身經歷很可能是自己只能默默地排遣悲懷，不然就是根本不化解喪失的情緒。

許多失去寶寶的夫妻說從來沒人准許他們悲傷，也從來沒人認為他們經歷了喪失，正視他們的遭遇。如果你不排解悲傷，悲傷只會逐漸增生，在未來造成身心問題。

失去寶寶可能會讓人更想要下一個孩子，這的確會造成壓力，而悲傷引發的痛苦，有時還有罪惡感，都可能讓夫妻倆承受壓力，以致不孕。

道別網站指出，英國每年有二十五萬位寶寶因流產而殞落，相當於一天七百位，大約百分之十七發生在醫院，其餘的則是在居家環境。有時醫護人員不把流產當一回事，彷彿你得了流行性感冒或腸胃不適。醫生會診治流產的症狀，但他們不會考慮到悲傷的嚴重性。

如果你在滿二十四週之前流產，寶寶不會被視為寶寶，而是胚胎。如果你的寶寶出生時沒有生命跡象，驚人的是你不會領到死亡證明、出生證明、死產證明，彷彿你的寶寶並不存在，但你的感覺絕對不是那樣。如果你的寶寶出生時有呼吸，或是在滿二十四週之前有心跳，你會領到出生證明和死亡證明，但如果寶寶是在滿二十四週之後出生但沒有生命跡象，你只會領到死產證明。

道別慈善機構正在推動大型的訴願，要替在懷孕滿二十四週之前失去孩子的人爭取新的喪失證明書，並且建立新生寶寶喪失資料庫，好讓他們為殞落的寶寶辦理註冊登記。許多人響應這項訴願。大家都希望自家寶寶的故事有人聽見，有人承認。

醫學名詞

有些夫妻必須作出柔腸寸斷的決定，在二十四週的分界點之前放棄孩子，通常是因為嚴重的疾病。許多人不知道直到分娩時或在四十週的孕期之前，母親都可以選擇墮胎，這是重殘寶寶的家長的專屬規定，有時英國國民保健署非常鼓勵（據說會施壓）民眾選擇走這條路。

小倆口往往因此承受失去孩子的悲傷，內疚自己決定終結寶寶的性命，此外，保證你找不到幾個肯跟你聊這份悲傷的對象。

現實情況（在英國）

早期流產：十二至十四週。

晚期流產：十四至二十四週。

死產：超過二十四週。

流產：大量流血，寶寶跟著一起流出來——「流產」。

不完全性（過期）流產：妳不知道自己流產。妳在例行的掃描檢查時得知寶寶死了，而且還在妳體內。然後妳進入分娩，產下寶寶。

死產：寶寶在滿二十四週之後死在子宮內，產出時沒有生命跡象。

道別慈善機構提供了一份良好的建議，指出我們不該對喪子的人說的話，不論他們喪子的原因是什麼。

柔依・克拉克—寇滋給我們大家的忠告如下：

人道精神總是要我們說出正向的話，但我們對喪子之痛可能沒什麼概念，遇到正在替孩子哀慟的夫妻時，我們有時會慌了手腳，說出最可怕又麻木不仁的話，例如：

「起碼，不會像失去十八個月大的寶寶那麼慘。」每一次的喪失都是獨立的；我們哪能臆測怎樣的喪失會比另一個喪失更煎熬？

「啊，好歹妳可以再試一次。」活像不曾出生的生命沒有價值。要是有人死了丈夫，你可不會說：「噢，又沒關係，再找一個新老公就好啦。」

「這個嘛，至少妳已經有兩個孩子了。」重點不在於為人父母，而是失去一個孩子。

「總有一天，妳會有自己的孩子的。」哇，你敢打包票，是吧？

「無論如何，妳的孩子現在去了更好的地方。」你或許認為天堂比你現在的人生美好，但我不能苟同。

「至少妳還生得出來；我朋友連生都不能生。」問題是如果懷孕不能給妳一個孩子，讓妳抱在懷裡，那又何必懷孕？功敗垂成有哪裡值得安慰的地方嗎？

有時最好一句話都別說，只以溫情支持對方，並接受自己無法讓對方好過一點。如果你想說點什麼，不妨說：「妳的痛苦是我連想都想像不出來的。」然後準備好一盒面紙，坐在那裡。

別說：「如果有什麼我能做的，就跟我說一聲。」提供實質的協助。喪子的人可能會在哀傷的五里迷霧中失去方向，很難思考自己需要或不需要什麼，不如由你採取主動。也許每天晚上都載他們去吃飯，連續一週。

有的人會把如何預防流產的雜誌文章寄給親朋好友。顯然，寄文章是出於好意，但哀慟的父母可能會心如刀割，因為在他們看來，這可能像在暗示他們原本可以預防孩子離去的，罪惡感是他們最不需要的包袱。

最佳的協助是聆聽，提供關愛與溫情，只說：「我連想都想像不出妳的痛苦，但我可以聽妳說話，盡我所能地幫忙。」

柔依的個人故事

我目睹過一位摯友經歷可怕的流產及死產，實在不曉得萬一步上她的後塵，那我要如何調適喪子之痛，於是我拖拖拉拉地不想生孩子。但是，我跟靈魂伴侶結婚都超過十二年了（我們很年輕就結婚了），自己經營的生意也很成功，突然間，我的生理時鐘開始滴答響……對，我聽說有的人今天還對沒有孩子的人生心滿意足，明天卻心癢難耐地想要繁衍後代，我本來以為那只是都會傳說，沒想到自己卻親身體驗到了；我可以證明這是真的。

一段時間後我知道自己懷孕了，可惜後來流產，我的調適方法是假裝沒這回事。我不想成為統計數字，每四次懷孕裡面就有一次以流產告終，要是我不承認，這件事就不算真的發生過。

沒幾個月，我們運氣很好地再次懷孕，這次的感覺比較真實。我們決定向家人保密，等聖誕節再報告喜訊，因為他們一定會很驚喜。英國人似乎都假設如果你們打算生孩子，你們會在變成一對的三年之內生，如果滿三年還沒看到啪嗒啪嗒的小腳丫在四處跑，你們就大概不會生了！

我們去做第一次的超音波掃描，超音波技師說：「你們真的沒搞錯日期嗎？我什麼都沒看到。」我們嚇得心臟都快停了，跟技師擔保日期真的沒錯，然後她突然宣告：「啊，找到了。」我們在螢幕上見證了生命的奇蹟，我們的小小寶貝在那兒扭來扭去，小小的心臟噗噗跳動。我們當然是欣喜若狂。她確實提過她看到子宮裡有一攤血，說我應該會有一點點出血，但完全不必擔心。那一夜，居然真的開始點滴出血，如果我夠老實，我完全慌了手腳。我想每個女人都會告訴你，只要在孕期有出血的跡象就不正常，恐懼就這麼不曉得打哪兒冒出來，但第二天便不再點滴出血，天下恢復太平。

幾天後，我得了流行性感冒，那個禮拜都躺在床上。然後，先前突然止住的出血突然復發，但這一次的感覺不一樣。我們找到一間願意幫我掃描的診所。等了八百年後，我們被叫進掃描室，醫生立刻啟動能拆開一切謎團的儀器，我們第二度在螢幕上看到我們的寶寶——踢踢蹬蹬，毫無痛苦或需要擔心的跡象……真是大石落地！

我們預訂在週六晚上參加一場派對，我心想休養一下大概就能止血，就窩在床上，一直發揮母性地撫摸肚子，感覺就像在安撫、照顧肚子裡的寶寶。但那天晚上起身時，血就突然湧出來，於是我知道寶寶剛剛死了。我倒在地上哀求上帝救救她，哭著向掌握生死的唯一真神請託，但我知道那全都沒用；我知道她注定要誕生到天堂，而不是到人間。那是母親的直覺嗎？天曉得，但我知道她的小小心臟已不在她體內或我體內跳動。

我們衝去看急診，悲哀的是他們漠不關心；他們看到我心碎的樣子，竟問我寶寶是不是試管嬰兒。我反問：「怎麼？難道替自然受孕的孩子哭泣不正常嗎？」他們沒有應聲。他們沒幫我做檢查，只說：「我們幫不上忙。順其自然吧。該怎樣，就會怎樣。」他們幫我預約了一週後的急診掃描，就叫我回家睡覺。

第二天是星期日，出血減緩，我們在數不清的診所答錄機留言，求他們快快幫我看診。隔天早上，九點不到，便有一家善心的診所要我們過去，他們會幫我掃描。那是我這輩子最漫長的一趟路之一。

我們在候診室等待，他們把我們叫進一個小房間。他們要我躺到床上，啟動了掃描器。我其實在彷彿無止境的靜默無語中，我終於鼓起勇氣問道：「找得到寶寶嗎？寶寶沒事嗎？」我其實用不著問的。我的寶寶毫無動靜；螢幕上唯一的動靜來自我的身體，而不是她的身體。我的提問換來了最糟的答案：「柔依，很遺憾，沒有心跳。」我真的是放聲尖叫……我苦苦哀求再掃描一次，她照辦了。接著她去請顧問來看；顧問來了，他搖著頭說了相同的話，這句話我們在隨後幾個月聽到不要聽：「真的很遺憾。」他們很快便將我們安置在一個很小的房間裡，我們抱頭痛哭。我們打電話通知家人，聽到相同的話從自己嘴裡說出來，這才驚覺到我們現實生活中的夢魘：我們的寶寶死了。她仍然與我們同在，但我們永遠不能牽她的手，或是搖著她、哄她睡覺。「現在怎麼辦？」我們問道。醫生說我們可以動手術，或順其自然。我選擇順其自然，總覺得進醫院從我的體內取出寶寶是不對的。這可是我的寶寶，我希望寶寶可以在體內待久一點。

我沒料到自己還要繼續煎熬一星期。幾天後的掃描顯示寶寶長大了一些，顯然這完全正常，因為血液的供應會讓寶寶持續成長，但她的心臟依然文風不動。看不出生命跡象：「不，柔依，很遺憾妳的寶寶沒有奇蹟復生。對，我們知道妳本來希望發生奇蹟。」

希望奇蹟降臨難道錯了嗎？如果我不停地祈禱，如果我繼續日夜摩挲肚皮，也許她的心臟就會不知怎地重新開始跳動……護士告訴我，在世界上某個地方曾經有過這樣一個案例，我相信自己可以成為世界第二個案例是被誤導了嗎？

我們返回家中，日子一天天過去，漫長又緩慢。有人問我，怎麼受得了讓嬰屍留在我體內。我說：「因為她是我的寶貝。」我不清楚怎麼會有人以為她死了以後，她就不再可貴，而我對她的愛也會消減，但有些人覺得肚子裡有一個死嬰很可怕、很病態，他們覺得那樣不對。對我來說，我只是在當她的母親，讓她待在她的天堂裡，保護她的安全。我覺得在她決定離開之前，她都有留在裡面的權力。我沒有突然驅逐她的立場，我們初次見面的時機要由她決定，她要幾時出來，我都會等她。

在她心跳停止滿一週後，我開始分娩，不到二十四小時就生下孩子。

隨後六週，我的身體以為自己仍在懷孕，照常分泌大量的孕期荷爾蒙，我日夜害喜，外加消化不良跟頭痛。這些原是令人安心的懷孕徵兆，那會兒卻成了提示我失去了什麼的恐怖提醒。這時最詭異的怪事發生了，幾乎天天都有素昧平生的人隨機跟我攀談，問我有沒有孩子。每一次都像有人狠狠踹我肚子一腳。我立刻面臨兩難，人家只是問了我一個稀鬆平常的問題，我是否要顧全對方的感受，回答：「不，還沒有。」然而這又等於否定孩子的存在，還是要勇敢地說：「其實我有孩子，只是他們都死了。」兩種回答我都試過，兩種我都覺得不對，我很快便明白自己處於雙輸的局面，只要說出當下覺得合適的答案就好了。

我聽過許多出於善意的評語，例如：「嗯，好歹這證明了妳能生。」「有時候子宮只是需要練習。」幸好，這不體貼的評論是少數，而我叨天之幸，擁有一位好丈夫——我的英雄——他不見得都知道該說些什麼，但他是有智慧的人，他懂得言語往往是多餘的，只要抱抱我，通常就夠了。此外還有我的父母，他們陪我們坐著，用他們的眼淚裝滿了數不清的水桶，一邊協助我們不再流淚。我們其餘的親友都很夠意思，給我們實質的協助，其實他們大多數人都不了解我們的心路歷程，只是表明他們永遠挺我們，這對我們意義重大。

有些人或許以為這下子我的生理時鐘就要報廢了吧，但它沒壞，只讓我更想要小孩；但害怕自己當不了媽媽的恐懼排山倒海而來。

兩個月後，我流掉第三個孩子，但我們三緘其口，畢竟我們的家人已經受夠了。就他們所知，我們只失去一個寶寶，要是我們吐露這一次的喪失，便會連帶向他們以及向我們自己承認，這是我們第三位進入天堂大門的孩子。

然後我們又有了，經過膽戰心驚的孕程，兩星期做一次掃描，終於抱到了我們漂亮的女兒，體重三千一百四十七公克。我們如釋重負，我總算可以抱著我的小小女孩、保護她了，言語無法形容我們的狂喜。

我們陶醉在為人父母的一切；儘管我們昭告天下只生一個，但她一歲半的時候，我們考慮再生一個。我們壓根兒沒料到一個小傢伙能給我們的生命帶來那麼多的喜悅——為人母親的點點滴滴我都愛死了——因此我們決定給女兒添個弟弟或妹妹。

我們天真地想著，既然我們在足月的時候產下一個健康茁壯的孩子，流產及死產的歲月便是前塵往事，我們未來的孕程會跟上一回一樣，不會重演最初三次懷孕的歷史。我們錯了。

我們有了喜，初期的掃描一切正常，直到有一回產檢的時候，掃描顯示寶寶的心跳停止（又來了）。我們聽到消息時，時間便慢了下來。我說不出話。我沒想到自己又從秘密的活板門滾下來，從準媽媽變成第四度流產的孕婦。我誤以為既然有了一個孩子，再失去其他孩子就不會那麼心痛，從某個角度來說也沒錯，因為這一回我不用哀傷自己可能永遠生不出活蹦亂跳的寶寶（我已是一個活蹦亂跳孩子的母親），但這一回有了不同的心痛，因為你會忍不住問自己，這孩子會不會跟我們的小寶貝有相同的笑容？他們講話的樣子會一樣嗎？這很難解釋，但對我來說，這是截然不同類型的悲傷，而且當然非常慘烈。

我們想保護小女兒，讓她不用看到我們的悲愴，因此我只允許自己偷偷哭泣，硬著頭皮努力給她跟平常一樣的對待。這一次我選擇手術，沒兩天我便躺在醫院的病床上，填寫文件，在護士問了我兩個問題後哭泣。「妳想要驗屍嗎？要領取遺體嗎？」天底下有哪一位母親，會料到自己需要回答這種問題？

以醫學術語來說，在子宮內存活不滿二十四週的寶寶稱為滯留性受孕體，因此填寫表格的時候，或許應該要有回答這些問題的心理準備。但我是百萬分之一認為我們不該受到這種待遇的人。我知道對有些人來說，那不是嬰兒，只是一堆細胞，我尊重他們的意見，但對我跟我先生來說，那是我們的孩子，不只是一個潛在的人，而是一個人，是一個我們應該視之為人的人。

我們幸運地第六度懷孕，在聖誕夜向圍著聖誕樹的家人報告喜訊後，我回到樓上，發現自己在出血。流血持續幾天後，我終於艱難地告訴一位全科醫生，說我絕對流產了，不需要掃描確認。鋪天蓋地的悲傷又壓垮了我，過來人就知道你真的得提醒自己記得呼吸。人體的機能似乎漸漸消失，你覺得自己像從懸崖墜落的自由落體。我攀附的信念是擁有一個女兒當然就夠了，要是我們無福擁有另一個孩子，我們就是好歹還能養育一個小女孩的幸運夫妻。因此我們強顏歡笑，給女兒一個精采的聖誕節。

到了一月五日，我身體實在很難受，決定去掃描，以防我需要挨第二刀，想不到他們竟然看見生命的跡象。他們說這絕不代表一定會沒事，但總是個吉兆，說我應該預約兩週後的掃描。在這段期間裡，孕吐變本加厲，到了我回去掃描時，我從來沒在孕期那麼不舒服過。醫生在螢幕上看到兩個小生命，但一個的發育程度比另一個好很多。醫生要我們預作準備，可能會失去其中一個雙胞胎，不過另一個看來很強壯、很健康。悲哀的是我們的確沒能保住一個寶寶，但另一個頑強地留下來，我們覺得能有一個寶寶已是福佑，但為了失去的孩子心碎。

之後我們經歷了懷孕的地雷區。我必須摘除膽囊，我肝臟出問題、胎盤前置、恥骨聯合功能障礙、胎盤附著在之前剖腹的疤痕上，最後一擊是產科膽汁淤積，但我們的小戰士克服萬難！當她終於大獲全勝地在二〇一一年八月露臉，醫生宣告她是奇蹟寶寶，而我們的笑嘴至今沒有合攏過。

或許有人會問：「這一切值得嗎？」當然值得！「妳的生理時鐘害妳受苦受難，妳會不會但願自己炸掉它？」絕對不想。我有了兩個可愛的女兒，我好愛她們；她們讓我們的每一滴眼淚值回票價。我很自豪能當上媽媽，希望我經歷的創痛讓我成為更好的妻子、母親與朋友。現在我的熱血為兩個女兒燃燒，我要教導她們去熱愛生命，去擁抱生命送給她們的每一個機會；我也要協助經歷喪子之痛的人。

這一回的心碎給我的心得如下：我認為每一個孩子都很重要，不論這個人是在孕期的什麼時候。我也對悲傷有了許多認識。每個人都有資格以各自的方式哀悼。有的人可能連一滴眼淚都不必掉，有的人可能無止境地哭泣，兩者都沒問題。但對於心碎的人來說，承認自己的喪失是必要的，哀悼是維繫身心健康的必要條件。當你進入那麼深邃的黑暗，生命或許永遠不會恢復正常，但我們可以向前走，盡量不在靈魂上留下疤痕組織，對我來說，道別是關鍵要素。

我永遠不會忘記有許許多多的伴侶絕望地想要孩子，他們仍在尋找克服一再流產的方法，也有的人則是怎樣都遇不到受孕的奇蹟。不論我們忍受怎樣的喪失，我們知道自己得到兩個可以養育、可以擁抱的好女兒，真的、真的是好福氣。對有些人來說，他們仍然在等待自己的奇蹟大駕光臨。

20／悲傷的「規則」

我們都以獨一無二的形式悲傷。悲傷沒有固定的套路，但我們會將潛意識的命令鏈和指示施加在自己身上，影響我們抒發悲傷的方式，甚至令我們無法調適悲傷，多得是調適不良的人。有益的口語指令可能是：「我知道一旦說出來，我就會好多了。」負面的命令可能是：「我在他出門之前跟他吵架，我一輩子都不能原諒自己。」

你或許很納悶，這些指令的分量怎麼會那麼重。任何性質的信念，其實都是我們跟自己締結的協議，是規範我們對某件事物要怎麼想、要怎麼感覺的合約，如果我們一再向自己下達相同的命令，我們必然會漸漸相信命令的內容就是真相，比如我們永遠原諒不了自己，這便會衍生各種問題。當然，我們認定的真相不見得完全屬實，因為有時我們訂立這些協議的基礎只是自己的臆測，而且採用的還經常是最糟的想像情境，悲慟之旅總是崎嶇的，我們還不自覺地增加這趟旅程的障礙。

言語和遣詞造句蘊含驚人的威力，強烈影響我們看待自己的眼光，以及我們對人生的解讀。有些人總是在言語上對自己留情，例如：「我會盡可能老實招認自己的感覺。」有些人給自己極為嚴苛的指令，選擇狹隘的版本，例如：「我看自己永遠不會再快樂起來了。」

這些句子最重要的部分是動詞，例如不行或不要。這些字眼非常死板，劃地自限。沒實際試過，我們哪曉得行不行、要不要？我們可以說「或許」或「可能可以」，這是比較柔和而有彈性的假設性用詞。

不論你是以言語擬定哀悼的規則，還是你個性封閉，缺乏順應困境的彈性，下面的個案研究闡明了規定自己要如何哀悼的負面效應。

四年前，詹姆斯的媽媽死於大腸癌，十歲的侄兒死於腦動脈瘤。兩樁喪失相隔不到幾週，而詹姆斯特別受不了紀念日和特殊節日。壓力通常從十二月初浮現，令他開始情緒低落。他會比平時易怒，胃部緊縮，起初他百思不解。後來才恍然大悟，問題在於紀念日和生日會在那段期間接連到來，現在他規定自己要遵循一套規則行事。

在聖誕節之前用第一條規則，他告訴自己：「我得搞定這些事，心情才會好起來。」聖誕節一過便是第二條規則，首先是母親的冥誕，接著是一月底的母親忌日，他們會全家齊聚一堂，這讓他可以想著：「好，新年從現在開始。」

聚會結束後，他會鬆一口氣地想著：「好──搞定了。」（規則二的小幅變異版本）。我問詹姆斯他們一家人在這些紀念日都做些什麼，他告訴我第三條規則：「我們不談那些事，只是聚一聚。」之後，輪到第四條規則上場，他會「長時間不去想母親或侄兒，只有在我方便的時候例外。」

這些規矩總是非常明顯，很容易注意到；不必跟詹姆斯聊太久，就會聽到他複誦這些規矩好幾次。「方便」是很有意思的用詞。詹姆斯說：「方便的時刻是我可以控制局面的時刻，例如現在跟你談話，或是望著我床邊的照片，一邊想著媽媽。不方便的時刻是悲傷殺我個措手不及，不請自來。」

詹姆斯幻想悲傷會在他認為合適的時間上門，這是不切實際的期待。根據我的經驗，他大概替自己設定了許多「不方便」的時刻。

我們可以從多種角度來看待悲傷。我正好相信悲傷與我們共事，或替我們服務，當我們失去了身體上及視覺上的依附對象，悲傷對撫平我們的內心扮演關鍵角色。如果悲傷不存在，還有什麼能阻止詹姆斯遺忘母親和侄兒？難道我們不需要悲傷來提醒我們失去了什麼，就能把失落的事物銘記在心，甚至為此受苦？沒了悲傷，詹姆斯很可能不會記住所愛的人，而他是絕不願意遺忘他們的。

詹姆斯明白為了記住他們，他必須接受悲傷的提醒，不論悲傷來的時候他是否方便，不論那是不是他自認為能夠操控的時刻，要是哀傷不來拍拍他的肩膀，他會朝著「遺忘」漂流而去。

何謂在喪失中堅強？

詹姆斯說母親節的時候，他擔心同事可能會問他要如何過節，害怕同事的「提醒」害他想起母親死了。我問他為什麼，他說因為他不喜歡讓別人目睹他的痛苦，不要別人替他難過，不要別人認為他很軟弱。

我建議他就事論事，向提問的同事說：「可惜我媽不在了，所以在母親節的時候，我會做一些紀念媽媽的事。」而不要使用我猜他會採取的策略，也就是說：「呃，大概不做什麼吧。」一邊盯著地板，一邊彆扭地挪移腳步，離開對話的現場。他察覺我的第一種回應其實強悍多了。說出事實要有勇氣，要誠實，還要直視同事的眼睛，另一種應對方式則閃閃躲躲，逃避說出實情，反而是軟弱的策略。

我們奉行的每一道指令或規則，都有其他的替代方案。我們憑著過往的人生經驗，判斷自己具備多少順應悲傷的能力，然後挑出了那些規矩。且讓我向各位展示，詹姆斯在篩檢自己的言語及誤信的信念時，有哪些選項。

規則一：「我得搞定這些事，心情才會好起來。」

首先，你沒辦法「搞定」悲傷。你可以搞定擋住你家車道的車，你可以「搞定」報稅事宜，省得在會計年度結束時背負沉重的壓力。悲傷會留在我們身邊，融入日常生活，日子會繼續前進，而等我們學會管理悲傷，便能與悲傷相安無事。

悲傷會成為我們日常慣例的一部分，因此比較客氣且精確的回應是：「我要為他們的紀念日擬定計畫，做做能讓我的摯愛開心的事，不論我在那一天有什麼感受，我都接受那是自然的情緒。當我以言語交談、悼念或哭泣來表達自己的感受，心情就會比較輕鬆。」

規則二之一：「好，新年從現在開始。」

如果詹姆斯樂於讓全世界比他早一個月進入新的一年，這條規則就不礙事。但如果他從死亡領悟到生命的可貴，懂得善用每一天，詹姆斯或許會想重拾他的十二月和一月。對，這段時間裡是有幾個難捱的日子，但是當那些日子的性質變成慶祝他曾經擁有的一切，而不是提醒他失去了些什麼的惱人提醒，他可能不會恨不得每年的那個時節消失不見。

看待這些事的健康心態是：「現在我們又度過了接二連三的大日子，我知道媽媽和哈利一定喜歡我們這樣子懷念他們。因為我尊重他們，我很高興現在自己可以跟擁有共同記憶的其他人一起釋放悲傷。當我可以懷念他們，時間就沒有所謂的起點和終點。時間會不斷前進，我對他們的愛也會不斷前進。」

規則二之二：「好——搞定了。」

搞定了什麼？搞定了自己會回想起喪失的時期，嫌這段日子太痛苦？悲傷是你永遠搞不定的事。你越開放、越誠實地傾訴你的喪失，痛苦越少。閃避回憶是對一趟長期旅程的短期解決方案。

在短期內，你可能會覺得自己將悲傷拋在背後，然而你只是在製造悲傷之外的其他麻煩，遲早都得正視。拖延與否認也會給身邊的人增添其他問題。有的人得壓抑自己的自然反應，才能配合你的執拗；有的人會傾訴不了哀傷，因為你不肯吐露哀傷，他們不得不封口，好保護你。

「好，搞定了。」是在清理完閣樓或在週六午後勇闖超市之後說的話。我們希望心愛的人被我們想成那個樣子嗎？

我們可以把想法改成：「我們很感恩這麼棒的人來到了我們的生命，他們的死讓我們有理由聚在一起，分享這麼多愉快的想法和回憶，談論他們如何改變我們的生命，讓我們的人生真的更美好。」

規則三：「我們不談那些事，只是聚一聚。」

他的家人支援了詹姆斯，在默不作聲中仍團結一致，但忌諱開口的家人來自壓抑的家族文化。也許家族裡有人想打破沉默，卻害怕其他人不高興而噤聲，結果這一家人的「常規」就是分頭處理各自的喪失，不表達哀傷。

家族聚會是很溫馨的舉動，然而大家都不碰觸「禁忌話題」，就像在球場觀賞足球賽的時候只看著觀眾席的後方，或是去了火車站但不搭火車。假如你是過世的人，你從天上俯瞰這樣一場聚會，你作何感想？你會傷心沒半人提起你嗎？以我個人來說，我情願大家歡喜地緬懷我，暢談我如何讓與我共享生命的人有了更好的生活。要是我兩個兒子悶聲不響地坐在那裡，我會嚇死的！

我懂詹姆斯的顧慮。他不想說錯話，生怕傷人傷己。有什麼事比得上他在媽媽和侄兒過世時的痛苦與創傷嗎？真的有可以相提並論的事嗎？沒有。詹姆斯經歷了最痛苦的部分，直到下一回碰上之前，別的事都是小巫見大巫。但是，應該把追思往事視為一種榮幸。詹姆斯曾經擁有母親和侄子，以他對他們的關愛與敬重，他們的存在絕對是一種恩賜，他們一家子好歹可以聊聊他們的存在。他們雖然亡故，照樣可以宛如在世。

規則四：「我長時間不去想母親或侄子，只有我方便的時候例外。」

方便是可以毫無困難地處理某件事的狀態。當一位對你意義重大的人過世，如果你期許自己可以毫無困難地處理哀傷，你便嚴重低估了眼前的挑戰。

不切實際的期許只是讓自己注定失敗。這就像踩著滑板，卻想要飛越三輛雙層巴士；不繳電費，卻指望家裡不會斷電；不給車子加油，卻想要車子長久行駛下去。

我們希望自己長時間不想起所愛的人嗎？不時地想他們一下會怎樣？要是我們沒有拖延得太久才思念他們，我們會在偶爾想起他們一次的時候大崩潰嗎？詹姆斯這條規則的理想替代方案是：「我時常想起自己的喪失；有時是我刻意去想的，有時那些念頭不請自來。無論如何，追憶過去的滋味是苦是樂都操之在我，因為我的思路走向是由我控制的，即使第一個念頭是它自己蹦出來的。我明白情緒的浪潮未必會在我方便的時候來襲，也許我得離開辦公室去透透氣，但我很務實，我接受自己不必時時刻刻都有最佳的表現。因此，如果我真的受到悲傷的影響，我會讓悲傷自由來去，接受這是悲傷之旅的一部分。」

大致而言，我的悲傷規則一向都很有建設性，因此是有益的規則。現在我給自己的核心指令通常是：「我永遠不會忘記自己失去的每一個人，也不容許他們被遺忘。一定要讓關於潔德的回憶存活下去。孩子跟我遇到的每一道障礙，都可以用愛克服。」以上只是其中幾個。我完全明白言語的力量，我有責任調節自己的信念，去相信我應付得了。其實，我並不懷疑自己可以拉拔孩子度過童年，長大成人。我也不曉得這是自信，是盲目的樂觀，或只是懷抱希望（還有漫漫長路要走呢！），但我認為我們要保持正向，正向總是比負向好。即使有無數次我覺得要被壓垮了，不知所措，情況遲早會回復平靜，所以目前為止我都認為這一套管用。

那你有什麼規矩？你聽到自己時常重申怎樣的指令？接著是困難的問題：你的孩子有什麼規矩？當他們描述今後的生命走向，他們用的是正向還是負向的言語？如果他們需要調整規矩，你要如何協助他們？有沒有哪一句你希望自己或孩子天天看到的話語可以拿去裱框？每回他們看到那一句話，說出口，調節自己的腦袋去相信這一句正向的話語，他們——或你——便向前邁進一步，更接近將劃地自限的信念替換成有益的想法。

我想到的話是：「只有經歷過生命裡最慘的際遇，才能獲取最強韌的力量。」我兒子後來體認到這句話說得沒錯。我也喜歡比較簡單、卻同樣深刻或同樣真實的話。「你度過了最糟的處境。現在你應該擁有生命捎來的美好。」當你天天看著自己的座右銘，你會想到什麼？

21／男性的困擾

別人對我克盡父職的努力一向很肯定，稱讚我的人主要是女性，我猜她們大概是有一點訝異，我一個大男人竟然可以獨力照顧兩個孩子。從傳統上由男性擔任經濟支柱的時代以來，為人父母的世界已有正向的轉變，如果說我的表現居然超越了誰的預期，那大概與他們的個人經歷有關，而不是男性有或沒有什麼能力。

我沒有擔心過自己會不會照顧不了孩子。當時，我為人父親已經五年，而且自認為從一開始就對父職得心應手，平常帶小孩也不會驚慌失措。至於喪慟這檔事，我壓根兒不知道實際情況會如何，但我一向覺得自己學東西很快，能夠順應更沉重的責任，這些都是我從小到大的家常便飯。

但我完全承認，男性比較不會吐露個人的情感需求，因此有些男性可能很難排遣自己的悲傷。以里歐．費迪南的紀錄片為例，紀錄片強調了他在喪妻之初，獨力照顧三名兒女的辛苦。他勇敢地承認自己在足球生涯中，始終將情緒視為弱點，而這樣一位備受尊重的人在坐三望四之際，開始明白自己必須翻轉那種思想，才能在人生的新局成功，我覺得他的蛻變很引人入勝。男性有時候很難改變自己，然而悲傷才不管你是何方神聖，也不管你有多少成就，里歐正是完美的例證；而悲傷的殘忍之處就在於在它綿綿無絕期，誰都不放過。我們必須順應悲傷，悲傷不會順應我們。

哈利王子相當坦率地披露，自己在一九九七年失去母親黛安娜王妃二十年後，才首度請人協助他面對喪母之痛。許多位高權重的男性公開談論悲傷！我一向很好奇別的男性如何消化喪失。男性是否都面臨相同的掙扎？在被逼得去正視內心柔軟的那一面之前，我們都照著社會對男性的刻板印象去生活，這是否令我們更難調適悲傷？

丹是我隔壁的芳鄰。我們跟大部分男人一樣，要是在住家外頭遇到了，就會停下來閒話家常，聊聊足球、打打撞球，諸如此類。一天傍晚，我們討論起這本書，而他說死亡是他很熟悉的主題。

我們談話時，我注意到丹跟絕大多數聊起私人事務的男性一樣，把這個主題貼上「有點沉重」的標籤，對自己居然提起私事似乎有點歉意，對死亡引發的情緒也輕描淡寫。

我們的具體主題是失智症，他的父親死於失智症，繼父目前也失智，不過他補充說明自己跟他們兩位的關係不怎麼親密。他盡力擺出勇敢的模樣，但他似乎有話想說，於是幾天後，我請他來我家泡茶——真是精采的故事。

丹生平第一次的喪失是外公在一九九三年心臟病發，當時丹十三歲。雖然他自認無感，但朋友說他儼然是以「冰人」的模樣來應付喪失。若說他有任何感覺，也都埋藏在內心深處，不記得自己經歷過悲傷。

但他記得自己曾經和外婆共處一室，有人來致哀，而他心想：「他們講的話我已經聽了三十遍了。」在那一刻他想要逃之夭夭，安慰外婆的責任就這麼落到他頭上，而他卻大概還沒有心理準備。

他跟繼父的感情並不融洽，因此有一大段童年是住在外祖父母家，從十歲起就搬過去了。丹的母親為了滿足愛吃醋、控制欲又強的新伴侶，也就是丹的繼父，於是疏遠了丹。丹「冷若冰霜」的原因浮現了。從這三位家長的態度，丹學到了自己是無足輕重的人，他的感覺也不重要。

丹的早期記憶之一是五、六歲的時候，守在窗邊等爸爸來接他，直到他終於明白爸爸不會在那一天來為止，這種事發生過無數次。男性對悲傷的態度不見得需要刻意培養就會自動形成，但如果說我納悶丹的悲傷怎麼埋得這麼深，我對他建立這種模式的起點，倒也不是完全沒有線索。

丹僅僅是在童年，就參加過十二到十四場喪禮。這些喪禮讓他學會了漠視感情，關閉自己的感受，並且不斷強化這種能力。

二〇〇〇年，丹的死黨克里斯意外喪父，丹因此失去一位宛如父親的長輩。丹很愛他，他是丹在童年晚期及成年初期迫切需要的榜樣，但丹依舊樂呵呵地懷疑自己是否曾經悲慟過；他的防護罩仍然全面升起。

二〇〇六年，丹失去了父親，他父親在他一歲的時候與他的母親離異。他說自己在父親去世的前五年都沒有和父親聯絡，在斷絕往來之前他打過五十通電話給爸爸，爸爸都沒有回應，然後決定不要再讓爸爸的不聞不問傷害他了。

之後又有喪禮。這一次輪到外婆。二〇〇八年，他的「第二個媽媽」死了，這一回跟其餘喪禮的差異在於他是抬棺人，而他對整場喪禮都沒有印象。他徹底關閉了心門。

是因為他承擔了責任，在喪禮中擔任重要的職務，他才將整場喪事都隔絕在外面嗎？

在這一場及下一場丹必須參加的喪禮之間，丹與現在的妻子艾瑪成為一對，艾瑪是他十七歲就認識的女孩，二〇一〇年時，丹成為父親。為人父親對他封閉情感的典型男性作風，可以帶來多少變化？

在丹出席過的喪禮中（據他的計算，在三十九年的人生中約有二十五場），他在三十六歲經歷的喪禮是最痛苦的一場。在二〇一四年，他的同輩親戚羅尼死於腦瘤。在丹長大成人的地區，羅尼的人緣是數一數二的。

又一次，丹負責抬棺，在丹見識過的喪禮裡，這一場給他的創痛遙遙領先其他喪禮。丹承認自己在這一場喪禮中真情流露，懷疑是因為他深深感到不公平，才會出現情緒。

他認為大概是為人父親的身分「強迫」他有感情。此外，恩愛的婚姻關係也給了他安全感，令他可以放心地展露情感，不再延續童年時期的壓抑習慣。

但你能想像那麼多的喪失嗎？那會讓人在情感上多麼混亂？他有可能一下就辨識出自己在哀悼哪一個人嗎？我猜丹的做法很簡單，就是根本不哀悼任何人，但現在的他跟以前不一樣了。現在他擔心萬一自己哪天撒手離開孩子怎麼辦，他領悟到自己的生命真的很寶貴。他經歷的眾多死亡令他感到孤絕，好像每個人都撇下他不管。這也給丹帶來了責任的重擔，他是一家之主，他得照顧每個人。

丹跟大部分喪親的人一樣，討厭自己給別人添麻煩，把所有的苦都悶在心裡。他是否擔心自己在孩子面前跟背後的男子漢形象？丹認為當你遇到比自己年長的人過世，你會覺得自己的世代往上爬了一階，更加接近大限，問題是丹根本不到四十歲。

我問丹會不會找朋友談心事，他說等他從我家告辭，就要去找朋友聊他繼父的失智症，還有他得作出一些重要的決定，因此我們唯一的結論是「冰人」不復存在了。

我很感動，你對兒女的愛可以讓你解開自我的束縛，放下原本的調適手段，那些手段本來是應急之用，卻常常被我們誤認為自己天生的習性。那全是後天學來的。丹的朋友戲稱他是「冰人」，這便成了他的人格。但各位可以從這一章看到，憑著兒女、婚姻、不公不義及這三者混合的力量，丹慢慢卸下心防，有了脆弱的一面，又一次成為有血有淚有人性的人。

隔著院子柵欄跟丹談完以後，不曉得我們以後會是什麼交情。我覺得自己和他已經很熟了！

跟我一樣獨自育兒的男性多得是。羅伯．泰曼，三十八歲，妻子喬在二〇一四年死於大腸癌，之後便獨自養育六歲的女兒克蘿伊。羅伯是我學生時代的老朋友，我問羅伯，以他之見，一般男性會如何回應喪親之類的創傷。他認為男性對悲慟的觀點，基本上要看當事人如何回應生活中的大小事，而這可是根植在內心深處的觀點。然後，他總結說男性比較難公開自己的心情與感受，因為男性原本就不太碰觸自己的感受，社會堆砌出男性的自尊心，規範男性如何與人溝通，而這種典型的男子漢生命觀及解決問題的作風是有缺點的。

他承認自己處理哀傷的方式是很典型的男性作風，極度保守，不碰觸個人議題，害怕表達自己的真實感受，覺得與其把靈魂攤開來給人看，向某人傾訴心事，不如把問題埋在心底來得簡單省事，比較不會痛苦。

男性有很多避免談論心情的招數：改變話題，或是利用各種事物來分散注意力，例如喝酒、運動、無腦的閒聊，還有許多的閃避戰術，不論是有心或無意。

較好的處理方式是多說話。羅伯認為男性處理個人情緒的方式普遍比較不成熟，有時也會畏畏縮縮，不願開口求助或接受別人的主動幫助。這有點像在迷失方向的時候問路——男性往往把問路視為最後的手段。這可能涉及了男性的驕傲、自負、無知、固執，然而這些全是在處理悲慟、生命的巨變、個人危機時必須拋下的人格特質。

男性如何調適自己？

羅伯認為自己調適哀傷的方式已有進步，主要是因為現在他讓別人幫忙他，他認清了自己的局限，較常開口，接受自己無法獨力走完悲傷之旅。開口求助，是他身為一個人、身為一位父親的最大突破，駕馭這趟旅程的難度就下降許多，不再那麼駭人。

羅伯認為當初如果是從正向的觀點看待悲傷，他會立刻拋棄固執，聆聽自己的心聲，優先照顧自己及女兒的身心安康，而不是優先顧全工作，就怕別人認為他很失敗。

檯面下的真相……

羅伯覺得大家可能高估男性的調適狀態，這純粹是因為男性始終裝出勇敢的樣子，將實際情況藏在心底，這顯然會造成反效果，解決不了問題。男性一般也拗得跟牛一樣，經常太過倉促地返回工作崗位，沒有審視自己的喪失，梳理自己的感受與議題。

你最勇敢的舉動是什麼？

羅伯參加了喪偶家長的支援團體。他是在妻子過世六個月時開始去的，那時正值椎心之時，眼淚隨時會滾下來。除了羅伯，其他的成員都是女性，他們的處境都一樣：伴侶死於癌症，家有小孩。

這個團體給了羅伯按時抒發心情與感受的出口，讓他有敞開心扉無所不談的自信，展開新的友誼，擴充了他的支援網絡。悲傷之旅常會讓人感到徹底孤立，即使親友圍繞著你，你照樣寂寞到極點，然而後援團體可以發揮驚人的效益，讓你看見自己不孤單。

他最快慰的是，這些夥伴真的了解年紀輕輕就變成孤家寡人的滋味，這正是他需要的友伴。朋友可以給你一切支援，但他們不了解照顧癌症病患的心路歷程，永遠不會有過來人的觀點。

羅伯最近跟克蘿伊也開始各自接受一對一的諮商。諮商對羅伯來說非常消耗心神，短短的諮商常會讓他淚水潰堤，精疲力竭，卻欣慰自己一吐心中的塊壘，雙肩卸下了重擔。

要是當初採取了什麼做法，狀況便會輕鬆一些？

羅伯覺得要是當初優先照顧自己的身心安康，將繁瑣的事務交給支援網絡代勞，他日子會比較輕鬆。接受援助，以便照顧好自己的精神健康，突破抑鬱，這是為自己及孩子建立穩固根基的基礎。

你最大的領悟是什麼？

羅伯接受自己不是機器，開始放慢腳步。他最初的應付機制之一是保持忙碌——真是老掉牙的經典愚蠢反應，投入一大堆不必要的工作、預約、社交活動與待辦事項清單，就為了阻斷自己的感受！一開始，他以為自己挖到寶了，只要讓自己忙個不停，期待一切恢復平靜就好了。

但這項頓悟沒多久便破滅，在悲傷與寂寞的荒野拔腿狂奔一年後，他累壞了，渴望慢下腳步，改過單純的生活。

22／在喪失後給自己動力

人生中沒有多少事情，會像摯愛殞落那樣令我們喪失動力。我們或許會問自己：「何必呢？一切都不一樣了。」確實，何必去運動、社交、攝取健康的飲食、吃東西呢？全世界最慘的事都發生了，還起床幹嘛？

當然，我們永遠有活下去的原因。也許兒女需要你撫育，也許你必須保住工作才能養家，但你活下去的動機必須來自你的內在。你要找到動力，比如，回去上健身房或是和朋友見面，要做到這一點，就要辨識出阻擋你悲傷的障礙，剷平，而不是只想要全面停擺。

以娜塔莎為例，她是四十八歲的旅行社業務，她的女兒安姬長期為了精神健康奮鬥，在二十六歲時自殺。娜塔莎告訴我，這許多年來，她使出渾身解數來幫助安姬，但安姬不願接受救助。娜塔莎相信安姬喪命的時候沒有輕生的意思，她是意外害死自己的。

從女兒自殺以來，娜塔莎胖了三十八公斤，不再去她喜愛的健身訓練營，早上也無法起床。她沒有目標，幾乎沒辦法把自己拖去上班，工作是唯一可以讓她暫時分心的事。「我不能走出來。」她告訴我。「我沒能阻止女兒害死自己。我幹嘛還要活下去？」

娜塔莎被罪惡感壓垮。她愧疚自己「沒有及早採取行動」，她愧疚自己沒有「解決全部問題」，她愧疚女兒「狀態始終那麼糟」。她也很生氣。「我很氣英國國民保健署。」她告訴我。「他們對精神健康的處理程序有問題，在安妮有需求的時候不予支援，而且為什麼星期日不提供治療？安妮的死完全是可以避免的。」

「我應該堅強一點的。」她又說。「我應該強迫她搬回家。我應該逼她找出解決之道。我應該在很多年前就幫她轉學。我應該在別的地方養育她長大。我不應該在她還小的時候，跟她的父親分手。我工作量不應該那麼大。我應該阻止她抽大麻。」

娜塔莎訴說著憾恨，將她可以控制的事、只有安妮可以決定的事、許多的「假如」混為一談。以我之見，「假如」等同自戕，是一再鉅細靡遺地計較未必可以改變結局的往事細節，拿來反覆地鞭笞自己。你愛怎麼自責都隨便你，但自責能改變現實嗎？

我問娜塔莎，她列舉的那一堆理由有的是她女兒自己的事，有的是假設性質的臆測，為什麼她會如此內疚？我問她，她認為自己應該如何更堅強？「我應該讓她認清現實的。」你要如何讓別人認清現實？再一次，這不是娜塔莎可以控制的事。我稍微施壓，追問她：「妳可以舉出什麼明確的事證，證明她的死或造成她死亡的那些事情，有一部分應該由妳負責？」

將漫長的輔導過程濃縮一下，現在她會區別什麼是自己能控制的事，什麼事不歸她管，並且將各種假設臆測視為自我傷害，她想不出自己做過什麼直接造成女兒死亡的事情。娜塔莎的結語是：「我已經盡力協助女兒，不可能做得更多了。」

我們談論過安妮自殺的那一天。安妮早上打電話給娜塔莎，說她狀態不佳。娜塔莎說她會立刻換衣服，馬上趕過去，她說到做到。她們一起去急診，但安妮覺得櫃檯人員沒禮貌又不幫忙，因此就走了，沒有接受救助。回家後，安妮泡了熱水澡，反常的是她沒有平靜下來。幾個鐘頭後，她的行為越來越令人擔憂，安姬打電話到危急支援中心。但因為是週日，醫院不收治病患，危急支援人員愛莫能助。後來，她為了尋求專業協助而孤注一擲，打電話給醫療救護隊，因為他們可以把她送進精神醫療單位。

因為國民保健署對收治精神科病患的規定，醫療救護隊抵達的時候娜塔莎不能陪在安姬身邊，否則醫療救護隊會當場走人。在他們預定抵達時間的前五分鐘，娜塔莎便走了，好讓設法求醫一整天的安姬可以順利就醫，平平安安地接受國民健保署的醫療服務。

救護隊抵達以後，在屋子外待了二十分鐘（娜塔莎也說不出他們等那麼久的原因）才到門口按門鈴，沒人應門。他們破門而入，發現安姬死了。娜塔莎堅稱安姬一定是為了確保他們會幫助她，不會只是來看一眼就撇下她不管，所以才動手傷害自己。（我不想追問娜塔莎她的死亡細節；當時我覺得不該問。）

「娜塔莎，當時妳還能多做一點什麼嗎？」我問。「根本沒有。」她低聲說，壓抑著眼淚。

一位擁有健康小孩的家長，如果孩子意外受傷，甚至死亡，家長也會有一點罪惡感，因為我們有保護兒女的動物本能。但以娜塔莎的情況來說，她已經在安姬過世的那一天盡力協助女兒了，在精確的時間點離開女兒，**好讓**女兒得到必要的醫療。娜塔莎終於回心轉意，接受自己已在那一天盡了一切努力，安姬的死不能怪她，儘管她很難向自己承認，但她明白安姬的死是安姬自己造成的。

身為一位母親，娜塔莎不要任何人對安姬抱持負面的想法，認為是安姬自己尋死的，因此她和許多父母一樣承攬全部的責任，跟自己說女兒等於是被自己害死的，安姬本人毫無過錯，要是自己（娜塔莎）當初照著那一大串「如果」去做，安姬現在就會活得好好的，大概吧。

既然娜塔莎認清了是安姬斷送了自己的生命，娜塔莎便比較能夠拆除內心的磚牆，在安全的環境下悲傷。一切只能留待時間來揭曉答案，儘管什麼都撫平不了她的傷痛，現在她不再需要懲罰自己，也許明天早上，她便能夠拖自己下床，或是考慮回去參加運動訓練營，開始管理悲傷。

動力是有條件的嗎？

在喪失之後可能很難找到動力。你或許和娜塔莎有相同的問題，攬下了別人的責任，但親人的死可能會讓你開始思索以前沒想過的生命大哉問：這有什麼意義？幹嘛這麼麻煩？在噩耗來臨後，你意志消沉，完全和娜塔莎一樣失去動力一段時間，但當你向人傾吐，表達並理解你的哀傷，你可以重拾人生的動力或是喪失的生命力。

以娜塔莎為例，她恢復了動力是因為她允許動力回來。你允許自己繼續過日子嗎？還是在你內心舒坦之前，你要讓一切都停擺？你停止工作了嗎？你在等別人一棒打醒你嗎？很多人會壓抑自己向前走的動力，害怕周遭的人批評我們對喪失的反應異常，擔心別人覺得我們太早恢復正常。

在什麼情況下，喪失會變成動力來源？

蜜雪兒告訴我，失去父親激發了她的志氣，她要好好唸完大學：「當我聽說爸爸的病已是末期，我就想要暫停大學的學業，但我沒有辦休學，他的死給了我繼續唸書的動力，我要拚出好成績，讓他顏面有光。我那個學年的課業表現出奇亮眼，是全部四年裡面最好的一年。最後，我拿到二等一級的畢業成績[3]，在畢業典禮上，我知道他的精神與我同在。」

這是絕佳的範例，我們可以把某件有意義的事獻給我們失去的人，「為他們」而做，或是比原來更努力，完成這一樁他們會與有榮焉的事。但這因人而異——有的人會輟學，傷心到不考慮完成學業。

泰芮莎告訴我，她在母親過世後給了自己一條規定：「失去媽媽的時候，我不肯吃東西，因為媽媽不能吃東西了，所以吃東西給我罪惡感。我失去對生命的活力，只是勉強活著。一段時間後，我省悟到生命的寶貴，現在我盡情揮灑人生。如果我想刺青，就去刺青，如果我想度假，就去度假。我不再在乎別人怎麼想；我是在為自己跟我的漂亮媽咪活出自己的人生。」

動力消失一段時間是很普遍的現象，合情合理。泰芮莎得出的黃金結論是，當一位跟你很親的人離世以後，你能給對方的最大敬意就是活出兩人份的充實人生。這是非常強大的動力催化劑，那種等級的動力是當事人前所未有的，但在什麼情況下，死亡可以發揮效用？又是怎樣從缺乏動力的狀態，切換成擁有明晰的思維，感覺充滿目標？

泰芮莎分享了她認清一定要改變生活的那一刻，她的切換點：

「當時我有一位交往九年的對象，直到失去媽媽，我才察覺我們的感情並不健康。後來有一天我走進屋子，突然明白不論發生任何事，都不會比失去媽媽更痛苦，我就當場終結了那一段關係。從那一天起，我開始好好生活，不再只是苟延殘喘。」

所以死亡可以給我們最大量的深刻見解與觀點，如果你運氣夠好，能從負面事物汲取正面的收穫，用在開創可貴的人生，那這便會給你進行重大變革的動能。或者你可能和雪柔一樣，跟自己訂立截然不同的協議：「我失去全部的動力。只有看在女兒的份上，我才會起床。如果是為了我自己起床，就得耗上幾個禮拜的心理建設。我做事都不能等到最後一刻才做；不然我會恐慌症發作。我有一個三歲女兒，要把她送出門真的很費功夫，會用光我的力氣，但我會送她出門。她最重要……在我爸爸過世前，我有全職工作，我照顧爸爸，同時是單親媽媽。現在我只照顧小孩。」

雪柔以劃地自限的說法描述自己的調適能力，如果遇到突發狀況，她的動力會在低點，然而仔細檢查她的說法，便會發現她的動力是有條件的：她有照顧女兒的動力，但沒有分配任何的動力給自己。

因此，動力會受制於我們在喪失之後設定的規則——我女兒的生活應該受到照顧，但我的生活就免談。我深深感受到動力的強弱，取決於我們與親人走了以後的人生訂立什麼協議。雪柔的喪失令她對自己的人生失去動力，彷彿如果爸爸不在了，她就不要面對人

3. 一等為最高級，其次是二等一級。

生，我很想知道假如她的女兒不曾出生，她覺得自己會怎麼做——那樣的話，她的生命目標會是什麼？

動力似乎是個人的決定。馬丁提過另一個觀點：「以前我的事業心非常重，但現在事業沒那麼重要了。我大概已經從為了工作而活，改成為了生活而工作。我太太剛過世的那兩年，我的動力常常很低迷。現在我努力在私生活裡達成一些目標，動力就跟著漸漸提高，因為我覺得嘉妮那麼年輕就走了，要是我不把握自己的人生，就太侮辱她了。我有一張心願清單；我今年很積極地實現其中幾個心願，像是學彈鋼琴，還要達成一項金氏世界紀錄。這是長程目標，我得投入相當的心力才行，而我的動力一直在上升。以前我都覺得那全是痴人說夢，但現在我積極實現心願。」

我問馬丁他大夢初醒的那一刻是什麼樣子，他回答：「真希望我能說出什麼驚天動地的故事，但並沒有。我滿腦子想著『人生在世是為哪樁？』『什麼會讓我開心？』——甚至是『我要怎樣給孩子們幸福？』，我跟這些問題纏鬥了幾個月，而最後一個問題的答案是我翻轉的關鍵，孩子已經沒有媽媽了，我卻迷失困惑，凡事都提不起勁，我的孩子簡直跟父母雙亡沒兩樣，但我可以設法改善。我可以嘗試把生命的熱忱找回來。我試過健身、彈鋼琴、任何可以讓我有生命動力的事，一開始我屢屢失敗，但現在我應該恢復得差不多了。在哀慟中找回動力就像坐雲霄飛車，昨天我還一度覺得做什麼事都沒有意義。但是今天我又好起來，恢復動力。頑強的堅持終於值回票價。」

找到活著的動力是喪失的最大效用，但也可能會影響到生活中的特定事項，比如進食的能力、保持體態健康的能力，茱伊拉告訴我：「我本來體格很強健，每星期要上五、六堂健身課，騎單車、走路等等，但是當我得知媽媽的病情很嚴重，我就沒有維持健康的動力，幾乎什麼都不做。媽媽過世後，我灌了不少酒，總算在三個月後回去上班，然後就沉浸在工作中，因為工作真的很有幫助，我很愛自己的工作跟同事，但我仍然沒有恢復運動計畫的動力。我請你來輔導我的生活，傑夫，做了幾節的諮詢後，我又找到動力了。現在我一星期讓健身教練指導我做三次的重量訓練，走路、騎腳踏車，身體感覺好多了。這條路我走了很久。我媽媽在二〇一四年一月過世，我是到去年十一月才完全恢復原本的健身習慣。」

在死亡的餘波蕩漾中，留在世間的人可能會發現生命有了新的意義，但可能得耗上一陣子才行。這大致取決於你和自己訂立的協議：「他們不在了，生活不可能跟以前一樣了。」或是：「我要達成那個目標，因為媽媽會希望我那麼做。」希望我們能從死亡中獲得新的觀點，這決定了我們能不能學習到生命的教誨，領悟生命整體的意義及對個人的意義。

我最希望自己的孩子能得到的觀點是，他們可以把自身經歷的喪失變成大事的催化劑，將成就獻給媽媽，為他們的行動賦予額外的層次。喪失可以是強大的動力泉源，也可以造成你停止關心別人、只做最少事情、畏畏縮縮——但前提是我們允許事態變成那樣。

23／在你跟大家說你很好之前，看這一章

我的朋友約翰告訴我，他隱瞞自己的恐懼、憂慮、問題，不讓伴侶妮琪知情，因為妮琪有焦慮的老毛病。約翰很愛妮琪，他認為不向妮琪透露自己的辛苦是在保護她，以防妮琪「感染」他的焦慮與壓力。他為妮琪的家人工作十五年，工作量太大，待遇太低，他左右兩難，想要一條出路。

他覺得不能直接跟妮琪的家人商量這件事，因為他們可能會害妮琪陷落谷底，他不要讓妮琪面臨那種處境。所以他走上很多人的老路子。他繼續撐著。繼續壓抑。繼續盼望。然而一切都沒改善。他彷彿困在牢籠中。

但這是沒有上鎖的牢籠，想走隨時能走。他沒有走，他不願意，他不能走——一切都看在太太的面子上。

我們經常小看了溝通。就和約翰一樣，我們以為說出不愉快的事會導致事態惡化，就把苦水往肚裡吞。妮琪不知道丈夫有什麼困擾，其實這反而可能令妮琪更焦慮：她看得出約翰的壓力很沉重，可能會以為這是因為丈夫在擔心她。這些猜測與假設，全是因為他們不談論真正的問題癥結。直到夫妻倆學會溝通，不再畏懼潛在的不良後果，信任彼此都有能力解決問題，否則他們只有一個下場……一切都維持原狀。

約翰和妮琪不是悲慟的遺族。想知道他們和本書的關聯嗎？我們喪親時很常犯下一個很普遍的錯誤。儘管這個例子不涉及喪親，然而他們犯的錯會讓我們的悲傷更難熬。很多人明明一點都不好，卻情願說：「我很好。」我們想糊弄自己嗎？我們不願意別人同情我們嗎？還是我們只是走「傳統」路線，將悲傷留給自己？

反覆地重申「我很好」的問題在於你不拉自己一把。你不允許自己在喪失之時，接受你需要的支援。你身邊的人恨不得為你兩肋插刀，然而你不准他們出手，拒絕讓他們為照顧你盡一份心。如果你**真的**不要任何奧援——這種人非常罕見——就另當別論。但在自己需要援助的時候趕走救兵——何必呢？我們在懲罰自己嗎？懲罰自己幹嘛？誰規定我們必須在哀慟中受苦受難？

以我之見，這是喪慟版的自戕，起因通常是在悲傷生根之前的舊事，是我們在童年學到的行為模式，從覺得自己不重要到「我不配」，結果遇到悲傷時，我們告訴自己「我們的感受不重要」，認為那是微不足道的軟弱反應，就不拿這種事去麻煩別人了。何必給人添麻煩呢？要是害得人家跟我們一起心情低落，人家會看不起我們的。

在此，三角效應就成形了。或許你和約翰一樣，認為跟重大的風險相比，你的感受只是次要的，但不肯給你的後援團隊實際扶持你的機會，這些你想保護的人反而壓力更大，因為他們得默默看著你受苦，看你把事情處理得一塌糊塗，孤軍奮戰。

當你忌諱提起自己處理得亂七八糟的問題，結果造成更大的問題——與你的初衷背道而馳。這不是在保護他們——根本恰恰相反！你只要有溝通的勇氣，便能突破這種困境。

當約翰和妮琪請我輔導他們，我問妮琪是否寧願約翰辭去這份工作，終結所有的壓力與悶悶不樂，讓她去應付家人可能會有的論斷，還是她希望不用面對家人的意見與批評，但約翰就得延續悲慘的職涯，坐困愁城，背負千斤重擔。

妮琪認為答案一清二楚。比起她對未來會如何的猜測，約翰的精神健康更重要，要緊的是現況顯然在摧殘她丈夫的健康。妮琪允許約翰採取大膽的行動，即使辭職可能帶來財務風險，卻會對他們夫妻倆大有助益，約翰決定了遞辭呈的日子，心中的大石落地。

約翰或許自認為在保護妮琪，但老是宣稱自己過得很好，選擇暗自忍受痛苦，實際上是活在謊言中。他認為活在謊言裡很安全，只要不談論他的壓力，就不會有人注意到他的問題。但他沒看出妮琪也被捲進他的謊言。她並不笨，眼睛也沒瞎，她看見了丈夫的壓力，但丈夫的否認拖累了她，為了配合演出，她不能談論特定的話題。約翰絕口不提問題，等於是在勾結家人幫忙維持他的壓力和不快樂。不論他的立意如何良善，結果都很傷人。悲傷也一樣，如果不跟人溝通我們的愁苦，我們便會造成負面的真空效應，衝擊到身邊的人，也就是我們當初想透過停止溝通來「協助」的同一群人。

我最近深刻體會到如實說出自己的感受，是多麼解放人心又重要的事。我是說，我們都值得這樣對待自己，對嗎？你承受哀慟帶來的一切苦楚，這可是你今生中最難應付的一件事，就別給自己另外添麻煩了。分享、表達、哀哼、嘶吼！尤其是在最不堪的時候。你的狀況越不堪，越需要溝通——知道原因嗎？

因為那是真的。是真相。是現實的情況。

我看過太多人浪費了許多年的人生來編織並維持謊言，而他們身邊的人也真的開始信以為真，實在悲哀。身為人生教練，我最欣慰的就是牽引個案認清現實，協助他們回歸原本的道途，粉碎那些無濟於事、局限生命的謊言。

約翰的困境不是來自老闆，不是來自妮琪的焦慮，而是他選擇壓抑自己，並以虛妄的藉口堅持自己應該維持這個選擇。在悲傷中，不要編造枉顧事實真相的謊言。不要長年累月只活出稀釋版的人生，僅僅展現一小部分的自己，甚至一輩子都這樣。勇敢地面對你感受到的軟弱、悲傷與痛苦，要知道這些感受是一時的，是你以後可以駕馭的心情。

失去所愛的人不代表一定要同時失去自我。失去自我是你在悲慟下作出的選擇。你所能展露的最大的愛，便是將關於這個人的愛與回憶收進心裡，帶著走完你餘生的旅程。

以我個人來說，有很多年我都認為自己擅長溝通，但最近我深深懷疑起自己的溝通能力，我的感情關係中有一個已經存在十八個月的問題，而我一直沒說出該說的話。

我們在工作上可以是溝通大師，但在家裡卻不比照辦理，為什麼呢？

當你感覺到阻礙溝通的柵欄升起，你就不說出在柵欄背後的真相嗎？我就是這樣。有時我們情願責怪別人，控訴別人的錯，而不是問自己：「我可以改善什麼？」或「我要做什麼來讓情況好轉？」

不溝通的話，悲傷便注定不能作聲，於是必須說出口的話語和感受便會轉向內在，堆積腐爛，危害身心健康。對別人誠實，就是善待自己。致力認清現實，即使那會痛。

24／對孩子悲慟犯下的大錯及我要改變的做法

從潔德在二〇〇九年三月過世以來，我已獨力照顧孩子八年。他們長成了優秀的年輕人，一切都多虧了他們自己、他們的母親、還有我。他們不是始終都走在正軌上，我也是。我體認到如果不是以前犯下的錯，我絕對不會有今天的成績，我一向很慶幸世間沒有失敗這回事，所謂的失敗只是供你在下一次把事情做好的資料。

一般而言，為人父母要經歷大量的反覆試驗，而如果你照顧的是喪親的孩子，你要應付的親職工作又多了幾個層次。撰寫本書給了我很多點子，我因此接觸到許多讓人想要見賢思齊的喪偶家長，他們讓我滿載而歸，要是我不把這些教訓應用到我的親職之中，我就是大笨蛋。

我知道兒子們剩餘的童年一晃眼就會過去，畢竟他們現在已經十二歲和十四歲了。對於他們的悲傷管理，我覺得自己還有很多事要做，才能目送他們踏出家門，展開他們的成年生活。

回顧自己在任何方面的表現，對我們每個人都有益，所以我何不以喪親孩童的監護人身分來檢討自己？希望我對過去八年的誠實回顧，可以讓你不重蹈我的覆轍，而且同時刺激你客觀地檢視自己的習慣，想想自己或許會改變什麼做法。

一、我過度討好小孩。

我想我們替喪親的兒女難過是天性，為了討孩子歡心，我們可能會稍微太寵孩子一點。我准許鮑比去布萊頓，唸一間潔德一定會反對的學校，而我的藉口是學校離家近，又是演藝學校，很符合鮑比的興趣。接著，一、兩個所謂的新「朋友」在學校給鮑比吃足苦頭，他根本沒參加學校的戲劇活動，度過極不愉快的一年。結果，我們餘悸猶存地搬回艾色克斯；如此過了一年，我擔心自己毀了他的中等教育普通證書考試[4]，就打安全牌，但那實在有點自尋死路。

為了滿足兒子的要求，我無視自己的理智判斷。基於許多原因，我很喜愛我們在濱海的布萊頓度過的那一年，但以他所處的教育階段，我作了錯誤的決定。

我們因禍得福。他學到了寶貴的教訓，明白了待在接受你、喜愛你的圈子裡是很重要的，他帶著這番領悟返回原先的學校，如魚得水。當時佛萊迪要上七年級，本來就得換新的學校，所以對他的影響有限。

我學到了採取最完善的做法，遠比讓孩子予取予求、討好他們更要緊。我相信等他們長大成人，他們會感謝我作出這些決定，即使我真的很難狠心拒絕一個經歷了這種創痛的孩子，即使我只想答應他的要求。

二、我以為事情是衝著我來的。

4. 完成英國十一年義務教育時的測驗，不論升學或就業都會用到這份成績單，是極重要的考試。

別人告訴我，小孩會用憤怒和挫敗來宣洩悲慟，而且通常會把矛頭指向我。我自以為已經作好心理準備，在他們還小的時候，處理起比較容易，因為他們對憤怒的概念還不太口語化，主要表現在行為上。

等他們大了一點，就可以發射言語形式的導彈，諸如：「我真希望死掉的人是你。」承受那麼猛烈的炮火攻擊，沒有什麼可以讓你不被徹底打趴。

有時候我會反擊，把自己拉低到他們的層級，但即使我大吼大叫，或是把他們趕回房間去，每次我都懊悔自己把他們的攻擊當作是針對我個人，因為每次我那樣想，在那當下，我就給不出他們所需要的援助。

我希望自己辦到的一貫處理方式，是我不時真的做到的事，也就是始終如一地承受他們拋過來的言語攻勢，給他們一些空間，讓他們哀傷的怒氣沖刷而過，然後等他們冷靜下來，再陪他們討論他們的心情。

那些攻擊從來就沒有真的傷害我。只讓我看見他們多麼受傷。在我面對的問題中，這可能是最艱難的一項。如果他們當著別人的面這樣做，我總是更難受。但這是我甘願的。我的孩子在悲傷，身為他們的父親，我就有承接他們痛苦的責任，將痛苦轉化成對他們有益的養分。

現在我表現得比較像樣了。我想主要是因為自己變成熟，也逐漸放下自尊，就有更多的餘力去接受這是他們的哀傷，這是為人父母，親職不必時時刻刻都做得很成功，也不必時時刻刻都風采迷人，但時時刻刻都要有目標。對我來說，目標就是當他們需要一個沙袋，就給他們沙袋，附加安撫的話語，讓他們覺得有一個人會聽他們說話，還會正視他們迸發的怒氣所代表的意思。

三、我不再玩樂。

當你跟孩子說自己曾是玩得很瘋的人，你覺得自己像幾歲的人？真相是在潔德過世之前六個月，我必須嚴陣以待，成熟度要在一夕之間連升幾級。我當時二十九歲，兒子們永久進駐我家，我立刻犧牲了玩樂，取而代之的是調適現實生活的需求，而我也想要駕馭一切：房子、兒子們的悲傷、我的工作、我的感情關係。

在喪失之後，我們很快便會養成新的習慣。這些習慣很正當，也幫得上忙，但到了某個時候，你卻利用起這些習慣，來追求某個已經不合時宜的目標。我駕馭一切，我絕對有在調適現狀，但我忘了重新評估目標。我忘了放鬆，忘了我對人生會變什麼樣子的許多初步問題都有了答案，因此有足足七年時間，我處理事情的方法跟最初的十二個月一樣，雖然情有可原，卻沒有必要。

撰寫這本書，讓我更決心要好好增加生活的樂趣。這不表示我得取消我給兩個兒子訂立的規矩；其實樂趣與行為的關聯有時跟我們想的不一樣。當你忙著調適，你或許會以為當你跟兩個年紀相仿的手足玩在一起，他們會出現競爭和惡劣的行為，其實如果他們覺得你展露了他們想看到的一面，你讓他們如沐春風的時間夠長，他們大概會因此更心滿意足。

以後我們要恢復在客廳地毯上玩摔角，要恢復晚餐後的桌遊，抽出時間一塊做我們一向都喜愛的活動，只不過這一次我會全心投入與他們共處的每一刻，不再只是覺得自己在為他們提供娛樂活動。

四、我讓一部分的自我消失。

這主要是我在潔德過世之前六個月給自己的規範。我立刻停止出門，不打高爾夫，也不跟我當時交往的對象約會了。一切都以兒子為重。不得不如此。問題是後來我沒有放寬規矩；我沒有察覺，其實已經可以多替自己著想一點了。

我認定會有一些朋友覺得我新的責任重量缺乏魅力，便自動疏遠他們。我完全不跟人打交道。我不是減少社交但仍然維持人際關係，而是徹底消失，結果我失去了朋友，真是不幸的遺憾。

人家總是說，為人父母者應該記住自己在有小孩之前的身分，不要整個人都變成媽媽或爸爸，但我沒能在兩者之間取得平衡。真的很感恩有些朋友始終都在我身邊，而且能接受可能很久都不會見到我，或聽到我的消息。

我的死黨之一傑傑說：「只要不是在你眼睛前面的東西，你就看不到。」沒有比這更一針見血的描述了。我一心要拉拔兩個兒子度過童年，盡我所能不要讓他們受到傷害。

現在我的孩子年紀比較大了，他們有自己的社交活動，不是那麼需要我或是要我作伴，所以我可以重拾一些友伴的情誼。我也因此得到多替自己著想一點的權力，改變我的事業走向，投入我興致勃勃的計畫中，從中得到許多滿足，例如諮商輔導、寫這本書、打進足球播報工作。

我們很容易看不見自己。話雖如此，我發現要重新看見自己其實很容易，只要我給自己正確的許可，並提出適當的問題。我是誰？我要在生命中得到什麼？我的兩個兒子跟所有人一樣會長大，會忙他們自己的事，到了那一刻，我可不希望覺得在承接這些責任之前的我，似乎有點陌生。

五、我沒有盡力幫忙他們記住往事。

但願我能說我們每星期都去上墳，或是定期跟媽咪的朋友聚一聚，讓他們跟我兒子聊聊他們的回憶。真相是，儘管我們時常提起媽咪，恐怕我在最初幾年沒有好好地把兒子們的回憶封裝到照片及信件中，留待來日在生活中使用。

我真的很欣慰他們隨時隨地都能提起媽媽，因為擁有正向的回憶表示他們現在狀態不錯，但我想我們每一位父母天生就會回顧過去，看看有什麼本來可以做到的事，而不是我們做了些什麼。

現在我要進行的改變，是讓兒子們更常和認識他們老媽的人相處——這些人擁有關於她的精采回憶，可以把回憶傳遞給我的兒子。我也要回溯他們母子共同走過的足跡。兒子們時常提起他們跟媽咪去托巴哥島度假，媽咪撲滅一場火勢，挽救一切，那是他們最愛的假期回憶。我也覺得自己差不多準備好唸他們媽咪的書給他們聽了。

我們都可以做許多事情來輔助孩子的記憶。你只需要判斷在當下怎麼做才對。

六、我太常搬家。

搬家給我的焦慮不如其他事情那麼高，然而我希望在篩選我們的居住地點時可以多一點篤定和慎重。我明白世事多變，我不後悔我們搬家到布萊頓，布萊頓真是個適合居住的好地方；只是我得嘗到苦果才學乖，明白最重要的是讓喪親的孩子與關愛他們、接納他們的其他小孩在一起。

當孩子對他們的居住環境與友伴感到自在，這就是奠定他們成年生活的根基。誰會是他們第一次喝酒時的酒伴？他們第一次上夜店會跟誰去？如果你在固定的地區安家落戶，這些問題就比較容易回答，但如果不是的話，答案就不是那麼清楚了。

我運氣不錯，兩個兒子的人緣都很好，但我們搬家到布萊頓的期間，鮑比沒什麼朋友。我一廂情願地以為他們倆都會不費吹灰之力就適應新環境，但對十三歲的人來說，社交大事哪能視為理所當然？

我們剛剛買下新居，地點就在他們全部朋友的所在之處，現在我決心在他們的童年結束前，不再讓大批陌生的孩童闖進他們的生活圈，這裡就是我們要定居的房子。我的錨穩穩地向下扎，等他們離家自立，不再仰賴我過活以後，我再看看自己要往哪裡去。

七、我太常睜隻眼閉隻眼。

我發現自己在真的應該堅定立場的時候讓步，不曉得是只有我這樣，還是單親家長全都五十步笑百步。現在我比之前更清楚地體認到，他們很快便會成為大人，我得確定他們都準備好迎接現實的生活，因為這是為人父親的責任，對吧？

我一向都很清楚教養小孩的關鍵是立場要一致；要知道他們設定界線和局限是為了建立安全感，喪親的孩童尤其需要安全感。我老是一會兒替他們做太多，一會兒睜隻眼閉隻眼，既然如此，那他們沒有好好維護房間的整潔，該收的東西都亂放，就是我自己造的孽，那我憑什麼生他們的氣？

我特別容易對鮑比網開一面，我也不曉得為什麼。我對他格外心軟。有時是因為我們的個性很像，摩擦本來就比較多。有時，我想是因為他越來越像他老媽，在這種狀況下，你真的會不想惹他不高興。主要是因為他比較會反抗，顯然我得多付出一份心力，才能強制執行他違反的規定。

但是，他們很快就得自己管自己了，這真的讓我更堅持他們的行為必須中規中矩，在家裡就要遵守家規，於是兄弟倆的表現就大有起色。但願我在過去八年的教養立場更一致，但我想反覆不定是正常的，更何況只有你一個人在扮白臉、扮黑臉、扮黑白之間的所有臉。

八、我沒有製作剪貼簿或回憶罐！

我可以改正這件事，我很快就會辦到。我八百年前就想做了。我們當然有他們老媽的照片，可以搞定這件事——有一個經常上雜誌的老媽，就是有這項優勢。我要他們倆傷心的時候、想念她的時候，可以翻翻剪貼簿。

我可以苛責自己，說剪貼簿可以在這八年的悲慟中派上用場，但我也可以說他們眼前還有一輩子可以盡情翻閱剪貼簿。每一回發現還有沒為孩子辦好的事，都是一次彌補、改善的機會。我一邊寫這些話，不禁覺得我們父子三人翻看全部的東西，製作剪貼簿，一定很好玩！

我要做回憶罐，所以要廣邀潔德的朋友寄來他們的回憶，印好，放進大罐裡。我還要在夏天舉行派對，大家可以來寫點東西，投入大罐子。有時候，我們會納悶孩子是不是太少想起喪失；有了這些小小的美勞作品，只要你看到他們去拿回憶罐或剪貼簿，無須言語，你也曉得這表示他們想起了那一位所愛的人。

九、我沒有常常讓兒子跟其他的喪親小孩相處。

邂逅悲傷（Grief Encounter）慈善機構幫了我們很多忙，他們會舉辦常態活動和週末活動，給喪親的家庭齊聚一堂的機會，讓他們可以一路上互相扶持、互相學習。回想起來，我只帶兒子們去過幾次這種活動，要是我們更常去，他們就可以在那裡結交許多年齡相近的朋友。

以後，我們會更常去。也許我們會在自己的社區發起活動，協助住在我們附近的其他喪親小孩。現在兒子們年紀比較大了，看得出他們樂於承擔責任，照顧可能還不太適應新現實的孩童。我們面對現實吧，沒有哪個小孩想要喪親，但如果我兒子可以用自身的經驗去造福他人，那不是很值得嗎？

有的人不願意回顧以往的過錯，但我樂於檢討自己，承認哪些地方是我希望換個做法的，因此我覺得寫這一章對我很有幫助。至於未來的路會往哪裡走，通常以我們如今的後見之明回顧先前的歲月，看看自己有什麼放不下的遺憾，就知道未來的走向了。

聽說沒有犯錯這回事，只有協助我們在下一回合開創不同結果的資料。我不能回頭，將過去修補得完美無瑕，但我會接受這八年裡的美好部分，繼續發揚光大。每天都是改變某件事的機會，嘗試新的做法，找出協助我兒子表達悲傷的新方式。

我會永遠努力學習、改善、克服、培力。我知道以兒子們成長的速度，他們的童年會在一眨眼之間結束，到時我就得回答一個問題：我做得夠多嗎？我很怕答案會是沒有，我願意不計一切避免那種窘境，而這就是驅策我使出渾身解數的動力。

25／年輕人與喪親

一些令人不安的事實與觀察意見

一、在英國，十六歲以下的孩童每二十九人就有一人會經歷父母或手足的死亡——英國邂逅悲傷慈善機構

二、喪親大概是人生中最難駕馭的一件事，儘管我們教導兒女認識生命，卻通常不會教導關於死亡的事。

三、喪親時，孩童可能會被迫變成大人，有些孩童不具備調適的實際技巧。

四、大人指望小孩返回校園、唸大學、參加他們的社交活動，只要「照樣過日子」。

五、政府沒有統計喪親孩童的相關數據，但研究顯示在喪親之後，三分之一的喪親孩童會出現情緒、身體、社交方面的障礙，長短期都有。

六、研究顯示及早介入、長期支援，可避免日後的問題，但國內大部分地區為喪親孩童提供的服務很少，甚至付之闕如。

七、孩童和年輕人在父母或手足死亡後，會經歷情感上及精神上的傷害，但我們的社會持續忽略喪親的衝擊。

喪親年輕人的旅程

想像你正在書桌前唸書，而你的心剛剛碎了。你能集中精神嗎？當你腦子裡都是家裡的情況，你能吸收知識嗎？當你一心只有內在世界的騷亂，你能接收外在世界的資訊嗎？你要拿這些感覺怎麼辦？沒人教過你要如何駕馭這些困惑。

淚水湧上來。下課時，大家擠在你身邊，但你只想哭。你不能哭，不然很丟臉，而且一哭可能就停不下來。到了下一週，他們就會忘記要問問你的狀況，反正又有誰能懂你的心情？

在家裡，你很多事都悶著不說，怕別人不高興。淚水已經夠多了。你只想安安靜靜地看電視。反正你腦子裡的想法也很難解釋。你心裡的確輕鬆了一點，但幾個月後，你仍然動不動就為了小事而沮喪萬分。

別人的生活維持不變，但你的人生從此風雲變色。這不公平，你沒有做錯事，但全世界到處都是幸福的人家。你跟家人變得更親，久了以後，你覺得自己挺過了風暴。你寧願風暴不曾降臨，但你永遠都有故事可說，而且感覺自己的適應力很強。

這些行為有的很難理解，不易應付，對年輕人和他們的家人來說都是。在學校裡，他們其實只學習關於外在世界的知識，而內在世界的東西則少之又少。在家裡，大部分人是七手八腳地摸索出路，但聚焦在我們的情感世界有助於改變這一點。

喪親年輕人最大的恐懼

一、萬一又碰到了怎麼辦？

二、我是誰？
三、被遺棄。
四、社交關係。
五、我會死嗎？
六、霸凌——想找弱點的人會認出他們明顯的脆弱狀態。

年輕人絕對需要的是：

一、獲准哀傷。
二、知道悲傷不會在一天、一週、一個月內結束。
三、身邊的人必須有陪伴他們的精神。
四、知道他們可以平安度過父母或手足的死亡。

一些微小、大膽卻無法否認的好事

一、要知道如果你熬得過父母的死，就大概什麼事都挺得住了。
二、小孩的適應力強得不可思議。
三、接受生命的特權，讓每一天更有價值。

我們不能反轉已經發生的事，只能修改自己對這些變動的想法與感受。

誰來跟他們說某人垂死或已死？

若能在事前考慮如何說出壞消息，結果自然可能比較好。這是他們會永遠銘記在心的事，以後也可能會回顧這件事。想想由誰來通知這位年輕人最適當。

該說些什麼？

盡可能誠實，將孩子的年齡、家庭信仰、文化之類的因素納入考量。最重要的是，務必挪出你的時間，以便孩子表達心情、問問題。

幾時告訴他們？

從長遠來看，能夠參與討論的年輕人，狀態會比被家庭秘密蒙在鼓裡的年輕人好。越早說越好，只是要有人照顧得知實情以後的孩子。

在哪說？

在沒有分心事物的安全地點。記住，這一刻會永遠留在他們心上。

孩子可能也想知道……

疾病的細節及人體如何朽壞。

身體已經經歷過的變化細節，在喪禮時或火化時會如何處置遺體。

他們在喪事裡要做什麼。

生命已離開死者的身體，靈肉分離。
對年幼的小孩說，死人再也聽不到、看不見，不能思考、感受、呼吸。
我們真的不知道人死了以後會怎樣，但每個人會因為宗教信仰而有不同的說法。原本對死亡沒有特定想法的人，有時會因為見識到死亡而開始思索這方面的事。

摘要

喪親之痛是人類最深切的悲傷。
所有的感覺都是正常的，都不礙事。重點在於你如何面對你的感覺。
記住，要把感覺說出來；孩子要了解死亡已是事實，才能夠哀悼。
年輕人可能需要別人允許他們悲傷。
大人要承受一切的不堪。
年輕人會受到喪失的影響。
保護兒女是大人的本能；長遠來說，過度保護對兒女並不利。研究顯示，跟大人談論過死亡的孩童，焦慮的程度比較輕微。
運用積極聆聽的技巧，談話時，對孩子要眼到、耳到。把自己的高度降到孩子眼睛的高度，兩人等高。

要是我們不跟孩子談論死亡，你想他們會從哪裡吸收相關的資訊？

在現代社會談論死亡，就像在維多利亞時代談論性愛的主題——只限成年人。年輕人可能有各種恐懼和焦慮：他們可能擔心死亡降臨在自己身上，或他們在乎的人。

現代人大部分在醫院過世。當喪親的孩子得知表哥去醫院照X光，你覺得他們會怎麼想？你覺得這可能引發什麼依附狀態？在他們心目中，醫院究竟代表什麼意義？

他們從新聞接收到什麼死亡的認知？尤其是這年頭，連日常新聞裡都有死屍的畫面，更別提無孔不入的社群媒體。學校一定安全無虞嗎？從我們看到的某些新聞就曉得，學校未必安全。

孩子對核電和全球暖化有什麼看法？他們是現代文明的一分子，要面對各式各樣的日常威脅，諸如恐怖主義、導彈發射、冰山融化、物種滅絕等等，隨便哪一天都能在新聞上或網路上看到這些消息，那孩子覺得自己安全嗎？他們可能相信自己所屬的這個世界正在崩毀，這些消息對他們在這個世界的歸屬感有什麼影響？在他們想像中，他們的未來會是什麼樣子？

他們玩的電腦遊戲或他們聽說別人在玩的遊戲，都是些什麼內容？這對喪親的孩童有什麼影響？

學校教了他們什麼關於死亡的知識？

生命對他們的意義是什麼？

他們認為我們在死後會怎樣？如果他們的想法牴觸了別人的信仰，那會怎樣？

你以大人的身分，教導過他們什麼死亡的事情？

喪親的年輕人可能會：

● 焦慮

- 更自戀
- 自尊低落
- 絕望
- 疏遠
- 更像大人
- 排斥道德價值
- 看似不受影響
- 課業的學習受阻
- 更擔心自己的健康
- 抑鬱
- 依賴止痛劑
- 更快活
- 困惑
- 更清楚死亡這回事及生命的脆弱
- 注意力比較不集中
- 精神渙散
- 適應力變強
- 比較沒好奇心、信不過人
- 出現問題行為，例如不想上學、害怕被霸凌、偷竊遇上災厄時，年輕人往往會：

- 不去感覺
- 推開自己的感覺
- 隱藏他們的感覺
- 偽裝他們的感覺
- 否認他們的感覺
- 掩蓋他們的感覺

他們的感覺可能會不知怎地，呈現在不同的反映方式中。而在一部分的感覺底下，可能是害怕被遺棄、被排斥的深層恐懼。他們本人多半很害怕，很悲傷。孩子要如何調適？通常，只有在別人傾聽、承認、了解這些感受，他們才能放下這些感受，釋懷。

鼓勵你家的年輕人在悲傷時做的十件事

一、體認到他們會經歷不同的階段。他們會悲傷，會無法置信，會很氣這件事，然後會開始了解，心情開始好轉。
二、鼓勵他們為心中那一位特別的人製作剪貼簿，好好收藏。
三、協助他們為這一位特別的人寫東西，比如詩或故事，讓別人知道這個人有多棒。
四、跟你這個老爸或老媽、或其他人談論他們的心情。鼓勵他們不要把感覺埋在心裡。

五、他們可以用明信片寫字或畫畫，讓大家知道他們的心情，以及他們需要你提供什麼協助。

六、協助他們尋找合宜的線上資源。網路對年輕人來說，可能是一個寂寞又危險的地方，但他們可能會在某個時候上網找答案，所以協助他們找出適當的網站，滿足他們對查閱資訊、對話、歸屬感的需求。

七、鼓勵他們看看學校裡有沒有經歷過喪親的前輩，方便在學校時有談話的對象。

八、幫忙他們篩選探討喪親的書籍。

九、加入處境相同的孩子所組成的支援團體。

十、要是他們在上課時（下課時、安靜的地點、圖書館？）感到沮喪，建議他們去跟老師討論該怎麼做。

另外補充一點：盡量記住大部分的人立意良善。協助孩子想一想，當別人說出孩子不能苟同的話，或是刺傷孩子的話，那孩子要怎樣婉轉地回應。

錯綜複雜的言語

你是否曾經注意到，別人跟你對同一句話有非常不一樣的解讀？把每一個字都像成一張標籤，標籤上記載著你在過去某個時候，判定那個字代表了某件事物是什麼，或者是代表了某件事物的意義。

如果請十個人用四個描述性的詞語來解釋任何一個字眼的意思，比如說「堅強」，每個人列舉的四個詞都不會跟別人相同。一切全看個人經驗——我們的觀點是獨一無二的個人觀點。

在描述悲傷的感覺時，有一些關鍵詞：哭泣、軟弱、悲傷、焦慮、安全、脆弱……當喪親的孩童說出這些字眼，他們的實際意思跟你在這些字眼上貼的私人標籤一樣嗎？你有幾分把握是一模一樣的？

你要盡可能明確，提出適當的開放性問題，協助孩子釐清他們使用那些字眼時是在表達什麼，你的解讀才會大幅貼近他們的實際意思。我小兒子常用的重要詞彙是「安全」。如果我要安撫他，就可以跟他說他很安全，說他的心情會好轉。你家孩子的主要需求是什麼？你要如何使用對他們意義重大的詞語，來讓他們覺得自己受到支援，覺得有人在聆聽他們的心聲？

我跟許多喪親小孩的家長一樣，恨不得知道我家寶貝最深層的思緒、感覺和恐懼。但真相是，我知道的大概不到五分之一。我的孩子即將進入青少年的階段，本來就是比較狀況外的時期，而且考量到他們的社交活動有不少是透過網路進行，我大概得努力維持透明的父子溝通管道，管道要開放而且常用。家長對他們的生活環境還是可以有許多的控管手段，諸如他們可以看多少新聞、可以講多久的電話、射擊類的電玩遊戲可以玩多久。

在理想中，我希望只要他們有心事，第一個就來向我傾訴，但恐怕在某些時候，我大概會是最後一個知情的人。我可以假設孩子有某些恐懼，一一撫平，如此便能預先清空孩子們的恐懼。我確定他們擔心我發生不測。討論死亡的話題永遠有益於他們的未來，因為寫了這本書以後，我很肯定一件事：認清了死亡，便是認清生命的價值。

沒有教人如何引導年輕人走過悲傷的參考書——不過，現在有了！但願各位會應用這些有益的重點，調整自己的預期心理，避免我們為人父母者在這條路上常犯的無心之過傷害了孩子。

26／我們對稚齡子女犯下的錯

大家應該要知道我們在喪失中對稚齡子女犯下的十大錯誤，設法排除。

一、我們沒有承認並正視孩子的痛苦與脆弱。

如果你本人在否認現實，就不會想跟孩子談論他們的喪失、他們的心情和他們的恐懼。你甚至可能覺得他們應該不是真的很難過。但悲傷就像電力；你可能看不見電力，但電力就充斥在周遭環境中。

你可能擔心如果逼孩子討論他們的心情，你會「傷到」孩子的心，然而真相恰恰相反。除非你允許孩子傾訴他們的憂慮與困惑，否則這些感覺會在他們的內心累積。

我時常和兒子們談論潔德。有時候，他們會在對談時把我的話聽進去，有時候看看他們射來的眼神，我知道他們在思考，而且不想說出他們的想法。他們知道一切都可以隨他們的意，但也明白假裝一切都沒發生或假裝自己「走出來了」並不健康。

我們要怎樣辨識孩子在經歷什麼樣的過程？要如何正視他們最深層的痛苦和脆弱，設法緩解？第一步是對孩子說：「我無法想像你現在的心情，但希望你可以幫忙我了解你的感受。」

二、重建安全的空間並不能遏止他們的恐懼。

家必須是喪親孩童的堡壘，是可以表達自我而不會被論斷的地方。小孩必須可以犯下日常的幼稚錯誤，不用害怕被批評，學校環境也包括在內。對喪親的孩子來說，這個世界可怕到難以置信，而他們需要學會信任世界，安然自在的種子才能夠在變動不定的生命中再次成長。界線與安定給人安全感。許多父母不曉得要如何訓斥喪親的孩子，連該不該罵小孩都不知道。我在過去的八年裡犯下無數個錯，但我對喪親孩童的需求也學到了很多，最重要的是，我學會了如何察覺孩子是在發洩悲傷，而處置方法又跟教訓孩子的惡劣行徑時有何不同。

其實這兩者的表現方式一樣，大致上不可能加以區別，但我磨久了也曉得管教小孩的標準要維持一致。通常等孩子平靜下來以後，再讓孩子解釋他們不高興的原因，你便會知道他們的行為是不是出自哀慟，如果是，我一定會在事後抱抱他們，讓他們明白自己可以放心地表達悲傷。我一向覺得，如果我不給孩子機會，不讓他們抒發他們的怒氣或挫敗，那些情緒只會越積越多，不然就是把情緒帶到別處，在學校發洩。我寧願他們的情緒出口是家裡。

他們將憤怒與挫敗傾洩在身邊的人身上，就等於在說：「我把自己最糟糕的一面托付給你。我覺得我們很親，才讓你知道我的不安全感，我可以自在地當著你的面表達我的悲傷，因為我知道你會讓我的心情好起來。」你大概永遠不會聽到他們說得這麼露骨，但這永遠是他們的根本訊息。

我絕不願意孩子把自己的劣行賴給悲傷。要是我准許他們調皮搗蛋，我就是在給自己找藉口，沒有承擔起管教他們行為的責任，所以，無論當初是什麼事情觸發了他們的行為，在他們年紀較小的時候，如果他們真的行為頑劣，不管是因為媽咪、肚子餓、疲倦或三者皆是，我會拿走一件玩具或遊戲機，確定界線始終清晰且固定。

三、我們沒有給孩子充足的機會，讓他們隨著時間流逝去悲傷，去經歷這些強烈的情緒。

不能指望孩子獨力為自己安排排遣悲愴的全部機會。我們也要拉他們一把，比如在上墳的時候釋放氣球，甚至是更常主動帶頭，和他們談論他們的喪失。

孩子跟著你一起畫畫，或是書寫他們失去的人，也能得到哀悼的機會，建議各位好好地收藏他們的全部作品，等他們長大以後，這些作品都能供他們回憶往事。問題在於你可以用多少方式伸出援手，協助他們敞開溝通的大門？上一次你邀請他們談論喪失，是在什麼時候？

但要如何找到平衡點？我們有沒有可能太常談論他們的喪失？或許有可能，所以把一張紙跟幾枝色鉛筆擺在他們面前，跟你說「我想我們得聊聊你的心情」是截然不同的。後者給人壓迫感，前者基本上只是說我們來畫畫。在兩者之間取得平衡。

四、我們混淆視聽，給孩子虛假的希望，不說出孩子需要知道的現況。

當你的孩子失親，你可能會發現自己在言語上採取保護措施，忌諱死掉或快死了之類的用詞，避重就輕，含糊其詞，粉飾太平。我們對孩子的最佳做法是以不拐彎抹角的言語解釋死亡的意義，披露死亡的真相，孩子才不會搞不清狀況，他們會知道自己不是在作噩夢，而是在經歷他們的現實。他們越早開始調適這些艱難的事實，就越早適應他們的新現實。雖然這樣的現實很討厭，卻是他們唯一的現實。

五、我們沒有充分展現同理心與關愛。

我們想掩飾自己應付不了現實的真相，便以不切實際的標準要求孩子情緒要穩定，以免暴露我們自己的脆弱狀態。於是喪親的孩子覺得自己不被理解，都沒人聆聽他們的心聲，想想他們心裡會是什麼滋味？

展現同理心就是聽他們訴說自己的心情，而不加以批判，關愛則是讓他們有機會排解悲傷。跟孩子建立友善的關係，坐在跟他們等高的高度，跟他們面對面，直視孩子的眼睛，讓他們徹底感覺到自己講的每一個字，你都聽進去了。

六、我們不理會孩子的沉默，沒有找出他們的悲傷語言。

有時候，孩子的沉默會令驚慌失措的我們便宜行事，雖然懷疑孩子的沉默不太對勁，卻傻傻地以為他們應該沒事。但什麼都沒說，不代表他們沒在溝通。

孩子可能是以不同的方式表達心情，而聽出他們的弦外之音是我們的責任，對話也才進行得下去。幼童更可能藉由繪畫來向你傳遞他們的心聲，而不是用口語。問小孩想不想畫畫，相當於問大人想不想談談他們的喪失。兩者的結果是一樣的。

認清孩子的個體性。每個小孩的自我表達方式幾乎可以保證絕不一樣。我的大兒子愛講話，小兒子則喜歡透過繪畫來表達。

七、我們沒有去理解因為失去一位家長或手足，而隨之失去的身分。

身為三十七歲的成年人，我承認由於不曾和親生父親建立關係，缺乏父親的榜樣或指引，在大部分的成年歲月裡，我都在「無中生有」。

喪親的孩童可能覺得失去了一大部分的自我，不再確定自己是誰，不曉得自己是什麼。在那麼短的時空裡經歷了那麼巨大的變化，失去一位生命中的關鍵人物，一位孩童心目中的榜樣，一個鏡像，一個他們最可能模仿的對象，一個他們可以見賢思齊、可以追隨的人突然間就沒了，這可能會引發強烈的自我懷疑，自尊低落。

孩子從小就聽慣了「哇，你跟你老爸一模一樣耶」、「你們兄弟倆簡直就像一個模子印出來的」。儘管這些話在出事之前是無傷大雅的比較，卻也可能讓孩子相信要是少了這位亡故的家庭成員，自己就微不足道。

維護原有的回憶非常重要，但來不及開創的回憶被殘酷地奪走，再也不可能挽回，所以我們必須教導孩子他們失去的是怎樣一個人，讓這個人與孩子之間的相似處可以在死亡降臨後，長長久久地流傳下去。

製作剪貼簿或相簿對喪親的孩童來說是無價之寶，一個永遠向他們開放的參考點，既可以讓他們表達自我，又能供他們連結失去的對象，兩全其美。剪貼簿或相簿裡不是只收錄了孩子對至親的回憶以及孩子過去的身分，還有孩子現在的身分。

製作剪貼簿的過程和翻閱剪貼簿的時間一樣有益身心。你可以讓孩子決定在裡面黏貼什麼——信件、照片、香味、學校成績單——任何可以連結到那個人的東西都行。還有，什麼東西要擺放在什麼位置、要寫上什麼文句，都由小孩主導，讓剪貼簿成為孩子傾注大量的愛與心力的作品，如此一來，剪貼簿在孩子心目中的價值只會提高。

八、我們不再玩樂。

在討論喪親之痛的時候，玩樂似乎是很冷漠無情的點子，但如果我們永遠板著一張臉，那我們給孩子的身教是什麼？在悲傷時，會有哈哈大笑的時候，而且你也會感到開心。這些情緒絕對不是不敬，反而非常有必要，是值得鼓勵的。

我們是孩子的耀眼榜樣，如果我們可以找到幽默之處，也等於是允許他們從當中發掘笑點。沒理由認定喪親的孩童不應該為了某件事物發笑，感到開心，不論這件事物是否與他們失去的人有關。喪親有許多面向，但禁止自己或別人心情愉悅，不應該是喪親的面向之一。

身為喪偶的家長，一個人扛起兩人份的親職，真的很容易陷入對維護秩序和例行公事的心理需求。我們想要證明自己在每一天都調適得很好，而這可能正是我們拒絕放鬆一下的原因，不願意安排玩樂的機會。哀悼關乎平衡，跟孩子共度嘻嘻哈哈的時刻是好事。你也要和孩子們一起打造持久的回憶啊。

九、我們不協助孩子記住往事，與逝者連結；我們鼓勵他們壓抑或遺忘。

再說一次，如果我們想要壓抑悲傷，如果我們無法談論逝去的人，受不了提起他們的名字，我們便是將孩子托付給一堵沉默之牆，這一堵牆阻隔在他們本人與他們的回憶之間，造成可悲且有害的疏離。

如果我們不連結過去，重溫往事，回憶可能會在幾年之內遭到淡忘。回憶需要儲值，反覆重播，才能保持鮮活，如果時間久了，孩子開始**不**記得往事，他們會心煩。回憶逝去的父母或手足，聽別人談論逝者的事情，可以維護重要的連結感，以後這些都會成為他們珍惜的往事。

這呼應了我們對視覺紀念物的需求，例如相片、提醒的文句，甚至是一位令孩子想起逝者的人，在家裡擺放視覺紀念物，方便你率先開啟對話，鼓勵孩子敞開心胸，把他們可能有的憂慮都說出來。

在我們首次意識到需要跟孩子談談之後好一陣子，都應該保持對話。不要只回應孩子的明顯情緒，要提醒自己，不能只因為我們沒聽到或看到孩子心情惡劣，就認定他們沒有心情不好。

先假定他們在想著那個已將他們拋在身後的人，真相大概就八九不離十。你可以鼓勵其他人和你的孩子聊聊，讓你的親友知道假如有適當的機會，你的孩子也想聽他們談論往事，想知道自己逝去的父母或手足在他們的記憶中是什麼樣子。

你可以請相關人士來為孩子的回憶之書貢獻題材，人數沒有上限，將來孩子年紀大一點就可以自己翻閱記憶之書，慰藉自己。你甚至可以特地為這件事辦一場聚會，以逝者為主題，大家可以交流故事和回憶，因而感受到自己跟逝者恢復了連結。

我們總是要自問，孩子知道自己逝去的家長或手足是什麼樣的人嗎？他們是否從逝者的熟人身上得到關於逝者的新資訊？當他們發現自己不知道某些關於逝者的事，我們是否隨時允許他們發問，填補他們的資訊缺口？

十、我們沒有建立「新的常態」。

喪失會粉碎喪親孩童對常態的認知。凡事都覺得異常、不安全，因此建立新的常態，可讓一家人適應居家環境的新局面。

家庭的機制、居所、你身邊的人都會變。非變不可。當某件事物留下一個缺口，一個特大號的缺口，大家會下意識地共同找出解決之道，適應新的常態。這不是你想要的常態，也不是你乞求來的常態，然而這就是未來，而你得擁抱自身周遭細小的差異，才能協助孩子適應現況。

你的角色可能會有微幅的變化，就像你身邊的人物遲早也會變。這是協助孩子的過程，陪伴孩子重新發掘什麼是安全，什麼是安定，重建他們心裡的安全感。調適極為重要，你要懷抱信心，明白一切終將成為不同形式的常態，是全家人都能接受的常態，這點很重要。安全感是小孩最在乎的事，對喪親的孩子來說，安全感的重要性還要翻上好幾倍。

27／學校應該如何支援你的兒女？

我經常跟其他喪親孩童的家長往來，聽他們聊過學校及個別教師沒有體認到喪親孩童的需求，真教人憂心。一位父親告訴我，老師禁止他的八歲女兒哭泣，理由是她的母親已經過世兩個月了；另一位父親告訴我，老師太心疼他的兒子，幾乎每回看到他都要講一遍他喪母，令他（和他的朋友）感到困窘，引來他不想要的關注。這跟調適哀傷沒兩樣，重點在於感覺要對，要拿捏正確的平衡點，當喪親之人想談談，就給他們開口的空間，但不能逼迫他們說點什麼。

在喪失之後重拾課業可能非常困難，學校及個別教師可用下文的方法來幫忙：

一、提供各種形式的溝通管道。

對於失去手足或父母的孩子，應該讓他們覺得自己受到支持，只要想談論喪失，都可以私下去找教職員或他們信賴的朋友，或是看看校內有沒有由喪親學童組成的團體，因為有些學校原本就會在徵求家長的同意後，將喪親的學童串聯起來。

身為兩位喪親孩童的家長，我由衷支持他們倆參加學校的談話團體，但目前為止我這個願望還沒實現。我知道小兒子會把握這種機會，而我擔心大兒子會不計一切代價避開這一類的活動，但談話團體應該是永遠存在的選項，想談話就可以去。至於孩子賞不賞臉，那是另一回事。

身為當家作主的大人，我們可以等別人出面建議學校，但我猜在大部分學校裡，如果我們真的想要看到學校引進目前沒有的做法，我們應該承擔責任，堅決要求學校盡力支援我們的子女。學校應該和「邂逅悲傷」之類的組織合作，舉辦悲傷輔導的訓練和研習，學習重大傷慟事件的處理方針及程序，建立校方自己的傷慟事件處理辦法及流程。未來的目標則是每一所學校都要有一位悲傷諮商專員，專員是受薪人員，必須具備工作熱忱，而且受過專業訓練。

二、教師要施行什麼策略，來滿足喪親孩童需求。

教師要改善與學童一家人的配合方式，讓孩子未必要請假，如此便能協助孩子上學，改善他們的缺席率。

例如，缺課的處置方式應該是由教師指派人選，安排時間向學童傳遞課業的資訊。如此，孩子比較不會擔心課業落後，有餘裕去消化家裡的變故，也有助於他們專注在返回校園。

教師應該設法讓孩子可以表達自己的心情，又不必擔心引來不必要的關注。一個有效的絕招是給孩子一個信物，比如一枝特別的鉛筆或一張秘密卡片，當孩子需要離開教室，就可以用信物向老師打暗號。接著，老師編一個請孩子離開教室的理由，例如：「你去跟櫃檯阿姨幫我拿東西好嗎？」孩童便能夠走出教室，不會被別人察覺他們迫切需要離開同學，去找負責在這種情況下為學童提供空間的專人或老師談一談。

這樣的暫停策略也讓孩子能夠持續課業。當塵埃落定，大家常常便忘了喪親之痛，然而教室就像地雷區一樣，暗藏許多會挑動孩子情緒的刺激物。地雷也許是在介紹宗教信仰的課堂上，因為老師談到了生命的意義及人死後會怎樣。也許是在英文課上或戲劇課上，因為文學充滿了死亡、殺戮、死而復生的故事。或是更顯而易見的時間點，例如即將到來的父親節。

三、擬定長期策略。

有許多慈善機構和組織，例如「邂逅悲傷」，會向學校伸出援手，為喪親的學童提供個人諮商及群體諮商；當學校裡有哪一位學生或教師死亡，他們也能為其餘的師生舉辦關鍵事件工作坊，還有為教職員進行關於死亡及悲傷的教育訓練工作坊。

令人憂心的實際情況是政府沒有撥出資源，也沒有立法規定學校必須滿足喪親學童的需求。政府根本沒有正視喪親孩童的脆弱，不認為有必要投入時間和金錢來提供照顧學童的簡單措施，同時避免日後的問題。教師對喪失要有所認識，要感興趣，要有資源，還要有轉介的窗口。他們不能只是說：「請你隨時來找我。」這種做法實在不管用。說到底，課堂裡的老師是站在第一線的人，他們跟小傢伙最熟，但他們同時必須授課，要在期限內完成課程進度。

四、務必要注意日期及特殊節日。

教師應該要知道，如果要在課堂上或活動中討論關於父母的主題，那要如何處理某些情況。例如，如果要寫母親節或父親節的卡片，不應該跳過喪親的孩子。

教師應該在私下問孩子要不要為父母製作這張卡片，還是想把對象改成其他人。我兩個兒子在喪母之後，非常得意又心滿意足地為媽媽做卡片。他們有時是做卡片給奶奶、外婆，甚至有時候是鎖定好朋友的母親。

憑什麼不讓他們寫卡片？那是在抒發他們的哀傷，是致敬，也是與逝去的父母連結的美好方式。我的孩子永遠都有一位媽媽。雖然她本人不在他們身邊，她永遠是他們的老媽，因此在那個特別的日子裡，我們總是以鮮花和卡片懷念她。

老師協助喪親學童的另一項長期做法，則是在可能會暴露或迴避喪失的事實時，協助規劃行事曆上的特別日子，例如母親節及忌日。學校應該確切掌握這些日期，準備好在這些期間支援學童，讓孩子知道自己受到了重視。

五、提供慰藉：你不孤單。

如果孩子可以偶爾跟其他的喪親孩童相處，建立私密的團體，由每個孩子決定每個學期舉行幾次聚會，他們便不會覺得那麼孤立。他們或許想要分享各自的寶貴經驗。也許會有剛剛失去父母的孩子，想聽聽喪親八年的孩子有什麼看法。讓孩子有機會把自己的悲傷用在助人，協助新近踏上悲傷旅程的人，成效可能特別立竿見影。

我要聯絡佛萊迪的學校，我知道他們應該能夠接受我的提議，我想要在學校主辦喪親孩童的工作坊，由佛萊迪負責帶領。我知道他會樂於承擔，去服務別人，調度一群心思相同的人，進而在學校裡得到他迫切需要的肯定與讚美。

六、採取團隊合作的策略。

喪親的孩童在課堂上、在操場上都可能感到落寞，但父母不能在校園裡陪伴孩子，因此學校老師就是我們的耳目。他們可以率先注意到行為問題，向能夠接受意見又負責任的家長回報，於是雙方的合夥關係必然會嘉惠全部的關係人。

在孩子的學校裡找到固定的眼線，也是為人父母的責任之一，眼線會向我們回報一切我們該知道的情況，我們在家裡才曉得應該和孩子討論什麼事。在理想中，我們要和學校結為夥伴，確保孩子不論在家裡或在學校都有適當的出口，讓他們的教育和社交活動在悲傷的過渡期中盡量不受影響。

我和佛萊迪的年級主任[5]關係良好。我很尊敬他，他真的很關心佛萊迪的發展狀況，我知道他一切都以佛萊迪的福祉為依歸。我想這應該算得上不錯的親師關係範例。他時常向我通報壞消息，但他的回應方式總是很有建設性！我正在和鮑比目前的年級主任培養關係，但我們很少需要討論什麼，因為鮑比在學校的狀態似乎很穩定。我猜只有在你常常需要跟學校裡的耳目溝通時，你跟他們的關係才會緊密起來，而持平來說，我覺得自己跟佛萊迪的老師混得很熟，是因為我們總有討論不完的事情——當然，包括好事跟壞事。

七、知道幾時要跟誰說些什麼話。

教師也需要跟喪親孩童的同儕談一談，說明他們的朋友可能有什麼心情，這對孩子、對其餘同學都有益，因為後者只知道喪親的同學家裡出了事，卻不知道要怎麼應對。這可能導致喪親的孩子被某些小圈圈排擠，倒不是大家不喜歡喪親的孩子，而是其他小孩覺得場面太尷尬，應付不來。

首先，老師得先問孩子一聲，他們要不要老師跟全班說點什麼，孩子可能真的很希望老師能代表他們發言，於是允許老師出面，老師便可以告訴全班，可以放心地向喪親的同學問問題，或者是大家可以如常交談，不用害怕說錯話，還有請不要閃避喪親的同學，因為他們真的需要大家的友情，在學校裡才會比較好過。

大部分喪親的孩童都會清楚地感覺到，全班都知道自己家裡出了事，而且多數喪親的孩子會假定自己內心的感受，八成就大剌剌地寫在自己臉上。我在兩個兒子身上看到兩種相反的反應。佛萊迪大概不必等到老師覺得有必要跟他談談，就會自己提起媽媽，跟同學說明究竟怎麼回事，因為他個性坦率，不遮掩情緒，天性如此。而鮑比呢，則希望朋友不要知道；他在班上非常低調，一心希望沒人注意到任何異狀。要是可以回到八年前，我會請他的老師告知全班這件事，斷絕鮑比隱瞞真相的後路，因為我認為他在學校養成了掩飾悲傷的能力，我認為這種本事對鮑比不見得有利。

當你的孩子堅不吐實，你或許會看不慣孩子的裝模作樣。我的本能是保護當時六歲的兒子，讓他在還沒準備好的時候，不用硬著頭皮地談論媽媽。重點不是逼他開口，而是確保他母親的事不是秘密，不是大家都要忌諱的話題。

教學現場的七上八下

讓我告訴各位佛萊迪以前的樣子。九歲時，他在學校的行為引起教職員的憂慮，而我大惑不解怎麼他進了校門就變搗蛋鬼，跟在家裡判若兩人。我去跟他的老師哈斯威太太談這件事，我沒有第一百次說他在家裡真的很乖，斥責她顯然把學校裡的其他學童誤認為我兒子，而是決定不要站在爸爸的立場，改成以人生教練的身分和老師見面，牽引對談的方向，

5. 除了正規的教學工作之外，同時負責一整個年級學生的諮詢輔導工作。

共商對策。我請她指出佛萊迪的優點，詢問要如何強化。

我這輩子大概不會見到比哈斯威太太更心胸開放的老師了，她對自己想達成的目標、對自己要採取的做法，都恢復了樂觀。我們忖度起在佛萊迪架設的銅牆鐵壁背後，佛萊迪實際上是什麼樣子，尋思到一半時，真正的奇蹟發生了。我們討論他在班上採用的人格（耍寶，想讓同學對他刮目相看），琢磨他在這個人格底下的真面目，而她一針見血地把悲傷列為可能性之一，於是我們談起我兒子的喪失，還有老師對這件事情的認知。

結果她在那兩個月的授課過程中，一次都沒有跟我兒子討論他母親的事。她迴避這個話題，因為她在教書生涯中沒有遇過類似的挑戰，加上她本人也沒有這方面的經驗，所以她判斷這是危險的領域。她不想做錯事，說錯話，這畢竟是敏感話題，老師會抱持這種心態也是情有可原。既然我們要一起找出解決之道，而我們都同意悲傷是他調皮的主要原因，她主動說要克服自己的恐懼，並且在當天就跟我兒子談過了。

事有湊巧，那天中午之前的宗教教育課程的主題正好是來生，結果佛萊迪根本不需要任何暗示，就自己站起來，向全班說出潔德的事，痛苦萬分地說現在他將媽媽看作是一隻美麗的蝴蝶。感人肺腑的一席話，哈斯威太太把握當下的大好機會，誇獎佛萊迪這麼勇敢地坦露自己的情感。就這樣，師生之間有了奇妙的轉化，雙方有了共識，證據就是後來一條彩虹橡皮筋編的手環出現在老師的辦公桌上，附上一張匿名的紙條宣稱她是全世界最棒的老師。在那一天，以及在後來的日子裡，佛萊迪都很守規矩。

哈斯威太太證明了當她願意設法降低佛萊迪的心防，鼓勵他在班上公開談論母親，此舉便扭轉一切，他釋放了積壓在心底的悲傷，幾乎當場就變了一個人。她打鐵趁熱，允許佛萊迪畫出蝴蝶，並塗上顏色，釘在教室給所有人欣賞，這幅畫代表我兒子和他的老師之間建立了全新的默契，我想，那是佛萊迪讓媽咪從口袋裡飛出來的象徵，如此一來，媽咪就可以在佛萊迪最需要她被正視的環境中優美地飛翔。孩童在學校的時間跟在家裡一樣長。在我們家裡，他們可以盡情提起媽媽，但在學校終歸沒那麼方便，因此讓他失去的家長在校園裡受到肯定是很重要的，他每天都有一半時間在學校裡度過。

巧到不能更巧的是，隔天早晨，一隻蝴蝶停在我的窗台上，就在我睜開眼睛沒幾秒的時候。當我告訴佛萊迪有一隻蝴蝶來拜訪我，他的臉色一亮，當我描述顏色是橘色和褐色的時候，他的臉蛋更是大放光明，因為那正是他在學校幫蝴蝶塗上的顏色呢。妙啊。

28／喪失後的單親生涯

沒人可以分攤我的責任，一起養育孩子、作決定，即使時隔八年，這仍然會打擊到我。當你失去伴侶或是孩子的另一位家長，當他們不在你身邊，有些事情的難度會立刻提高。

一般而言，遇到重大決定的時候，你會想要徵詢伴侶的意見，但當你唯一的參考意見就是自己的看法，你會感覺到每一個決定的重量，都是前所未有的沉重。當你意識到責任全都落到了自己的肩膀上，那是非常孤寂的滋味，但你也只能盡力而為。

如果這樣可以慰藉你，不妨把另一位家長或許會採取的做法納入考量，但如果你決定不按照伴侶的可能做法去做，千萬不要苛責自己。

維持界線比以前更重要

我們往往允許孩子出現以前禁止的行徑，這也情有可原，因為你覺得孩子才剛剛遭逢巨變，不宜再訓斥孩子，免得孩子的心情更惡劣。

真相是，孩子的世界已經翻天覆地了。他們內心混亂不已，非常渴求（但他們絕不會親口說出來）清晰的界線，以及伴隨界線而來的一致性。在他們凡事都說不準的新世界裡，孩子至少還會有一件他們說得準的事：你說不行的時候就絕對不行，而凡事都有你這個碩果僅存的家長扛著。

對孩子的行為要有切合實際的要求

不論是否遭逢喪失，一般而言，界線與一致性是教養兒女的最高指導原則，你可以藉此評估自己對他們行為的要求是否合理。例如，如果你以為孩子的行為不會受到喪失的影響，那是痴人說夢；孩子以口語表達心情的能力比不上大人，所以他們是用胡鬧的行徑向你傾訴他們的痛苦。

當他們開始不守規矩，處理方式應該跟一向以來一樣，但這是給你的暗號，你要很清楚下一步要怎麼做。他們透過行為來表達情緒或痛苦，你不能阻斷他們的情緒，反而要邀請情緒往外流。

當你處理完檯面上的問題，給孩子聊聊喪失的機會，要挪出時間專心聆聽，陪他們畫出他們所愛的人，討論照片。如果孩子的情緒一湧而出，雖然感覺上不太妙，實際上卻很棒！你不是在害他們痛苦；你是在拔除痛苦。

如何協助孩子抒發哀傷？

以為孩子是衝著我們來的，是我們常犯的重大錯誤（我個人就犯了幾百次）。我們務必要記得，孩子是太傷心了才會出口不遜，但我們往往會用相同的語氣反嗆回去，覺得自己是受害者，不應該受到孩子殘酷的虐待。

身為倖存的家長，我們本來就要承擔這些事。我們是孩子最愛的人，有時還是孩子僅有的一切，如果他們不能把那難以置信的喪失發洩在我們身上，他們能找誰發洩？我慢慢學會承接那些情緒的本意——他們會攻擊你、恫嚇你，是因為悲哀的處境所激發的憤怒與挫敗，有時候還會讓你哭成淚人兒。他們連自己在耍什麼脾氣都不曉得；怒氣只是從他們的腹部湧出來罷了，我們的恐懼和不安全感大部分都存放在腹部。

如何一邊照顧自己，一邊把孩子排在第一？

小心，別在孩子有事（及根本沒事）的時候過度犧牲奉獻，連自己是誰都忘了。你不必是喪失伴侶的家長，也可能養成這種習慣，但如果你失去了伴侶，你就更有把自己變成那副德性的藉口。

正確的觀念如下：如果你活得快樂又充實，孩子就會覺得你准許他們活得快樂又充實。如果你很積極進取又有活力，孩子會覺得你准許他們效法你的行為。如果你很坦率又真情流露，你就給了喪親的兒女最棒的禮物，這就等於你允許孩子追隨你的榜樣，他們會認為你准許他們誠實無欺，毫不隱瞞地表達悲傷。

成為孩子需要的典範，不要只是過日子，最重要的是以身作則，讓他們看見自己可以放心地哭泣、談心事、悲傷，而同樣要緊的是，自己可以放心地歡笑。

援手的重要性及允許別人幫忙

很多人將頭埋在沙子裡，就怕跟別人打照面，因為一旦打了照面，自己就得開口，而以他們的處境，他們最不想做的事就是跟人交談。我身邊的支援網絡讓我可以跟人談論兒子、兒子的進展、各種困難及我在那當中的感受，若非如此，我也沒辦法游刃有餘地滿足兒子的需求。

不要誤會，你面對的是最艱鉅的任務。單親就夠辛苦了，更別提你還要照顧自己的哀傷跟孩子的額外需求，但許多已經把喪親孩童帶大的父母告訴我，有朝一日，你長大成人的孩子會深深尊敬你，而那一份敬意帶給你的自豪與成就感，將會竄升到比青天更高。我的一位個案曾經說這就像「失去一條命，救回兩條命。」

依我的看法，我的責任是拉拔兩個兒子完成學業，度過童年，沒有留下什麼需要修補的創傷，但盡量多給一些他們用得上的技能。悲傷可以給人層層堆疊的特質，諸如善解人意、設身處地的能力、洞察別人心情的直覺、更能體會到生命的寶貴。我的職責是讓孩子徹底明白自己學會了哪些技巧，懂得把這些技巧用在令他們快慰又有意義的地方。

也要照顧自己的需求

喪親孩童的家長大部分以為自己幾乎完全不再重要，不可能有為自己而活的餘裕，活像這是別人告訴他們的真理。現在，我要打破這個錯誤觀念，我要告訴各位，我相信你要在喪失之後活出充實的人生，有了你的榜樣，你的孩子才會知道自己也可以好好追求人生。

許多父母是在照顧喪親的孩子幾年後，才領悟這個道理，但你家小孩的情緒智商會在成長的過程中突飛猛進，他們是參照你的做法來決定自己的處世之道，如果你認為自己是照顧他們每一項需求的僕人（或是拿他們的悲傷當擋箭牌，宣稱自己已經無足輕重），他們也會跟著你一起縮減自己的抱負，降低對人生的期待，以免給你引來別人的注意，或貶低了你，或是讓你覺得自己被拋下了。

做兒女人生中的引擎，不要變成手煞車。

我們放棄自我最常見且情有可原的理由，是我們懷疑自己調適的能力。我是過來人。我幾乎立刻終止社交生活，犧牲親密友人的情誼，跟我深深思念的朋友斷絕往來。當時我還年輕，但即使我是現在才落入相同的處境，八成照樣會採取同一套做法。

調適機制決定我們如何回應壓力和驚愕。當然，我的孩子顯然比我的社交生活重要，但如果要講實話，當年我的生活是可以平衡一點的，那樣的話，我或許不會覺得自己那麼邊緣。我是自討苦吃；那是我的自然反應，至今還是常常發作。

只要記得你的孩子會長大，他們很快就會變成大人，速度會快到你不想承認。我兒子馬上就要進入成年階段了。每一回我看著他們，他們的身高都更接近我，遲早會比我高。等他們搬出去以後，我會怎樣？我會茫然若失嗎？我會知道自己是誰嗎？幸好，我現在的生活夠平衡，否則，我便不會期待他們離開我的身邊。

千萬不要內疚自己活得快樂、充實、滿足、有動力。這不是對你失去的人不敬；你只是在尊重自己，尊重你依然有幸擁有的生命。有時候，我們身邊的人還沒活到天年就被奪走，這真的很可惡，但更可惡的是在你還有一條命的時候，卻不再好好活著。

29／我們為何在失去親友後跟某些人保持聯繫？

你的伴侶走了以後，你可能會清楚看到有一些親友和逝者很親密，但跟你的感情就沒有那麼深厚，久而久之，那些人或許會漸行漸遠。或者，起初他們在你的伴侶離世後幫上你的忙，融入你的生活，一段時日後你想要向前走，便不想要這些人繼續留駐在你的生命中了。但與你伴侶的親友維持關係，對你的孩子可能很重要，因此在你把這些人請出你的生命之前，最好放眼大局，鄭重地思考。

刻意跟一個沒什麼交情的人持續往來，感覺可能很不自然，從某些方面來說也沒必要，但你要考慮到他們擁有關於你的伴侶的回憶，他們的回憶片段是你沒有的，這對你的孩子來說可能很寶貴。

你不必天天請他們到你家共進晚餐，但讓他們擔任支援性質的角色很重要，建立你們雙方都能接受的界線，同時記住每一段記憶，都可能給你的兒女莫大的安慰。或許有朝一日，甚至能夠安慰到你。

這是照顧兩個喪親小孩八年的過來人經驗談。你會很感恩有的人明明漸行漸遠也不為過，卻不時跑來露露臉。如果有人疼愛你的孩子，甚至關心你孩子的身心健康，他們就是值得交往的好人，這對孩子有益，即使對你來說不痛不癢。

我最近以孩子的名義聯絡一位熟人，踏出和好的第一步，我知道我們遲早要聯絡的，但必須等到時機成熟才行。我兒子跟他們的繼父傑克．特威德擁有美好的回憶，傑克跟潔德在一起三年，直到潔德過世為止。

潔德離世以後，傑克的人生遭逢一連串來得不是時候的倒楣事情，令我對恢復聯繫有所疑慮，而且他顯然需要一段時間來哀傷，還要讓幾件其他事情的鋒頭過去。我費了不少功夫，總算全面禁止媒體刊登我兒子在喪母後的照片，但那時候，媒體對傑克的生活仍然興趣濃厚。因此，為了穩定孩子的心情，我認為應該暫停往來，等情況好轉再說。

早在潔德過世之前，我便一直很同情傑克。我親身體驗過一些他所承受的磨難。他與潔德的戲劇化關係是鎂光燈的焦點，記者每天都可能發新聞稿，公開汙蔑、譏笑他的每一個錯，或宣稱他犯了錯，這可不容易，我太清楚那種滋味，我知道他經歷了什麼。

老是成為公眾放大檢視的對象，或許會令你感到孤絕，討厭自己，如果你才剛二十出頭就落入這種處境，你不太可能具備駕馭那種壓力與民眾審查的技能。當年我耗了好幾年工夫，才能夠與那種生活形式所引發的效應和平共處，我只能假設傑克後來也辦到了。

當潔德生病，只剩六個月的壽命時，傑克照顧潔德跟我的孩子。他大可撇下這項任務，但他扛起責任，照應潔德的需求，令潔德非常欣慰。傑克迎娶潔德，無私地簽字放棄潔德的全部財產，統統給兩個孩子繼承，而他一毛錢都拿不到。

潔德過世八年後，我在聖誕節大採購的時候偶然遇到傑克，我問他要不要找一個週日午後，讓他們一家人跟兩個孩子見見面。我很清楚孩子們會很高興見到他，他們會敞開心扉，迎接關於媽媽的回憶，當然，這要傑克覺得妥當才行。

幸好，每個人都很開心可以再度聚首，一週後的週末我們便去他的父母家，與他的父母瑪莉和安迪共度愉快的午後，兩個孩子的心情都很放鬆。傑克來自一個好人家。他的姊姊蘿拉嫁給我的一位好友，我兩個兒子很喜歡他的弟弟路易斯。他的父母對我的兒子只有愛與接納，在那天下午的聚會後，我質問自己怎麼拖了這麼久才和他們恢復聯絡，但我安慰自己，如果每一位關係人都覺得情況適合，未來多得是時間彌補我們錯失的光陰。

讓繼父一家人重新出現在我兒子的生命中為什麼是好事？

一、身分認同

當我的兒子走進特威德家的大門，他們便當場回到了母親身邊。那就像時光機——那天，佛萊迪也打電話給潔德的母親，告訴外婆我們去了特威德家，祖孫足足聊了一小時，這可不是巧合。那就像他重返過去的時光，發現自己身邊的人，就是媽媽仍然在世時圍繞著他的同一群人。

我的兒子絕不會忘記自己的出身，雖然他們這輩子幾乎都跟著我生活，他們永遠會記得這一家人是他們早年生命中的重要人物，因此與他們聯繫，便是與他們的過去及人生，都建立更深廣的永久認識。

二、無價的回憶

傑克與潔德結婚時，傑克準備了幾張潔德的漂亮照片，裝框送給兩個繼子當結婚禮物。他們餘生都會珍惜這些照片。我對潔德的回憶有限，但特威德一家人擁有幾年份的回憶。分享彼此的回憶是雙向道——特威德一家人無疑也在為潔德悲傷，分享回憶讓他們的臉上出現笑容，而看著我兩個兒子的反應必然也給他們帶來由衷的喜悅。

三、愛與扶持

以後，我們或許一年只會跟他們聚會幾次，或是更頻繁地見面，但無論如何，讓孩子們知道世界上有另一群關愛他們的人，對鞏固他們的自尊與安全感都是非常可貴的。他們上一回見到傑克一家人，是在他們三分之二輩子前，但就在一個心跳的時間內，他們便覺得大家又是一家人了。

四、歸屬感

我兒子有一位繼父，從來不曾真的覺得繼父不存在，即使在潔德過世後，雙方便不曾往來。我有一位繼父；他不在我的生命中，但他仍是我的繼父。這不是你可以一筆勾銷的事，即使你們很少聯絡，或音訊全斷。重拾這一塊拼圖的碎片，會對自己的身分及出身有更全面的認識。

五、回饋

傑克的母親告訴我，跟我兒子見面的事意外引發了情緒，在我們造訪之前的那一週更是百感交集。我很清楚她的意思。我們的聚會讓每個人都重返八年前，我們對潔德及潔德過世之前那段時光的回憶，不分痛苦或快樂，全都復甦了。

傑克尤其如此。在我們聚會的那個午後，我看得出各種思緒與感受在他的腦海裡翻轉，我相信那會一直持續到我們告辭許久之後才平息。因此，我相信讓我兒子在童年的這個階段跟傑克往來，不只對我兒子有益，對傑克也有好處，而讓孩子和他團圓一定會讓潔德開心不已，這是我們非常樂見的事。

輪到你了……

有沒有誰是如果能夠恢復偶爾聯絡一次，就會對你的兒女有益呢？

當初你們疏遠的原因，現在仍然存在嗎？

斷絕音訊是為了我們自己方便，而不是因為現在這樣對孩子比較好嗎？

對逝去的親族的回憶，的確是無價之寶。回憶就像悲傷的貨幣：擁有越多，日子越好過。如果你的回憶帳戶總額很低，就去找新的放款人。或許這些放款人已經不在你的生活中，但你可以寫信給他們，請求他們轉移回憶資金給你。

我們最近趁著聖誕節還沒到，先去拜訪潔德的爺爺，又一次活生生地證明了只要見一面，就能讓我們回到潔德在世的時光。可惜，那天鮑比沒有去，但我看到佛萊迪把外曾祖父逗得好開心，他八成會樂上好幾天吧。佛萊迪喜歡這種可以讓他覺得與媽咪同在的活動，也覺得自己是在為媽媽盡一份心。下一回我一定要把聚會安排在鮑比也有空的日子，等我們再次前往柏蒙西，陪伴這一位對媽媽意義重大的親戚，他們都能從中得到慰藉。

拜訪外曾祖父和傑克一家人，都是完美的交流。每個人都得到相同的滋養，每個人都補充了燃料，可以再接再厲地管理各自的悲傷。

你們要去探望誰？可以聯絡誰？你要帶孩子去讓誰開心，分享回憶，共同消磨時間，團結一心更堅強？

30／媽媽快要走了

我家小孩在七年多前參加了東倫敦的足球營，我因此認識康諾和他的母親，結為朋友。康諾現在二十一歲，在當年的足球營算是年紀較大的成員，而我當教練的那些朋友都說康諾是很優秀的孩子。當然，我兩個兒子跟他一見如故。

但我們的友誼經久不衰的原因是有一天，康諾的母親棠恩來接康諾，佛萊迪當場定在那裡，怔怔望著她。她綁著頭巾，遮掩療程造成的落髮，那是佛萊迪在母親生病之後，第一次看到別人綁頭巾。

十四多年來，康諾都知道母親罹患癌症。他大半的童年和成年的初期都憂心忡忡，害怕地等著那一天來臨，因為在最近七年裡，他都曉得醫生顯然束手無策，不能挽救她的性命。

康諾才幾個月大，棠恩便因為承受家暴，和康諾的父親離婚，在康諾的童年中，他爸爸多數時候都在坐牢。他們不再聯絡。康諾的哥哥傑米已搬出去，跟康諾母子都很親，但棠恩的主要精神支柱是她八十歲的母親，康諾當然也是她的支柱。

未來並不樂觀

康諾首先告訴我，最難熬的是知道結局。他認為自己年紀小一些的時候，要是不知情的話或許會好一點，因為他局限自己，等待那一天降臨。站在某些立場，他明白還是知情的好。不然要是哪一天她突然消失，自己的處境絕對會更慘。

假如他的媽媽現在身體健康，他認為自己就不會是現在的模樣，他會判若兩人。他會做更多事，度更多假，或許在海外工作一季，但因為不曉得那一天幾時會來，他便沒有採取行動。我納悶絆住他的是「那件事」，還是「他本人」？

退縮不前

母親與癌症的長期抗戰也讓康諾不做某些工作。他去應徵一份真心想要的海軍職務，卻故意考不及格，以防必須離開母親，畢竟母親身染絕症。

談到這對他的最大衝擊，康諾若有所思地說，影響層面主要是他對待母親的方式。他們母子吵架的時候，他會想要立刻和解，不然萬一母親跟他吵完架就斷氣了，他會受不了的，原則上，這倒不是一件壞事。

站在這樣的立場上，他的確會言不由衷，他也承認自己會把話吞回去。他完全不曉得那一天會是哪一天，因此他格外小心翼翼，不惹惱母親。問題是當你不說出真心話，你就得猜測其他人對事情的觀點，搞出來的問題比解決掉的麻煩更多。

另一方面，康諾說母親對他的口風也很緊。她如果要去看門診或看報告結果，一定會拖到前一晚或最後一刻才讓康諾知道。康諾說，她認為康諾都沒在聽，其實他每個字都聽進去了。他覺得母親都是最後才告訴他。

反思一番後，他覺得大概純粹是他的反應太保守，媽媽才變成這樣。有時，他完全不動聲色，裝作沒聽到，但他聽得一清二楚。他一向很關心母親，但憑他淡漠的外在，他母親一定很難看出他的心聲。這絕對不會讓母親想要開口。

如果我不用口語表達，那些情感都上哪去了？

我納悶康諾這十四年來的情緒都去哪了。他年紀較小的時候，會打幾個鐘頭的電腦，這是他的重要情緒出口，也是逃避現實的形式。現在則是出門，他會上酒吧，轉移自己的心思。只有當對方是他熟悉的人，而且相信對方不會批判他的時候，他才會敞開心扉。他很在意要是提起這件事，他會掃大家的興。

坦白說出自己的處境，並不會有任何損失。如果要讓人家支援我們，第一步是向別人釋出幫忙的機會。他們不能評論自己不知情的事。想要評估別人是否感興趣，就拋出大標題，要是他們繼續問細節，就值得你花時間回答。如果對方的答覆完全沒營養，一副不自在的樣子，或拖著腳步離開，我們有必要跟這種人閒聊嗎？

我們犯不著討每個人的歡心；那從來就不是重點。在社交上，我們總是會努力去親近對我們有助益的人，以度過這個艱難的人生階段，因此當別人問你過得好不好，回答時務必要坦率一點。

康諾不要別人替他難過；他母親把他教養成一位和善的好人，他希望大家繼續那樣看待他。老實說出自己的感受並不會讓人可憐你；我想，可以跟人討論真相的堅強，其實會博得大家的尊敬，而且如果你分享自己的經歷，他們很可能也會禮尚往來。

允許自己「脆弱」，你可以跟對方建立更深刻的友誼，打造以真相與深度、誠實與勇氣為基礎的關係。我說過了，有些人會離開，但我們不需要五十個點頭之交，只要幾位好朋友。

陰謀論

康諾非常清楚自己走上的路。「我媽媽得了絕症。我不能改變事實。唯一能改變現實的人就是藥廠。一定有解藥，我相信有，但問題出在錢上面。」

這個信念來自會跟他談這些事的人，特別是一位也在尋找解藥的親戚，她本身也是癌症患者。康諾說即將有新發現的研究人員，似乎總是在突破降臨的前一刻失蹤。

這令康諾氣餒，納悶「他們」會不會讓這種藥品上世，及時救回他的母親。就這一點而論，他不是只在等待母親死亡，醫生連續七年說他母親大勢已去，他也在痛苦地等待奇蹟藥物出現，給媽媽活命的機會。但很妙的是，康諾相信那種解藥已經存在了。

不去相信這種推論，大概會比較好受。你會更能接受死亡，不怪罪別人——只能怪罪癌症本身。本來你希望藥廠會以全人類的福祉為念，如果你認為可能有用的解藥已經存在，卻因為他們唯利是圖而未上市，那這只會強化你的挫敗，信不過研究人員。

你聽過人家說不要干預自然之道。如果藥廠對治癒疾病不感興趣，是控制地球人口的遠大目標的一環，那豈不是很可怕？

每一位癌症病患在藥廠眼中值多少錢？國民保健署每年花多少錢防治癌症？你一定要假設癌症藥物，會讓人花掉一大筆錢。康諾的陰謀論讓我忖度起不曉得有多少人認同他，相信解藥已經存在了，只是沒有上市。

媽媽仍然在世的原因

康諾確信媽媽活命的關鍵是正向思考，但她始終信誓旦旦地說是薑黃有控制癌症的效用。她曾經停止服用薑黃一段時間，癌症就擴散了。

康諾也相信另一個原因是她控制壓力的能力，但他其實認為自己是媽媽最大的生活壓力來源。他會不會找到合適的職業？他會好好的嗎？這是她最關切的事。我記得她告訴過我，她不要在康諾「長大」之前離開他。

另一種人生

我問康諾，要是媽媽無病無痛，他會做些什麼？他說要行遍天下，多多冒險。他知道自己沒有發揮全部實力，但他也知道在必要的時候，他可以全力以赴。他補充說，他不要改善職場生活，要是他在職場好好發展，那一定是因為他母親過世了。

他說，等媽媽不在了，他會坐著不動，沒精打采，然後想起媽媽的心願：善用自己的人生，付出百分之一百五十的努力。到時他就會樂在工作。找一份會讓他歡歡喜喜地起床上班的工作。

我問康諾為什麼不能現在就實現目標？他說如果他「做自己喜歡的事」，結果媽媽死了，那他會很痛苦。康諾不敢「挑戰命運」——「要是我改變做法，壞事就會發生。」

康諾說他的手機收到一則網路訊息，那是一篇討論新療法的文章，有一位癌末的病患用了那種療法以後，病情完全緩解了呢。我問他文章裡寫了些什麼，他說沒有點閱文章，以免弄丟。

真是一句抵千言。那封電子郵件完全反映了他對自己及目前生活的看法。不要點閱，不然媽媽可能會死掉。不要動，不要改變任何事。

自我設限的規矩

康諾說要是那件事發生了而他卻不在場，他會受不了的——活像他在場的話，就能改寫局面。康諾自己強調的不切實際的期待，點破了他為什麼自我設限到這個程度，這時我覺得機會來了。

我們討論他在那一刻來臨的時候有多少控制權，他意識到雖然他自認為已經盡力寸步不離，但實際上他一天只有六小時待在母親身邊。

他不甘願地承認自己不能控制那件事，但務實的做法是以醫學為依歸，等到他母親的死亡機率上升時再來衡量他守著母親的時間，而不是現在這種狀況。

棠恩是「末期」，七年來都是，儘管生死大事誰都說不準，但她看起來根本就離死亡十萬八千里遠，因此康諾明白了自己對時間規劃的堅持，或許可以放鬆一點。

他養成在傍晚工作的習慣，白天才有空守著母親。等他下班回家，母親便在準備就寢（她會等門），母親入睡後，他便聆聽母親的呼吸模式，所以在清晨四、五點之前他都不會真的睡著。

不切實際的期許

期許自己在那一刻絕對要在場，想像自己在那一刻一定能做一點什麼，這是在給自己施加相當沉重的壓力，完全不切實際。而且他還說，在死亡降臨的前一刻，他相信自己或許可以說一點什麼，這又是另一項壓力。

我們討論起這件事，於是小康諾清楚地說明了要在那一刻告訴母親的話。當母親的最後時刻來臨，他要告訴母親自己其實不是沒用的廢人；他這麼沒出息，只是為了在她臨終的時候陪伴她，跟母親說自己會沒事的。

言語的力量

我們來看「我一定要在場」這句話。務必要體認到，我們有時候就是無能為力，但針對一件一切都說不準的事，給自己設定無論如何都要做到的義務，其實是在招徠終生的懊悔。康諾整個人生的核心就是那一刻一定要在場，萬一他錯過那一刻，他會很難原諒自己。

我們討論了什麼是我們能夠掌控的事，什麼是我們束手無策的事。康諾想通了，原來照他的做法走下去，只會落得對自己怒不可遏。我們談到他需要允許自己不在場。他必須改用比較柔和、比較務實的用語，例如：「我不一定會在場。」

康諾說了一句很重要的話：「我控制她的健康。在我心裡，是我保住了她的命。」他認為自己把母親留在世上？我們花了一些時間，爬梳這個令人擔憂的誤解。康諾認為自己過著可悲的生活，讓母親失望，便能操控母親的健康。各位如果讀過第六章，看過棠恩的說法，便會知道康諾的想法一針見血到極點，畢竟他們母子可從來沒有談過這個話題。棠恩說，在她覺得康諾變成大人之前，她不能撇下康諾。

康諾不知怎麼著就清清楚楚地接收到母親的訊息，下意識地完全照辦，壓抑自己的能力與成熟度，打算留到他希望永遠不會來的那一天以後再用。

臨別贈言

我仍然很好奇康諾為什麼對那一刻那麼執著，死都要在場，向母親說出他備妥的臨別贈言。我得讓康諾看到他其實有別的選項。他必須明白自己能夠說出那些話已經是叨天之幸，有的人根本不能向所愛的人說一聲再見。

「假如你今天晚上就跟她說呢？」我建議道。「那你就不用再『說點什麼』了，因為你已經說過了。要不要考慮說：『媽，我很怕自己會不在場。』她要多久時間才會釋懷，回應你跟她說的話？」

「她還有好幾年的時間可以平復心情。」康諾驚訝地說。我沒有說什麼，但我注意到康諾下意識地說溜嘴，他覺得母親還有很多年可活。

康諾對控制外境的概念有點扭曲。他的概念與事實相反。對於不受他控制的事（時間與地點），他覺得操之在己，對於他可以控制的事（跟媽媽說出自己的感受，不要局限自己），他視而不見。

這裡有一個奇怪的諷刺之處。康諾的母親能夠多活這麼久是因為她很正向，那同樣的道理為什麼沒有套用到康諾的行為上？我問康諾，是媽媽在走的時候感到快樂比較重要，還是媽媽快快不樂但康諾可能在那一刻在場比較重要？康諾回答：「聽你這麼一說……」

如果媽媽覺得快樂，壓力就會變小。壓力變小，就可以爭取時間！情況開始明朗了。他的做法是出自恐懼。這無可厚非；絕大部分的人都出此下策。

一條線有多長？

我要聚焦在康諾對「時間」的概念上。我跟康諾面對面，坐在一張桌子前，我將左手的手指放在桌面的左側邊緣，右手的手指放在右緣。左手代表他母親聽到醫生說他們已經愛莫能助，右手代表她過世的那一天。

我問今天大概會落在桌面的哪一點上？康諾告訴我，其實在今天之前，他會回答我們已經走完四分之三，距離那一天不遠了。但是，在今天之後，他說他相信媽媽實際走完的距離，不會超過四分之一。我們奇蹟似地延長了她的壽命！「你是對的。」我說。「你的確控制她的生命！」

現在我正經地問康諾，我們的對話怎麼會延長她的生命？棠恩沒有領受更多時間；現實的狀況始終沒變，一切都是未知的。但康諾察覺他必須跟自己說終點快到了，他才能捍衛自己的決定。除非他下意識地說服自己，枉顧現實，堅持媽媽的大限近在眼前，否則他活得那麼綁手束腳，又怎麼說得過去？

那還有多久？康諾隨著我們逐步顛覆的信念而開朗起來，回答說不定還有十年呢！所以還要劃地自限十年。那能發揮什麼效果？他不再確定了。現在他的恐懼減少，似乎就沒必要那麼限制自己。他可以追求自己喜歡的工作，但誰都不用付出代價——不論是他的母親或他自己。

康諾看出自己應該跟媽媽溝通的原因。不管他如何對媽媽說出今天的領悟，他給媽媽的傷害都有限，反而是他之前一廂情願的作為才是殺傷力強大。我問康諾，對他的媽媽來說，我們今天的收穫有多少價值？他的回答是：不可計量。

我們總結當康諾做出令人擔心的事，媽媽就會往桌子右邊前進。要讓媽媽向左邊靠近，只要溝通就行了。我要康諾以後繼續從我們製作的這個量尺受益，因此我告訴他，如果哪天他需要知道媽媽在那當下是位於量尺的什麼位置，只管去問媽媽，媽媽就會自己告訴他，他再也不必瞎猜媽媽的狀態了。或許有時候真相會傷人，但不知道真相、臆測更傷人。

我們離開共進早餐的館子，準備打道回府。在走向車子的路上，康諾大著膽子說有一位親戚為他訂購了一個夏天的度假行程，訂金已經付了，現在他有興趣去參加這個行程。他問我覺得他該不該去。

我提醒他，他還有好幾個月的時間可以作決定——在搭上飛機、機門關閉之前，你都還沒上路。在旅遊的前一週評估她在「量尺」上的哪一點，在接近啟程日期的時候再作決定。康諾似乎很認同我的建議。

他絕對進步了，我在接近夏天的時候聯絡康諾，他剛繳清費用，計畫在下半年出門第二趟，他要響應一個慈善團體的印度單車之旅。

這個故事披露了在哀傷隨時會降臨的環境下，一位青少年長大成人的心路歷程，以及這如何影響了一條年輕的生命。為了躲避陰魂不散的死亡主題，我們的外在行為變得越來越複雜，要是當事人沒有清楚明白地溝通，便會錯失寶貴的時間與互諒。

31／我快要沒爸爸了──十二歲的觀點

佛萊迪有一位一起踢足球的好朋友，名叫查理。查理是個優秀的孩子，待人和善而真誠，忠心耿耿。當佛萊迪告訴我，查理的父親已經不久於人世，我就希望查理知道，佛萊迪跟我都會照應他。

查理來自一個互助互愛的家庭，家裡一向沒隱瞞他父親長久的末期病情。他踢足球是為了好玩，但也是覺悟到他跟母親都得各自照顧好身體。當他們心情低落，他們會輪流給其他人打氣，而查理是性情成熟的孩子，在學校表現良好，但他年輕的肩膀上當然扛著千斤重擔。

高高低低的生活

過去幾個月來，查理的爸爸病情特別嚴重，全家人都在準備迎接最後的一刻。有時候，他狀況會好一些，但大部分時候是走下坡，查理說自己的心情像雲霄飛車一樣高高低低，每次看到手機螢幕顯示媽媽的名字，就覺得雲霄飛車要撞上東西了。日子一天天過去，他都不曉得會出什麼事，家庭作業和上學之類的日常活動感覺上都是無關緊要的瑣事，但他也知道這些例行公事可以給他安全感，讓他覺得生活如常，即使這種正常隨時都會傾覆，進入全然未知的疆域。

面對現實

查理通常是樂觀、正向的人，在我們談話時，他告訴我們，他爸爸「好一點了」，但還有許多「未知數」。他也講了好幾次「可能」，例如「可能」要走了而不是「將」要走，於是我知道他或許英勇地認為自己對爸爸的死已有心理準備，但他的心理準備沒有他想的周全。話說回來，這個十二歲小孩的爸爸仍然活在世上，何必期許他在談論爸爸的時候說出「將要死」或「等他死了」？雖然這是應該留意的訊號，但以他的措辭，他未必認為爸爸可能會奇蹟似地康復，也不見得抱持虛假的希望——主要應該是他父親即將死亡的**必然性**太沉重，不是十二歲小孩負荷得了的。只要人還活著，就還有希望。

在死亡降臨前，孩子不需要接受父母的死——或許也無法接受。反正這本來就是不可能辦到的事，重點是我們不應該允許孩子幻想父母可能會奇蹟似地康復，背離事實，儘管我們很難堅決地要求孩子面對現實，或許你會覺得自己的堅持傷害了孩子，但比起縱容孩子沉浸在虛假的希望中，這能減少孩子的困惑與錯愕。

隱私

對查理來說，當他在外界的時候，他不喜歡談論父親的病與即將到來的死亡。他很重視隱私，在學校時會隱瞞自己的心情。他不想冒險，以免別人對他說出不中聽或可怕的話。操場上那些隨口說說的話有時候會傷人，雖然他在校內及校外的好朋友知道他家的情況，但他們尊重他對隱私的需求。

家庭生活與校園生活，有時候並不容易切割。查理喜歡在週末及放學後跟朋友見面，卻發現自己很容易困窘。最近，有個朋友去他家，他父母的房門沒有關，這個朋友瞥見查理的爸爸戴著呼吸面罩，查理覺得既難堪又尷尬，擔心以後朋友不會再來他家玩。

步步為營

查理顧慮爸爸的心情，如果爸爸哪一天狀況不好，查理就謹言慎行，以防爸爸不高興。他不想害爸爸情緒低落，「讓他想要停止奮鬥」。擔心自己的言行會削弱爸爸活下去的動力，對青少年來說實在是難以忍受的重擔，因此我要查理儘管放心，他對爸爸只會是一股助力，而他的父母很讚賞他的洞察力，懂得問適當的問題。依我看，憑著查理的這些人格特質，他會比很多同齡的人更能夠面對即將到來的變局。

他爸爸在最近一次生日時狀態不錯，精神很好，跟查理說了很多以前年輕的事，查理很愛聽爸爸的人生經歷。但查理不曉得自己可以問爸爸多少問題，擔心要是太常請爸爸回憶往事的話，爸爸會覺得自己瀕臨死亡。這是敏感的議題，也證明了查理的個性成熟，深刻而敏感。我建議他，不妨每星期都發掘五件關於爸爸的事，他可以跟親友們打聽，或許偶爾也問問爸爸，等遇到恰當的時機，就不著痕跡地跟爸爸提起一、兩件事，安慰爸爸說如果他不想聊，就不必多說什麼。

如果他爸爸長時間臥床，而且精神狀態不錯，能夠寫字或對著錄音筆講話，那查理就可以向爸爸建議，在爸爸想聊天的時候，他很想聽爸爸以前的故事，比如爸爸唸書的時候是什麼樣子、想在長大以後做什麼、有什麼偶像、怎樣邂逅查理的母親……

背負重擔

查理很怕在爸爸死了以後，媽媽會很抑鬱，或是沒有錢。「什麼都可能發生。」他告訴我們。「一旦出了事，什麼都可能發生。」又一次，這種包袱對查理來說太巨大了。面對父親的死是一回事，擔心家裡在爸爸死後支離破碎是另一回事。

查理是一位即將失去或已經失去爸爸的十二歲男孩，他把自己升格為「一家之主」的舉動並不罕見。從他的憂慮來看，顯然他的父母得向他擔保家裡的財務沒問題，此外務必要讓查理明白，儘管他將來免不了要幫忙媽媽做事，但他是小孩，媽媽的情緒狀態絕對不會是他的責任。看起來，他也需要父母准許他擔心，因為他告訴我們，有時候他覺得光是思忖起父親的死，也可能害爸爸提前過世。

協助孩子面對父母死亡的方法

一、用上課代替回憶。

假如生病的家長心智狀態不良或健康不佳，不能製造回憶或分享故事，讓你的孩子去蒐集別人的回憶，供他們建構父母在年輕、健康時的樣貌。聽來的回憶與親身經歷的回憶一樣有用。

二、激勵生病的家長。

如果生病的家長還有創造回憶、分享往事的心力，卻缺乏那樣做的動力，我會建議家人寫信給他們，開場白類似這樣：「親愛的爸爸，請跟我一起創造回憶，因為你留給我的東西對我來說很重要。可以請你每個星期告訴我五件關於你的事情嗎？我想知道你唸書的時候是什麼樣的人、你喜歡什麼活動、你小時候想在長大以後做什麼事、你的偶像是誰……」

三、注意他們的用語。

如果大勢已去，就別坐視他們說「可能」，因為他們對現況可能有若干程度的否定，以致他們更難理解那件事。

四、允許他們繼續當小孩。

讓孩子知道他們不必負責照顧你，只要老老實實地跟你溝通他們實際的感受，不要害怕自己哀傷的方式不對，因為不管是幾歲的人都會犯錯。

五、孩子可能會拿某些事情來責怪自己，務必斷除那種可能性。

孩子可能擔心自己陪伴生病家長的時間不夠多，或害怕自己做出惹他們生氣的事，這可能會造成問題。你要跟孩子討論什麼是合理的期許，以便他們設定目標，決定要在剩餘的時光裡跟生病的家長一起做的事，或是要為家長做些什麼，讓孩子覺得自己盡了一己之力。

顯然，能做多少事取決於你們的實際情況，如果是幾週，重點就放在說出該說的話，而不是忙著創造還不存在的回憶。如果似乎還有好一陣子，那就是以回憶為主，並且跟孩子把重要的事情溝通清楚，除非你跟孩子好好談過，否則你不會知道那是什麼事，就像我和查理的那一場對話。

六、不要替他們作答。

你可能忍不住想要替他們回答艱難的問題，以避免他們面對現實。然而決定他們會如何走過悲傷之路的關鍵，就是談論他們的心情、分享他們的感受。你可以回答別人提出的問題，但他們在內心問自己的那些問題，你就回答不了了。他們需要處理悲慟帶來的一切心情，讓他們培養那種能力吧。

七，不要以為病程很長，孩子就會比較好過。

如果家長已經病了很久，你或許以為孩子與那一位家長的連結會因此而薄弱，降低對孩子的衝擊。

那一位家長是孩子一半的根，當那位家長死了，孩子可能會喪失一半的自我認同。無論親子之間的親疏，不論那位家長看過多少場孩子的才藝表演或運動比賽，他們的死亡給孩子的衝擊大概還是一樣猛烈。

如果你的孩子逮到你在別人面前貶低另一位家長的角色，孩子憑著本能就會感受到你的口風，認為你在暗示他們應該違反自己的實際心情，不應該那麼沮喪。

八，鼓勵孩子說出問題。

孩子會隱瞞可能招來欺凌的事，不告訴別人。大家通常都會發現你家的喪失，所以要為大家都聽到消息做好準備，不妨考慮讓你的孩子嘗試跟他們最信賴的對象說出心事，體驗一下別人會如何回應他們、對待他們、支持他們。

三緘其口或許可以盡量延長掩蓋真相的時間，卻不能協助孩子承受真相曝光以後的衝擊。

32／我們需要的後援：如何取得支援及提供支援？

我們對遺族退避三舍的原因之一，是不知道跟他們說什麼才對。我們給自己驚人的壓力，要求自己找到可以撫平悲慟的神奇療癒之語，又因為腦子拼湊不出那一句完美的話而感到挫敗。

除非你是專門處理悲傷議題的人生教練或諮商師，否則就暫且放下那些壓力吧。現在你的任務簡單多了：朋友只是需要有人聆聽他們的心聲，知道你挺他們。

太多人閃避遺族，省得在尷尬的對話中苦思該講什麼，也不用承擔說錯話的風險，但想像一下你在傷慟之中，大家卻對你避之為恐不及是什麼滋味！

遺族需要表達他們的心情，如果你真的是他們的好朋友，給他們抒發的機會；把你的批判和意見留在家裡，只要負責聆聽。把每句話都聽進去，如果你想要回應就拋出問題，讓你的朋友能夠繼續探索，讓他們拆解自己的心情，要知道他們談得越多，心情會越輕鬆。能夠推動他們向前進的是他們說出口的話，不是你講的話。

你可以坐著陪伴他們，不發一語，這可能就是他們在那當下所需的一切——相親相愛，相伴相隨，一心同體——因此，當你覺得自己應該提出一切的答案，枉顧生死大事本來就不見得會有合乎邏輯的解釋，請你要謹記這一點。

「你跟什麼人為伍，你就是什麼樣的人。」是一句相當精準的人生真言，然而也跟喪親深深呼應。如果你認為自己可以不動聲色，悄悄地在內心裡消化喪失之痛，你可能會發現喪失在某個時候冒出來。俗話說得好，說出來總比悶在心裡好。

我們在喪失中要承擔的個人責任之一，是盡量為自己建立最棒的支援網絡，讓自己有表達、分享、尖叫、哭泣、偶爾也笑一笑的充裕機會。

在理想中，你的支援網絡早就建立好了，但也許你是文靜又獨來獨往的那一型，也許大家都來找你商量煩惱，結果你反而沒什麼訴苦的機會？如果你身邊沒有良好的支援網絡，也許你應該考慮其他的選項。

「邂逅悲傷」之類的慈善機構有諮商師和專家，他們可以提供各式協助的資料。而我這樣的人生教練和諮商師，可以提供你所需的時間與空間，帶領你探索自己的感受，牽引你漸入佳境，管理你的悲傷，面對喪失帶來的每一個新挑戰。

地方的支援團體則是召集一群像你一樣的人，舉行咖啡早會，讓你們這些有類似經歷的人互相扶持，調適喪失。團結力量大，而且光是知道自己並不孤單，便能拉你一大把了。

給提供支援的人

伸出援手的好時機與不當時機

不論是否遇到喪失之類的重大人生轉折，親友總是需要我們的支援，但如果你在等別人發出信號，暗示你應該開始表明想要幫忙的心意，就想一想以下的情況。如果他們感受到壓力或困難，他們就需要別人幫忙走過這個關卡。你要怎麼知道他們撐得很辛苦？有時候你就是不會知道。我們很擅長說「我沒事」，有時候我們讓自己忙得不可開交，連自己都沒注意到自己並不好，但如果他們承受喪親之痛，或是即將面臨喪失，我們就可以十拿九穩地斷定他們很害怕、焦慮、沮喪，而這就相當於你在等待他們發出的信號。

如果疾病一點一滴地帶走他們所愛的人，那他們會在喪失之前便開始哀傷，因此你可以從確診或預後診斷的時候，便早早提供援助。如果他們是突然失去某人，他們會很錯愕，陷入難以置信之中；他們會注意到你來到他們身邊，但他們不見得知道自己需要怎樣的協助。

我們應該支援他們多久？針對悲傷過程中的不同階段，有不同形式的相關支援。如果你覺得朋友或親戚找到了很棒的支援團體，不要假設你已經可以功成身退。在悲傷的後期階段，談論他們失去的人或至少提一下名字，便是一種支援的形式，這可以確保你不但給了他們堅實的後盾，同時讓你的朋友養成良好的習慣。如果他們很久沒有談論失去的人，你可以稍微提一下那個人，看他們如何回應你，藉此檢查他們有沒有壓抑悲傷。如果你們的對答很輕鬆自在，你就曉得他們的狀態不錯；如果他們很快便轉移話題，那他們可能需要好好跟你聊一聊。遇到這種狀況，我會問他們想不想談一談，至於他們要不要談，則由他們作主。我不會繼續追問，也許要好一陣子他們才會找你談，但你已經向他們敞開大門，開放他們談論喪失，這對他們來說很重要。

如何支援他們？

這取決於你和對方的關係，以及你們交談的時間點。你的目的只是要他們知道你在惦記著他們嗎？還是你想要發揮實際的助益？如果你想要傳遞關懷的訊息，不論是簡訊、電話、信件、卡片，沒有什麼是不適當的傳遞方式。如果不想只用文字或口語來安撫對方，或許你們可以約個時間，登門拜訪，那他們就有向你抒發苦悶的機會。在喪失降臨之後的那陣子，敲門送上一些採購的食物或許很有幫助，但如果你敲門是希望他們請你進屋子泡茶，這種事還是留給跟他們交情最好的人去做吧。怎麼知道自己有沒有打擾到人家？如果對方沒有請你進屋子坐坐，或許你來得不是時候，不必認定人家是衝著你來的，但再重說一遍，他們會接收到你想幫忙的心意，在他們需要幫手的時候，就會想起你。

如果你跟對方是要好的朋友，你應該追求的目標是盡量聆聽他們的心聲。別擔心要怎麼改善他們的心情；當他們接受你的提議，向你一吐為快，心情自然會暢快起來。除了這個簡單又有效益的目標，你可以更進一步，充當他們的定心丸，因為日常的事務可能一夕之間變得特別難以達成，在他們重新適應例行公事的期間，可能需要有人來穩住他們。懂得幾時應該收手也是一門學問。如果我們硬逼他們談論喪失，可能會有反效果。讓他們決定找你陪伴他們排遣喪失的時間和頻率；要相信當他們陷入哀傷的浪潮，你會接到消息，而他們也曉得你會聽到消息。關於扶持親密的朋友，關鍵在於你要能專心地陪伴他們，他們要找得到你，你也要有靜靜聆聽的能力。

如果你等待朋友向你求助，你可能有得等了，因為喪親之人會強烈地意識到自己不想給人添麻煩，認為自己會消弭別人的快樂和安康。有時候，你再講八百遍「如果你需要什麼就跟我說一聲」也是白費唇舌，儘管他們領受你的心意，很多喪親的人照樣不會求助。而找到平衡點的竅門就是專門拋出開放式的問題，你可以親自問或傳訊息。提出最簡單的開放式問題，比如「你今天心情怎麼樣？」等等，朋友就有機會去探索自己在當下的狀態。他們不見得會認為有必要詳細回答；無論如何，重點在於給他們抒發哀傷的出口，當你適時提出恰如其分的問題，你的聆聽技巧就會派上用場。

這些日常事務也是你可以替朋友代勞的地方。提議幫忙他們接送孩子上下學；幫他們做晚餐，省得他們下廚；邀請他們的孩子來你家過夜，或是讓孩子們聚在一起玩耍。凡是可以給你的朋友更多時間的事，就是值得你盡力幫忙的地方，如此一來，你的朋友可以有餘裕去整頓心情，不陷入排山倒海而來的喪失效應。如果你偏愛展現精神上的支持，捐款給相關的慈善機構便是釋出友愛的好方法。那什麼程度的幫忙才不算太雞婆？當我開始以單親家長的身分面對每天的生活，我周遭每個人伸出的援手，從來都不是我不想要或不需要的援手，至今依然如此。我想太雞婆的情況是你助人的動機不純正，比如你要別人覺得你樂於助人，或是想跟別人較勁，看誰才是喪家的最佳好朋友，或是想利用喪失去接近某人。這些都是居心不良的援助，幫不了當事人，而且別人一眼就能識破。

如果承受喪失的人是你孩子的朋友，我要在此建議你，讓孩子們自己找到支援朋友的方法，不要列一張待辦清單給孩子，指示他們寄卡片、每週發兩次訊息、關懷對方的心情等等。你會發現下一代之間的處世之道沒那麼複雜，就算你想做點什麼，那也是跟你的孩子討論他們認為應該怎麼做，才最能支持他們的朋友。孩子傳遞同情與體貼的本事可能會讓你拍案叫絕，或者你可能會發現孩子覺得很尷尬，就避開了那位朋友。無論如何，這都是你們親子之間的優質對話，你可以支持他們去力挺朋友，你也會對自己的孩子多一些了解。

最後，如果你們的交情算是點頭之交，比方說，經歷喪失的人是你朋友的朋友，就寄一張卡片、贊助他們喜愛的慈善機構、做一件體貼的事來幫忙喪家，這些舉動都可以表達你的哀悼與支持。

給需要援助的人

如果你沒有時常抒發起起伏伏的情緒，你的悲傷便不能順暢流動。表達的形式有千百種，但最有效的一種是說出來，除非你是對著鏡子裡的自己說，否則你就需要有一個開口的對象，比如伴侶、朋友、親戚、諮商師、教練、陌生人、支援團體的團員、教師……

你不必徵召支援大軍；幾個懂得聆聽的人就夠了。你會知道想談談的時候應該找誰，因為他們是你覺得可以安心說話的對象。這可能取決於他們自己以及你跟他們的過往，也可能取決於他們的個人經歷，也可能只是因為你覺得準備好接受援助了。

在此只是叮嚀一聲，你可能基於以下的原因否定自己的需求，不給自己情緒出口。

一、你講來講去都是無聊又負面的感受，對別人很過意不去。

事情是這樣的，悲傷**本來**就很負面。悲傷很無趣，不討人喜歡，卻千真萬確，而這也是朋友派上用場的地方。如果你很掙扎，何不列出你可以談心的對象，輪流向他們傾訴，讓每位朋友分攤到的苦水都是最少的，你也不至於特別耗損某一位朋友的心神？當你的心情出乎意料地好，務必也跟他們聊聊天，平衡一下你拋出去的正負情緒。

二、你壓抑情緒，還莫名其妙地把壓抑跟「堅強」混為一談。

哎呀，這就像維多利亞時代的人：我們不談這件事，只要置之不理，事情便會消失。如果你有封藏所有苦水的本事，誰還需要朋友？諷刺的是當你的「內在水桶」滿了，苦水會溢流出來，到時候你會需要朋友拉你一把，只是你可能太用力地推開人家，朋友才會不太想幫忙。

三、他們會說錯話，惹我生氣或害我沮喪。

問題在於這些情緒出口不僅配備能夠滿足我們基本需求的耳朵，還附帶嘴巴和腦袋，意思就是他們可能會以我們不太想接受的形式，向我們傳遞他們的個人經驗和意見。

有的意見跟我們有切身關係，有的沒什麼助益，有些人講述個人經歷是在跟你以物易物：「你向我亮出你的悲傷，我也亮出我的。」這種時候，你有責任規定什麼能講，什麼不行。如果跟你談心的人最近失去了某人，那你期待對方絕口不提他們的哀傷，就太不切實際了。

你只需要他們的耳朵和擁抱，假如喝茶能撫慰你，就再配上一杯好茶，請你找到符合這種條件的傾訴對象。但你一定明白，某些字句之所以令你心如刀割，問題不在於對方不體貼你，而是這些字句背後的意義，觸動了你尚未處理的情緒。

四、但我不想哭！

哭泣是內在感受的終極表達，有的人在喪失後會拚命隱藏自己的感受。在悲傷的否認階段的人正是如此，為了持續否認下去，他們閃避所有會問他們心情如何的人，因為帶著關愛之心提出的真摯問題，會消弭他們硬撐幾個月的苦工！

我看過大男人為了足球賽事的結果哭，看過人跟著電視上的悲傷片段哭，看過人在他們剛認識的人的喪禮上哭，但當他們失去認識一輩子的人，一個意義重大的人，一個深深影響了他們今日樣貌的人，他們卻不計一切代價地忍住淚水。

突然間，一滴眼淚都不准掉。怎麼會這樣？因為我們想要操控這一段充滿不確定性的過渡期，一旦哭了，便會危及我們掌握大局的感覺。但是，唯有准許自己哭泣，我們才能控制住局面。因此，如果你有相處起來很自在、可以讓你放心哭泣的朋友，朋友就會把你照顧得好好的。

有的人覺得不該在小孩面前哭，認為會惹小孩難過，因此於事無補。你要考慮到是誰在替小孩設定抒發悲傷的行為準則。如果你可以哭，就等於他們獲准做什麼事？如果你不示範抒發情緒是自然且健康的行為，你會導致他們壓抑情緒，而你也在壓抑自己的情緒。只要記住哭泣是在表達痛苦，有好無壞。

他們有什麼好處可撈？

我們最常忽略的事實是總有一些親友是真的想要幫忙；事實上，他們可能覺得一定要支援我們，不然他們會覺得自己做得不夠多，感到內疚。

當我們陷入低潮了還真心關懷我們的朋友，絕對難能可貴，可惜少之又少。如果你住院，誰會來探病？誰會幫忙照顧你家？對於前來助你一臂之力而且隨時準備聽你訴苦的朋友，你應該給他們幫忙的機會。

有的人或許會想：但我那麼傷心，這樣豈不是全都在照顧我的需求嗎？對，沒錯，這是在滿足你的需求，有些需求是你自己知道的，但也有的需求是你沒有意識到的，得透過談話來協助你表達。允許別人知道你內心的狀態，可以鞏固並加深你跟他們的情誼，對你們雙方長遠的情誼大有助益。

當你們的生活中不再只有吃大餐、喝酒、逛街、足球，出現了需要對方伸出援手的難關時，友誼便會受到考驗。當你陷入悲慟，甚至可能會折損一些朋友，我的一位個案就是真人實例，她曾經有五位親密的朋友，她還以為她們會是一輩子的摯友。她們一起出門，玩樂狂歡，是「她的好姊妹」。但她父親過世時，她打電話給其中一人報告噩耗，這位朋友說自己正在特易購超市買菜，沒空陪她講電話。更慘的是她很快便發現，這群朋友中有一、兩個人根本不是「她的好姊妹」。

她們的反應讓她心亂極了，我們討論完當中的原因、她對這群朋友的期待，以及期待落空對她所代表的意義，最後她下了結論：「當你跟火雞一起飛，就不能像老鷹一樣直上雲霄。」可見她接受了雖然自己很痛心，但從她的長遠利益來看，這是一件好事。在她最需要這群朋友的時候，她們卻令她失望，那她們真的是特別親密的好朋友嗎？可惜，直到父親死了她才認清朋友的真面目，但喪失帶給我們的見解，往往是最深刻的。

我們都聽過酒肉朋友這個詞，如果我們不想在朋友遭逢不幸的時候出手相助，那這場友誼算什麼？在朋友有難的時候，我很樂於把握機會，向朋友展示我的友誼，尤其是我經歷過相同的苦難的時候。這不僅促進我們平起平坐的友情，同時也讓朋友看見我不是只有精神上的支持而已。

我想，如果從更大的格局來看待這件事，其實我們的生活品質有時必須仰賴與我們有共同經歷的人，而我們在一路上無私地互相扶持，變成更好的人。你不必有喪失的經驗，也能協助別人度過喪失。真正的友情是你願意坐下來，全神貫注地聆聽對方說出的每一句話。

或許你現在還無法體會，但有朝一日你會慶幸自己向別人訴苦。痛苦的推進力可以締造最上等的友情。生命不會總是光鮮亮麗，喪失是人生旅程的一部分，而我們需要別人來協助我們復原。

33／遺言在喪親之痛中的分量

千萬不要低估臨終之言的衝擊力。說出遺言的人或接收遺言的人，都不能小覷遺言。這些話的威力可能很強大，視遺言背後的意圖而定，有時甚至可以改變一個人的人生。

在知道喪失即將發生時，兩人的最後對話可能帶有特殊的意義與目的，有時喪失是意外降臨的，雙方不知道那會是他們的最後一次交談。無論臨終之言是在什麼情況下、在什麼時候說的，都可能烙印在記憶中一輩子。

要有遠見

有的人不能向摯愛道別，我們真的應該以他們的痛苦為訓，要曉得我們每一次與親人分開，都有可能再也不會見到他們。幸好，這種事不常發生，但應該足以讓我們暫停腳步，想一想我們如何對待別人，並希望別人如何對待我們。

如果你們最後一次的對話是爭吵，是惡言，你覺得如何？你可以努力的方向是不論你們分開時雙方的主要心情或情況是如何，總是盡量說出和善的話，將以後萌生愧疚與遺憾的可能性降到最低。

臨終之言

幸好，我見過很多運氣好的人，他們所愛的人最後說出了他們渴望聽見的話——他們聽見了遲來的愛、感激、讚美、肯定、認同或同意，這些都有讓人釋懷的美好效果。

但有人聽到的則是死者的意見或願望，是限制性的指示，例如：「留在約翰身邊，他是個好男人。」我們很難真的拂逆瀕死之人或逝者的願望，但萬一他們的願望牴觸我們的心意呢？你堅強到可以違抗他們不切實際或不合理的遺言嗎？還是你會不計一切代價地照辦呢？

在這種情況下，你要問自己：這是誰的人生？如果他們臨終時給你的是安撫、指引、愛，那真的會令人對生命充滿希望。反之，當你得知必須違反個人的意願或信念，才能實現摯愛的遺願，那又該多麼令人寸步難行，心情鬱悶。

萬一誰交代你去做違心之事，很重要的是記住他們提出要求的初衷。有時候，是因為他們資訊不足，不知道事實情況，或者那是他們的個人觀點，而他們可能還抱持傳統的價值觀，與你的看法不一致。如果你覺得自己必須實現這些遺願，問問自己假如他們是在健康良好的時候請你做這件事，你會有什麼感受——你會怎麼回應他們？跟其他的家人談一談。或許一位家人就可以向你下咒，而你需要幾位家人來打破魔咒。

沒說出口的話一樣糟

多年來，我見過很多人懊悔自己沒有把握機會，沒趁著親人還有一口氣在的時候表明心跡。「我怎麼不乾脆一點，跟他們說我愛他們？……我怎麼沒跟他們說我原諒他們？」

很多人不向親人提出關於往事的艱難問題，不請他們說出我們需要知道的資訊，情願讓我們身後留下的人或離我們而去的人，維持他們有害的臆測。不論真相再怎麼刺耳或難以啟齒，真相都會令你自由，因此身後盡量不要留下猜疑的空間。

自訂的規矩

遣詞造句是預先決定我們的喪親之旅會是什麼樣子的一大關鍵。對自己說話要客氣，但我們在日常生活中，卻普遍忽略這項責任。

你稱讚自己的頻率是多少？你會鼓勵自己嗎？你允許自己感到得意，承認自己表現得很好嗎？也許你的天性傾向是批評自己，於是斥責自己怎麼可以有某種感受或某種行為？這種話在我們的內在對話中其實占了不小的比例。轉大音量，聽聽看……你對自己有多客氣？

這些原有的習慣會深深影響你悲傷的方式。如果你對自己很和善，整體而言，你只要排遣悲傷即可。如果你對自己不客氣，你的哀慟可能就比較難化解，因為你自行施加的情緒與障礙也會給你帶來額外的麻煩。

內在的對話是我們給自己設定的程式，決定我們如何生活，如何應付隨著人生經驗及教養的制約而來的感受。如果你自尊低下，便比較會把責任攬在身上，為了不見得與自己有關的事情而責怪自己，結果，跟其他不太會拿這些事情鞭笞自己的人相比，你更容易出現罪惡感和遺憾。

我們在喪失降臨之前便有的毛病，必然會與悲傷結合，打造出我們獨一無二的悲傷版本。我們都有童年時代殘留的議題——人際關係、校園經驗等等——提出這一點只是要各位知道，我們的「悲傷」裡摻雜了許多東西，不完全只有失去親人。

當我們的大限來臨

如果你知道自己快死了，我相信你一定會確保自己留下禮物，以深思熟慮的文句來充當你留下的花束。也許你會用書信的形式，以防大限來臨的時候，你無法開口或發出聲音，講出你要講的話。有哪些話是你可能永遠都說不出口，或是很久沒有表達出來，而你知道這些話對於你即將留下來的人意義重大？

想想你所愛的每一個人，想想這些跟你最親的人，想想怎樣才能好好地向他們傳達你的讚賞、誇獎、撫慰、鼓勵、原諒、解釋、歉意、澄清，供他們在你走了以後千百遍地回味、吸收、重播。

還有——我只是在想——即使你沒有罹患折壽的疾病，近期內應該不會離開人世，時常確認我們做到上述的事是什麼壞習慣嗎？認真想一想，何必把這些事全都留到人生的最後幾天才來做？

我們忌諱的用語

有多少人對「死」、「死亡」之類的用詞退避三舍？這些詞語其實描述了會帶走所有人性命的那回事，為什麼我們覺得這麼難說出口？

講出「死亡、快死了、死掉了、死者」又如何？這些用語很冷酷嗎？不敬嗎？麻木不仁？駭人？失禮？一開始，使用這些詞可能感覺很傷感情，可怕，或讓人不舒服，但是當我們選擇精確的詞語，便有助於排除否認現實或陷入錯覺的可能。當我們說這些詞，就是在允許身邊的人用這些詞。打個比方，孩子對當下的情況或即將發生的事，便不能抱持幻想，而精準的用語也是在推廣事實，斷絕會削弱我們力量的臆測。

我們的社會否定死亡，這幫不了我們排遣哀傷。儘管用你覺得自在的詞彙，但至少想一想為什麼你忌諱某些詞語，這樣的禁忌對你或你身邊的人有沒有幫助？會不會變成障礙？

過時的說法

有些描述哀傷及邁向死亡之路的說法，實在應該更新了。我時常聽到人以「克服」一詞來談論自己的悲傷之旅。或許這只是我的個人看法，但我認為這樣的措辭實在幫不上忙。我們「克服」障礙，但是悲慟絕對不是你可以一躍而過、從此了結的事。

我情願想成是我們學會「駕馭悲傷」，學會與悲傷共存。要不是我們忙著講模稜兩可的措辭，比如悲傷，我們對於該怎麼做也不會這麼含糊不清。以我的看法，「悲傷」是名詞化的說法，極難說得清楚它的實際意義或它涵蓋的範圍，是一個柔弱無力到不會惹我們不高興的詞。假如悲傷是一個人，那悲傷就是一個會跟你始終同在的人。我相信悲傷是人類的反射動作，作用是叮嚀我們要緬懷故人。

從這項作用來看，我們怎麼會不想跟悲傷建立長久的關係？這可不只是一般的老交情呢。大部分人跟悲傷的關係從一開始就很坎坷，很多人只想一走了之，但悲傷硬是不放過我們。我努力改善我與悲傷的關係。捱到了某個時候，我便接受悲傷的存在，現在我明白要不是有悲傷在，我或許不會回頭看，並且記住那麼多往事。

一般而言，「末期」這個詞是用在疾病上，表示一個人的預後診斷是壽命有限。但「末期」是拍板定案的詞，彷彿一切都很快就會戛然而止，有的人覺得意思是一個人現在面臨了死刑。但不是每個人都一定會馬上死，有時候預估的剩餘壽命老早就過了，人卻還活得好好的。

我毫不懷疑有的人會完全接受預後診斷，他們規劃人生的依據不再是自己的期許，而是醫生從虛無之中挑選的數字。這個數字無疑來自醫師的經驗與平均值——但你不是別人；你是獨一無二的，你是你。

比「末期疾病」好的詞是「折壽疾病」，儘管這個詞也指出了壽命會提前結束，卻沒有你會一頭撞上死亡的意思。而且也沒有明確的時限，因此不用放棄希望，不用放棄生命。

那我們要如何看待「快死了」這個詞？你可以主張死亡的行為實際上是發生在我們的最後一次呼吸時，因此在那一刻之前的所有時間裡，不論我們的身體狀況如何，都算活著。假如你不能接受這種說法，那以下的說法呢：生命有一定的期限，這是一段你的父母只送給你一個人的特權時光。我們是不是也可以說從我們誕生的那一刻起，我們的計時器就啟動了？誰戴上了碼錶只有天曉得，但如果生命從一開始就注定有結束的一刻，那我們是不是從存在的那一刻起就在邁向死亡？

也許我們在最後的幾秒來臨之前都算活著，因為你不是活著就是死了，沒有中間地帶。

34／悲傷與社群媒體

我們的社會仍然相當排斥死亡。我們不喜歡承認死亡的存在，我們畏懼死亡，尤其不喜歡談論死亡，但想想社群媒體如何改變我們現代的悲傷方式，其實很有意思。你可能認為多一個溝通的方式有助於我們疏通悲傷，然而這麼堂而皇之地抒發悲慟，則有好有壞。當親友需要我們幫忙他們宣洩哀傷，社群媒體可以移除障礙，給我們一個傳遞言語與情感的管道，把原本可能很難當面說出口的心思表達出來。我們不見得住在喪親的親友家附近，或者是有工作之類的責任束縛，以致不能天天親自協助他們，這時社群媒體就能協助我們和他們保持聯繫。

聽說使用社群媒體就像對著一個空房間大叫——表達你的心思以及你的心有多痛，又不必實際親自告訴對方。但房間真的是空的嗎？你有一大堆親朋好友在臉書上，推特的匿名性或許比較高，讓你覺得比較不會被身邊的人批判，卻照樣會有人聽到你的心聲。依我看，利用社群媒體表達悲傷可以是一件好事，這可以是你駕馭哀慟的方式之一，前提是你不能只在社群媒體表達悽愴。

然而如果你把悲傷當成個人的標誌，發布關於哀慟的貼文，就可能招致不良後果。在個人資料欄位中劈頭就說自己喪親，別人可能會覺得喪親就是你的一切。確保自己仍然是喪親之前的樣子，這對你的精神健康很重要。你面對的痛苦是你現在的一部分經歷，你會持續駕馭痛苦，不論痛苦占據了你多少生活。發布關於喪親之痛的貼文可能表示此刻悲慟吞噬了你，而把喪親之痛實際列入你的個人資料欄，可能代表喪親之痛已是你現在的身分，這可能會帶來負面效應——例如，朋友可能覺得不論他們如何回應你的貼文，他們終究不能讓你所愛的人死而復生，那又何必試圖安慰你？一切都關乎平衡與適量，說到底，儘管社群媒體可以滋養我們，協助我們管理哀傷，以我的看法，任何事物都不能取代在現實生活中的互動。

那在悲傷時使用社群媒體有哪些利弊？

一、社群媒體及各種相關的捷徑。

在臉書或推特發布一則貼文，抵得過五十次或更多次的對話。也許你很害怕要一遍又一遍地跟大家報告噩耗或你的調適狀況，而社群媒體讓你可以一次就向所有人報告完畢。當你可以引用一段美麗的文句，貼在推特上代替你訴說心聲，又何必親口說？在社群媒體上貼文絕對有其優點，但我認為千萬不能讓貼文全面取代你跟親友的實際對話。也許你下一次發布談論喪親之痛的貼文時，挑出幾個對象，親自致電。你可能很久沒有在現實生活中跟人見面，習慣在他們每天的貼文「見到」他們。社群媒體可能代表你在觀察別人的生活，沒在現實中跟人互動，棲身在一個萬分寂寞的世界裡，而別人的日子似乎都很愜意。務必跟一些朋友實際見面，喝茶聊天，這能讓你在現實生活與超現實世界之間維持適當的平衡。

張貼讚美摯愛的貼文既能宣洩你的感情，又能讓廣大的親朋好友認識他們，分享他們的回憶。如果你的孩子或其他家人看不到你在社群媒體帳號的貼文，務必跟他們分享有意義的頌讚。

二、使用群組及論壇。

我將貼文比擬為捕魚。你用社群媒體撒下天羅地網，你知道自己不會捕到湖中所有的魚，你也不需要全部的魚。其實，只要一個人落網，就足以讓你覺得有收到回應，或是「捕到了東西」。但要知道，魚可能會從你的策略學乖，對你的魚餌視而不見，或是一見到你到湖上捕魚，便躲進暗處。我的建議是儘管你捕魚的原因完全顯露無遺，你要評估是否有必要每次都動用天羅地網，還是只要朝著某一個人或某一個群組的方向撒網，他們就會回應你。

社群媒體的最佳特性之一就是當你貼文或搜尋，便能找到跟你的處境類似的人，跟你志同道合的人，比方說，你們可能都失去了孩子或父母，而這些人可以成為支持你、給你意見的後援群組。誰都不太了解你遇到的各種棘手狀況，唯一懂你的人是跟你經歷過相同喪失的人，他們是過來人，而你按一下按鍵就能連結他們，跟他們分享你的經歷與感受，這是很難能可貴的。這些群組裡的成員真的會建立長久的情誼，因為他們一路上互相扶持，共同捱過舉步維艱的時光，凝聚出非常深厚的感情，連許多以前結交的老朋友都比不上。

但千萬要確定這群組是「真實的」，要確定你安全無虞。選擇只和素昧平生的陌生人表達你的哀傷，對親朋好友的扶持置之不理，可能會有不良的後果。讓臉友知道你的狀態雖然是好事一樁，但你最親的親族也需要你。

線上活動最顯而易見的潛在危險是在現實生活中見面。喪親的人常常被視為脆弱的肥羊，因此一定要確認即將和你見面的人，真的是你想的那個人。

三、溝通的要義是在於話如何被接收到，而不是話如何說出口。

有時候，張貼悲傷的貼文絕對是在求救。但在貼文說你心情低落，需要別人拉你一把，可能會惹惱其他在為同一位逝者哀悼的人。

我認為吐露心聲是非常正向的做法，如果不會挑起別人強烈的情緒反應，對你便會有極大的助益。但你不應該只是貼文，當你發表完心情，應該也要檢視你貼文的動機，以及你希望得到什麼結果。或許你只想讓大家知道你的狀態，但你也可能是在求救，那就應該在貼文清楚交代你的需求，你才能得到正中下懷的幫助。我們常用社群媒體公開自己的問題，卻沒有意識到這其實表示我們並非隨時都能取得所需的援助。對，當你收到一百四十個哭臉的表情符號和一堆人留言說「如果你需要什麼，就講一聲喔」的留言，你就得到了「聲援」，但當你想要更進一步，有多少留言可以化為實質的扶助？

你忙碌的朋友們不見得會察覺你寫在貼文裡的暗示，以致你滿肚子委屈，或氣惱他們沒有看出你的需求，或是朋友反倒覺得你發出了戰帖，在要求他們證明他們的友情。社群媒體是很棒的溝通管道，但也和面對面的交談一樣，那些沒有明說的事常常會釀成問題。

同理，如果你沒有得到預期中的回應，大家不見得是在冷落你或不想幫忙。你的朋友大概希望你平安無事，但他們也在乎自己的精神狀態，如果他們覺得你的貼文對他們的身心安康不利，會勾起他們痛苦的回憶或情緒反應，他們或許就無法以你希望的形式來回應你。

四、回憶的入口。

社群媒體現在可以為你奉上過去的存檔照片或貼文，寶貴的回憶就像定心丸一樣，在不如意的日子裡提振你的心情。如果在喪失之後，你覺得可能有哪一張在暗處潛行的照片可能挑起你的痛苦，或許你會想要問問別人，怎樣關閉這項功能。在人死之後，任何人都可以申請將死者的帳號轉換為「紀念帳號」，死者的個人資料頁面就會變成供親友分享回憶的園地。現在，家人或遺囑執行人可以要求刪除頁面或帳號，但他們必須提交相關文件。有指定「數位執行人」的遺囑越來越常見了，數位執行人要負責發布或刪除電子郵件、社群媒體訊息、簡訊內容等等。還有一款與臉書連結的應用程式，名稱是「如果我死了」（If I die），可以用來管理你死後的社交檔案，並錄製要發布在訊息平台上的影片及訊息。

有些人可能不想看到親人的社群媒體帳號。若說回憶是悲傷的貨幣，我們應該設法從社群媒體的平台提取我們想要的回憶，其餘的則不要染指。但很有意思的是這些頁面可能會變成現代版的墓地，是當今的社會大眾悼念故人的地方。

五、撫慰心靈的往事。

當各界人士分享他們對你親人的回憶，你會由衷感恩有這麼多人關愛他們。對孩子來說更是如此。我曾經熱切地研究社群媒體很多次，其中一次，我得到為兒子們設立帳號的點子，以後我們親自邀請的對象，都可以發文分享關於他們媽媽的回憶，現在我兒子這輩子都可以反覆閱讀這些貼文了。

六、特別的日子。

母親節、父親節——任何節日都可能教人痛徹心扉，即使事隔多年也一樣。社群媒體的好處是在特別的日子裡，比如紀念日、生日，或單純是在懷念所愛的人時，你都可以親手為他們輸入一段訊息，發送給廣大的世界，從中得到許多安慰。

反之在某些時節，社群媒體會被別人大量照片和貼文洗版，頌讚他們生龍活虎的親族，你可能會不好受，假如這類貼文會挑動你的哀傷或嫉妒，那你要自己設法建立某種篩選貼文的機制。對這些日子要有心理準備，也許在你為所愛的人發布貼文後，暫時登出社群媒體。反正還有明天！

社群媒體與喪親之痛總整理

一、社群媒體讓你觸及更多的支援群體，但線上的支援與實際的一對一溝通不應該偏廢，兩者要平衡。

二、設定清楚的每日目標，以便控制貼文可能引發的效應。你想要分享、交友、邂逅別人、尋找什麼嗎？也許你希望別人喜歡你、肯定你？你要很清楚自己想從社群媒體得到什麼，才能夠駕馭社群媒體，而不是被騎在頭上。畢竟，社群媒體是工具，不是一種生活形態。

三、留意社群媒體對你精神狀態的正負影響。社群媒體協助你進入自己的哀傷嗎？還是在阻礙你？你需要縮減上社群媒體的時間嗎？也許你要重新考量自己的目標？

四、你社交圈的人可能會討論自己的悲傷，造成你的社交壓力，好像你也得在網路上抒發自己的悲傷才行。選擇要在何時、何地以何種方式探索個人的悲傷是你的權力，沒必要隨著眾人起舞。

五、用下文的問題辨識哪一種表達悲傷的形式最適合你。弔唁者某甲在喪禮時站在教堂後方，沒說什麼話，但全程都在場。弔唁者某乙沒有出席喪禮，但發了推特訊息，這則訊息有很多人轉發，瀏覽者眾。某甲和某乙誰最悲傷？

六、臉書有十億個用戶自行填交的詳細個人檔案，他們創立的宗旨是串聯活人。然而臉書已是世界最大的死者悼念網站。臉書握有大約三千萬位死者的個人檔案。生命並不受時間的限制，而人死後仍然持續存在的社群媒體，正是我們用最新科技來面對這項事實的方式之一。

35／他們去了哪裡？

死亡是終點嗎？或者只是生命的下一步？你說了算！

儘管很多人相信有「天堂」、有輪迴或我們會變成鬼魂，但也有很多人相信一旦死了就什麼都沒了；在那個要命的日子結束後，我們就不復存在。有的人信仰宗教，有的人信仰靈性，有的人抱持無神論，儘管世界上對我們死後的去處有各門各派的說法，有各種解釋與猜測，但擁有這方面的信念重要嗎？──如果我們什麼都不信呢？

擁有個人的信念，不管那是宗教、靈性或其他性質的信念，都能給我們方向感，在茫然中得到慰藉，還可以放縱我們的心與想像力盡情馳騁。既然沒有拍板定案的答案，如果對死者及他們的去處抱持某種信念可以安慰我們，誰又有資格否決我們的信念？曾有一位女士告訴我，她相信「天堂，因為我喜歡我所愛的人都在天堂團圓；我也相信輪迴，因為我真的相信我姊姊以蝴蝶的形體，來探望她的孩子好幾次；我還相信鬼魂，因為我曾在上早班的時候看過一次鬼。」

我偏愛靈性的主張，總覺得輪迴比天堂有道理。知道只要我與人為善，那我在今生或來世得到好命的機率一樣大，我覺得這樣就夠了。我倒是沒有深思來世的事，這輩子就夠我忙了──我相信，將來一定會有大把的時間可以找出答案的！

我曾在社群媒體上做過意見調查，看大家認為我們死後會如何。我看了調查結果，收到數以百計的回應，與許多回應的人進一步討論、釐清他們的觀點，歸納出幾個明顯的趨勢。

大家喜歡死亡並不是終點的想法。

大部分回應的人想要相信死後還有另一個世界。原因包括：這樣他們會更肯定自己的生活方式；如果死後還有別的事物在等待他們，生命會更有意義，另外，他們死後會得到接納，會有某人在某處迎接他們。

對宗教、靈性或任何事物的信心會帶來信念，而信念又給我們慰藉和希望。如果相信你信奉的神會迎接你，或相信你會重新誕生，或你可以回來糾纏某個惹你生氣的人或守護你愛的人，而你從這種信念得到慰藉，那這不但能幫助你接受死亡，還能幫助你哀悼逝去的親密對象。

安琪拉在十一年前喪父。他死在安寧中心，「……在他過世第二天，我妹妹在她家的窗台上看到一隻知更鳥，之後每一年都會看到。我們的媽媽在八週前住進同一家安寧中心，護士說有一隻常常來的知更鳥整個夏天都沒有出現，但是五天後我媽媽過世了，就在那一天，那隻知更鳥又出現在窗台上。有一天，我五歲的孫女艾莉來我家玩，院子裡有兩隻知更鳥，一隻又大又壯，一隻嬌小可愛。艾莉嚷嚷著說：『曾祖母好像在院子耶，但是她跟另一隻知更鳥在一起！』我爸爸身高六呎，我媽五呎！」

同樣地，麗莎很欣慰地相信死後還有來世，我們所愛的人會繼續活下去，長相廝守。「我個人相信我們是來學習功課的。走過困頓人生的人如果學到豐富的教訓，他們會去靈性等級比較高的地方生活，而沒有從經驗中學乖的人就會透過輪迴，一直回來這個世界。我知道不是每個人都認同我的看法，但我所愛的人給了我太多證明，讓我相信他們還在我身邊，由不得我不信。這給了我很大的安慰。」

找到安慰是接受喪失的主要關鍵。接受喪失的重要性再怎麼強調也不為過，我們要接受喪失才能駕馭悲傷，可以心平氣和地看待大家終將面臨的那一天。如果你失去了某人或思忖起自己的死，而你覺得自己會「在更好的地方」，或「現在是跟老媽或老爸在一起」，或「不再痛苦」，那這些撫慰心靈的信念便會在你愁悶的時候給你力量與希望。

即使你認為死後什麼都不會發生，或抱持嘲諷的態度，比如其中一篇回應的說法：「相信天堂的人只是受不了自己再也見不到心愛的人。」其實這也是一種信念，只不過是把來生批評得很不堪的信念。有的人說他們沒有思考過這回事，實在不知道自己的想法；他們正忙著把握人生呢。搞不好他們還認為，要是期待死後有另一個世界，他們對自己仍然擁有的今生就不會這麼衝勁十足，彷彿想像自己還有第二次機會的話，就會自滿起來，不再努力。

我們喜歡以後還能和故人重逢的想法。

有好些人提出的觀點是等我們死後，就能和逝去的人團圓。將來還能和爺爺奶奶、爸爸媽媽、親朋好友們共度時光，再一次擁抱他們，這是多麼美麗的想法啊。這當然是有助於駕馭悲傷的信念，可以讓我們覺得自己與所愛的人仍然緊密連結。只要我們不是認定死亡可以逆轉，不是在閃避所愛的人確實走了的事實，那團圓的想法便能撫慰人心。

我們喜歡失去的人仍在我們身邊的想法。

有一位回應我問卷調查的人深深感動了我，改變了我看待事情的觀點。

馬丁失去了妻子嘉妮，他告訴我：「每個人要怎麼想是自己的權利，但我是科學家，我喜歡證據，所以我是無神論者。我們是由物質與能量構成的。人體的每一顆原子都是在恆星的核心鍛造而成的，我們死了以後，這些原子仍然會存在，被植物、岩石或其他動物等等接收使用。我喜歡想像有朝一日，嘉妮的一部分原子會變成一隻蝴蝶重新出現。當我想到嘉妮的能量，並且套用能量不生不滅的熱力學第一定律，我就能相信嘉妮身體的每一絲熱能、每一道聲波、每一道嘉妮反射出來的光都仍然存在，永遠在星辰之間旅行，被重新使用。也許在一百萬年後，她的一部分能量會變成一顆新星的一部分，周圍還有其他的行星跟生命。至於現在，我知道她的能量就在外面，在地球內外移動，她也是。她在宇宙留下了印記，沒有她，宇宙看起來會截然不同。宇宙很美，而生命是快樂的意外，而每個快樂的意外都滋養了美好，每一個死亡遲早都會帶來新的生命。我想，從某個角度來看，我的確相信輪迴，不是神秘學的那種輪迴，而是符合科學證明的輪迴。物理學也可以很抒情、很浪漫、很美。」

我們聆聽靈媒的話。

很多人寫的回應是這麼開頭的：「曾經有一位靈媒告訴我……」靈視力或通靈力可以帶來極大的慰藉，也印證了一些人對來生的信念。顯然，不是每個人都能接受靈媒，但如果靈媒可以安慰到一部分人，為他們所愛的人傳遞撫平情緒的訊息，讓生者知道不論死者去了哪裡，他們都安然無恙，這就有助於生者的哀悼過程。

我們不見得希望隨時都有人從天上看顧我們。

我曾和一位女士有過愉快的對話，她只想相信死掉的時候會感覺到平靜籠罩著我們，然後我們便不復存在，因為她不希望自己所愛的人從天上看著我們，擔心這個世界的事情。她顯然認為看顧會帶來憂慮，而不是喜悅，於是我們展開有趣的討論，談起了她的個人情況。

我同意她的觀點，要是我看到在世的親友經歷困難，而我又不能出手幫忙，那我也不想要看顧我的親友。這可能會打擾到我的長眠！

有的人寧願不去想這些事。

很多人害怕死亡，不願意思考死亡的人所在多有。確實，死亡不是愉快的主題，但人終有一死，大概會有一些親人比我們早上路。這就是現實，是無可爭辯的事實，那閃避或漠視人死了以後會怎樣的問題又有什麼用？

我的意思並不是你得每天思考死亡或時常想著這一類的事，但我深深覺得這不應該是我們退避三舍的禁忌話題。當我們面對自己的死或親人逃不過的死，要是心境上能夠自在一些，或許我們應付悲傷的能力也會好一點。這種態度絕對能夠幫助其中一位回應者，他寫到自己畏懼死亡：「老實說，我拚命不去想這種事，這真的會把我嚇到魂不附體。光是寫這則回應，我的恐慌症就瀕臨發作了！」

害怕死亡的原因，有時候是對自己目前為止的人生不滿意。如果你想追求的目標統統有待實現，你對死亡的看法便會充滿恐懼和驚惶。死亡可以提醒我們尚未完成的目標。死亡也可以提醒我們，我們擁有的每一刻都很寶貴。也許面對死亡的方式是全力以赴，確保我們走的時候心裡洋溢著愛，腦袋裡滿載著回憶，而這個目標就是我們每天生活的基調。

36／土葬或火葬：我們想在哪裡落腳？

人生的一大決定就是我們希望死了以後，家人到哪裡追弔我們。這不只關乎撒骨灰或下葬的地點，也牽涉到當悲慟的親友需要與我們連結，哪裡最能營造那種感受而且便利。

墓地：是憑弔之地還是綑綁在世親友的束縛？

去給潔德上墳，也就是去我們暱稱為「媽咪的小天地」的潔德墓地走一走，會讓孩子跟我覺得我們和潔德很親密。大家一般是去墓地追弔死者，讓所愛的人「看到」他們在惦念死者、尊敬死者，有時則是生者有一段時間沒有替死者做某些事，所以去上墳來釋放內心堆積的罪惡感。

視你對死後世界的信念而定，或許你上墳並不是為了親人，而是為了自己。當然，你不應該只在墳地才允許自己抒發悲傷。總之，在墓地不一定要哀淒。我兒子從年紀還小的時候，每次上墳都會開心地跑來跑去，一塊兒在潔德的墳前玩耍，潔德一定會很欣慰的。我兒子會給媽媽奉上鮮花，這些年來，他們送給媽媽的禮物從圖畫變成信件或卡片，我們父子會坐在長椅上，俯瞰坐落在美麗園林中的墓地。

不經常上墳的話會怎樣？各位八成已經想起某位仁兄了吧，他老是呼籲大家要談論死者，還要抒發死者撒手人寰給你的感受，那上墳有什麼額外的益處，是這兩樁重要事項不能給你的嗎？

讓我們從逝者的角度來思考。假如死掉的人是你，你寧願心愛的人緬懷你，不時把你掛在嘴上，還是他們一定要站在你下葬的確切地點談論你才算數？我個人不希望把兒子局限在固定的地點。我大概會請他們來一趟冒險之旅，挑戰他們帶著我的骨灰到一個我們父子去過的地方，撒在我們都喜愛的舊地，或是撒在這些年來一直深得我心的地方，例如湖區。假如我夠狠，就會要他們把一部分骨灰撒在南太洋的雅庫維島，二〇〇二年我在錄製《船難》（Shipwrecked）實境節目時曾在島上住過三個月，但我剛剛查了資料，如今那裡是六星級的科科莫島度假村，這樣的要求應該不會讓他們太不高興吧！

千萬別太顧忌傳統，以為「很哀傷的樣子」很重要，舉手投足都想滿足別人的期待。大家為了「上墳」給自己莫大的壓力，不上墳就覺得自己不關心至親，沒有考慮到自己早已在數不清的場合裡懷念他們，時常提起他們。墓碑和墓碑前的那塊土地所代表的意義可大可小，完全由你們一家人決定。如果你們覺得按週或按月帶著鮮花上墳很重要，上墳是你們悼念逝者的方式，讓你們覺得自己和死者關係緊密，而你或你的家人也覺得上墳不是沉重的義務，那這才是重點。

如果你偏愛把時間用在不同類型的追思活動，不時更新自己與他們的連結，但不太會去上墳，那也無妨。但如果你對上墳感到彆扭，墓地又沒有打點得很好，你在墓地時可能會有點愧疚，因此要有心理準備。我們可能會把墓地當成那個人的「房子」，如果墳頭長滿青苔，花都枯死，你可能會覺得自己辜負了死者。但三兩下就可以把墳地打掃乾淨。

不論你認定上墳跟不上墳之間的平衡點在哪裡，樂於整理墓地的眾親友可以約定簡單的輪班方式，這樣就能夠照顧墳地，既符合你的個人期許，又避免了不必要的「掃墓罪惡感」。

骨灰——遠距的哀悼

許多人認為選擇土葬或火葬，就是決定自己死後的遺體要如何處置。我要挑戰各位換個角度，思考這兩種方式可以留下什麼給遺族。

土葬是為思念你的全部親友提供一個明確的核心地點，當他們想要抒發哀思、悼念你，就可以鎖定你的墳地。火葬的話就可以選擇撒骨灰的地點，也可以把骨灰重新製作成其他的物品，或是選擇意義重大的其他選項，例如收藏在家裡或擺放在許多個地點，讓人在更多地方都感受到宛如上墳一般的親密感，這是骨灰的潛力。假如我們認為只有待在墳地或骨灰附近才能感受到與死者的連結，那麼採用火葬的話，我們進行哀悼活動的限制就會大幅降低。

兩者各有利弊，骨灰常常是在壁爐上擺了很久之後，大家才想到要拿骨灰怎麼辦。我媽媽將我外公的骨灰收在家裡八年了，從她的例子，我發現如果你有否認現實的傾向，那你可能會緊抓著哀傷不放，就像你捨不得拋開遺骨。

越來越多人選擇火葬作為最後的處置方式，原因很多：

一、成本

火葬的費用通常比傳統的土葬少四到五成。火葬不必準備墓地和墓碑，很多家庭會省略防腐手續，骨灰罈一般也比棺木便宜。

二、簡約

火葬可以免除繁複的土葬儀式，包括選購棺木、瞻仰遺容、抬棺儀式等等。骨灰罈的尺寸小巧，比跟真人一樣大的棺木容易搬運。

三、彈性

如同前述，骨灰罈比棺木小巧，易於搬運或放置在家中。火葬也不受時間限制，可無限期收藏骨灰，直到你們一家人安排好葬禮、撒骨灰或其他的處置方式。

四、環境考量

傳統的土葬會占用土地，通常也必須使用大量化學物質（遺體的防腐程序）。火葬的優點仍有爭議，但一般認為比較「環保」，環境友善。火葬的確必須付出碳排放的代價，但火葬設備和科技都在進步，對環境的衝擊也會下降。如果在草皮上堆放太多骨灰，會導致「灼傷」，跟肥料撒太多的效果類似，所以撒骨灰時要散開來撒，如果你要把骨灰埋進土裡，就得跟土壤拌一拌，不然太集中的話會結成一團。散開的骨灰乍看不會衝擊環境，但如果在山頂之類的敏感生態系統大量撒骨灰，可能會改變自然的生態。因此，如果你打算把親人的骨灰帶到吉力馬札羅山，盡量避開山頂！

五、少一點傳統，多一點個性

儘管家庭與宗教的傳統仍然備受重視，但不再死守傳統也是大勢所趨。越來越多的家庭情願以獨樹一格的個人方式，歌頌親人的生命。火葬的彈性讓遺族可以設計絕無僅有的紀念及處置方式。撒骨灰是熱門的選項，做法不勝枚舉：在海上、你家的後院、直升機上撒骨灰、種在紀念樹底下、用煙火射上天空等等。這年頭，還有各式各樣的營利事業提供撒骨灰的服務，例如撒在葡萄園，讓你的親人為來年的葡萄酒盡一己之力，如果你想要離家遠一點，有一家公司可以把你的骨灰射到太空去。

你的骨灰可以製成首飾、刺青、飛盤、彩繪玻璃或褐色玻璃，你可以把骨灰統統裝進維京長船造型的骨灰罈，點燃，讓它漂浮在水面上，當火勢減弱，骨灰也會裊裊沉進水底。有沒有哪一種做法令你心動的呀？

六、幽閉恐懼症

埋在土裡的概念會喚醒許多的深層恐懼：「我很怕密閉的空間，不可以土葬啦。」也有的人覺得把骨灰撒在戶外或海上很自由不羈。

七、機動性

如果你時常搬家，或可能必須在喪失之後搬家，萬一新家離墓園很遠，那火葬可以讓你不被墓園束縛，覺得自己必須大老遠地回去照顧墓地。你最後也可能會因為老邁，無力再照管伴侶的墳墓。

八、與所愛的人長久相伴

這年頭的墓園已經相當擁擠，通常你可以把骨灰罈埋在下葬的親人旁邊。如此一來，就不必因為園方說「沒有位子」安置你所愛的人而傷腦筋，吃盡苦頭。

林地葬也漸漸蔚為風潮，可以在比較自然的環境舉行葬禮，追悼所愛的人。林地葬的園區多半位於占地幾英畝的郊外，有祥和平靜的花草樹木環繞，提供傳統墓園或墓地之外的自然選項。大部分的林地葬園區提供墓地，但也可以把骨灰埋或撒在園區內。

林地葬不用傳統的墓碑，而是栽種一棵紀念樹或放置一塊樸素（通常可生物分解）的牌匾作為記號。園區會加強維護林地環境的自然美景，照顧在地的野生動物及花草的生態。

我個人則想要待在自己喜愛的地方，我在那兒有強烈的精神連結感，還看過無數次日出，我希望以這種方式重新認識那片土地。光是想到以後兒子帶著我去那裡，我都欣慰極了——這是我們每個人都要回答的問題：將來要把你撒或埋在什麼地方，你才會一想到就滿心的寧靜與安詳？如果答案沒有浮現在你的腦海，希望你仍然有大把時間找出那個地方。我想這是值得費心的事。畢竟，我們可是要在那裡待到天荒地老啊！

37／我們在喪失中犯的錯

或許你已承受過幾次喪失，整體而言，每一回你都會累積經驗，多認識一些喪失的各種情況。但生平第一次跟喪失打交道就像返回校園，研讀一門你一無所知的科目。假如這時我們已不再青春，學習新的東西可能會力不從心。

你所有的人生經驗——創痛、心碎、豐功偉業、強項與弱點——都會決定你對死亡的態度，左右你如何回應悲慟的各種影響。這些變數會帶給你舉世無雙的悲傷之旅，所以如果你的調適狀況似乎不如身邊的人，倒是不用太在意。這不僅牽涉到你原本的配備等級、你的應變能力、你能不能老老實實地允許自己悲傷，另外也牽涉到你跟摯愛的關係，他們在你生命中扮演的角色，以及他們對你的安全感、你活著的理由、你的人生目標上占了多少比重。

我們生來就有求生存、修補與調適的能力，而哀慟的過程可能契合或違反這些天生自然的能力，一切取決於我們如何回應痛苦與蘊含在悲傷之內的迷惘。我們注定在喪親之痛中犯錯；沒有完美的途徑，沒有規則可循，沒有專家可以告訴我們幾時要有什麼心情。

不犯錯，就不會養成堅持不懈的韌性與勇氣，帶來進展。一開始，喪親之痛是殘酷又難以捉摸的存在，我們試圖以欺瞞、閃躲、否定、分散注意力的方式來應付哀慟。當我們犯了錯，發現換一套做法的效果會更好，悲傷便會允許我們認識它，察覺它就像一道影子，我們必須學會接受它的存在，要是我們拔腿就想把它拋在背後，只會浪費大把的精力，因為它就黏在我們身上。

當我們與悲傷建立關係，引發不良後果的行動便會終止。我很感謝自己在潔德過世後犯下及持續犯下的錯。這些錯誤逼得我抬頭遙望遠方，望著望著就找到了答案，發現前進的路。

我的第一個錯是允許鮑比在六歲的時候不再去見諮商師。處理兒童喪親議題的「邂逅悲傷」慈善機構為我的兩個兒子提供每週的諮商服務，佛萊迪很喜歡可以公開談論喪失的諮商時間，鮑比卻沒有同感。

我不願意鮑比才剛死了媽，就被押著去經歷這些似乎令他更痛苦的諮商，於是我就喊停了。當時我應該問清楚他討厭的是討論悲傷的過程，還是因為諮商師是到學校找他，他都是在課堂中被帶去見諮商師，而這讓他覺得沒尊嚴又丟臉。他一向討厭出糗，即便是在那個年紀，他也不喜歡同學知道他離開教室的原因。

如果我把諮商安排在家裡、在放學後、在大清早，甚至是在週末，或許他也會喜歡諮商時間。佛萊迪顯然從數不清的諮商獲益匪淺，而鮑比可能撫平了一部分壓抑的憤怒，至今，有時我仍然會在他身上看到殘餘的怒氣。

我撰寫本書的時候，諮商或任何療法都沒有年齡限制，不分老少，而我意識現在應該讓鮑比重新開始接受諮商，修補他身心發展的缺口，希望這也能稍微撫平我對這個錯的愧疚。

我犯下的第二大錯誤是低估悲傷會如何衝擊孩子們的行為，以前我常把兒子們宣洩沮喪的舉動當作是在跟我作對，搞得我自己也沮喪不已。

當為人父母者在最慘的情況下變成孤家寡人，他們根本不曉得自己面臨的處境。我傻傻地以為憑我們父子的親密感情，我一定可以好好拭去他們的所有悲傷和眼淚，卻沒料到我還得應付憤怒引爆的種種效應。有時候，我承受的簡直就是言語淩辱，他們甚至希望我消失，只要媽媽回來。我可憐的孩子啊，他們的心竟然如此絕望，但也要他們夠信任我、愛我，他們才能在我面前抒發自己的挫敗，不管他們是把我當作發洩的夥伴還是對象，全都無所謂，全都是我的殊榮。但願我在這八年的悲傷之旅累積的收穫，全都能帶回過去，尤其是看穿言語表象的能力，也就是只依據言語之外的初衷來作評斷，然後把這一套本領應用在八年前的我家。

以牙還牙絕對沒有好下場，親職的難題正在於此。孩子或許以為自己想要惹爸爸生氣，讓爸爸的心情愁悶、害怕、喪氣，然而他們從以前到未來永遠不會變的渴望卻是我必須成為他們的典範，做一個不會依據言語叫囂來論斷他們的大人，放過那些無關緊要的事情，同時分析他們的情感需求，以空間、耐心、擁抱、適當的言行來滿足他們的需求。

面對兒女的負面行徑，我們很難關閉自己與生俱來的反應，但我們要保持覺知，端正心念，實事求是，堅守我們要在人力範圍內把孩子管教好的願心，如此一來，即使我們不見得每次都做得很好，至少我們會不斷進步，在孩子完全失控的時候，比孩子更能控制自己。

我犯的第三個錯是很自然且常見的錯，不曉得有多少人會疏遠朋友？我認為朋友會嫌惡我突然爆增的責任，以為這些事情對我社交圈裡的很多人來說太複雜，但我得澄清一下，當年的我並沒有那樣想的真憑實據，純粹是不安在作祟。

本來我兒子一週在我家住三天，當三天變成七天之後，再維持相同的社交活動就太不切實際了，因此我不是無緣無故地疏遠朋友，然而事隔八年後，我才醒悟到自己大可改變作風。

算我運氣好，多數的朋友都體諒我缺席這麼久的原因，但有一些親密的友人已從我的生命消失，令我很難過。不管我是否承受悲慟，從二十五歲左右到三十五歲前後是大家成家立業或搬家的時期，失去朋友也是意料中事，況且我還有跟老朋友再續前緣的時間。我的哀慟有很大一部分是罪惡感，我實在受不了沒有盡心盡力地陪在兒子身邊。

我很感恩兒子們現在比較大了，對閒暇時間及週末的活動有自己的想法，所以我要恢復社交生活會比較容易，我也因此更加快樂。事實上，我不只是更心滿意足，處理隨時會碰到的青少年議題時也更游刃有餘。我總是覺得除了親職，我的個人責任也包括養家活口、照顧自己的身體、維持活躍的社交生活，在各項責任之間找到平衡是建立家庭和樂的關鍵，如今我們家從中深深受益。

最嚴重的悲傷議題是有的人認為自己跟悲傷絕緣。

有一位個案是在喪親十年後來找我——她足足十年都「成功地」沒有面對喪母的事實。時間都那麼久了，是否代表她沒有需要正視的悲傷？門都沒有。悲傷一直在潰爛，衍生其他問題，造成大量的情緒，而當事人當然一律咬定是某件事或某個人害的。

那她開始正視事實以後呢？嘿，當她敲定賣掉公司的交易（公司讓她忙得團團轉，是她能夠蒙蔽悲傷的主因），她積壓的情緒立刻將她打回原形。現在你或許會說：「好歹她逃過了十年。」但我不禁要想，如果她學會駕馭悲傷，她在那十年裡會有怎樣的生活？她會改變哪些決定？她整個人會是什麼樣子？封存的悲傷就像窩在你心裡的一大團烏雲，耐心地等候你正視它，把它表達出來。

其次，她沒能察覺在喪失之前便存在的議題一旦與悲慟結合，結果可能很不妙。我有一位遭到伴侶虐待的個案，當他的父親過世，這兩件事湊在一起引發了劇烈的身心衝突，以各種負面方式影響了他的生活。

他接受輔導的效益是劃清兩個影響因素，予以了解。當我們處理了他以前就有的陳年議題，他對喪父的想法便截然不同，經過許多個鐘頭的拆解分析，他對自己的看法已經煥然一新，變得比較健康。

以下收錄了其他人自己招認的錯誤。看看你能避開幾個！

史帝芬：「我都在支援身邊的人，沒有處理自己的悲傷；我現在應該也還沒好好的悲傷吧。」

這是我們必須自己負責的事，而且坦白說，優先照顧每個人的需求，不知怎地就自己沒經歷到悲傷，這是在試圖矇混過關，但該來的是躲不掉的。此外，我們身邊的人要等到周遭每個人都面對悲傷，他們才能真正開始駕馭悲傷。出此下策只會延宕療癒的過程，可惜卻是我們逃避現實、轉移注意力的常見防衛機制。

卡薩琳：「我的第一個錯大概是時間能治癒一切的那句俗話。時間什麼都不能治癒！喪失的痛苦永遠都會在，你只是會換一個應對方式。」

我們散播這一類的陳腔濫調，卻不了解當中的真義，只依據字面來解讀。就我個人的理解，時間不會治癒我們，是我們治癒自己。如果我們把悲傷駕馭得很好，久了以後心情便會好轉，但時間的流逝並不能輔助這個過程。我們必須抒發情緒，臨機應變地為自己提供所需的空間，不要因為喪失干擾了個人的表現，而給自己施加不切實際的期許。

維多利雅：「我以為去了異國，看不到會勾起回憶的事物，痛苦便會平息。其實根本沒那回事……」

痛苦怎麼會消失？痛苦就在我們體內存活。在我們心裡，在我們腦袋裡，在我們每一吋的軀體裡。當然，我們可以逃之夭夭，拚命轉移自己的注意力，但你逃不掉痛苦的歷程。度假很棒，可以靜一靜，跟情緒一塊坐著，但你要怎樣讓自己分心？想像你在欣賞美麗的夕陽，你第一個念頭就是真希望那個人也在這裡看夕陽，然後你情緒就上來了。

維多利雅的看法說中了一個重點，也就是勾起回憶的事物——看到那些東西或地方，她就會想起所愛的人不在了——當然，她可以讓自己分心，輕輕鬆鬆就避開那些事物。但我們一定要認清現實，逃避幫不了你。逃避表示你不用立刻處理某件事，但悲傷會在那裡守候，等你回家，而且悲傷是很有耐心的，它很擅長等待。

那些令你想起親人的事物或地點，一開始可能會給你負面的觀感。真相是，當我們逐漸接受現實，我們一度避之唯恐不及的事物，很快就會變成無價之寶，刺激我們回味與親人共度的往事。追憶是好事，也是免不了的。如果你要捨棄任何東西，就移除會勾起負面回憶的東西吧，但留下那些可以慰藉你、讓你快樂的事物。

萊恩：「我不理會自己的悲傷，還跟大家說我很好。我也曉得這樣不好，但是……」萊恩說的完全正確。置之不理是餿主意。悲傷就像一大團黑色的烏雲，陰沉沉地飄浮在我們的頭頂上，人人都看得到。我們可以刻意置之不理，但我們夜裡躺在床上時，在萬籟俱寂的時刻裡，悲傷就在那裡跟你大眼瞪小眼，一動也不動——唔，除非你開始跟人吐露真相，或真的開始對自己說實話，不然它是不會走的。

對自己、對別人都誠實無欺，絕對不是軟弱。在悲慟之中壓抑情緒，裝出「正常的」精神狀態並不是堅強，事實完全相反！壓抑才是軟弱，勇於表達才是堅強。這兩條路通往截然不同的終點。不論你是向外界否認，還是向自己否認，否認現實就像開車上M二五高速公路：你或許以為自己在前進，但一遇到收費站，你總是排在車陣的尾端。

琳達：「我因為悲傷而失去朋友。我沒把自己的心情說出來，所以他們不懂。我從以前到現在的錯就是孤立自己。」

這實在很悲哀。天底下有比失去摯愛更慘的事嗎？我覺得有。你失去摯愛，以不必要的傷人方式來調適心情，推開或斬斷我們仍然擁有的資源，棄絕不可或缺的愛與支持。這就像挨了一槍，又不肯就醫——基本上就是兩件獨立事件合而為一，我稱為「悲題」（Grissue），也就是在悲傷降臨後，以不健康的方式回應，造成更嚴重的議題。我總是說我們得允許別人親近我們，讓自己有機會接受支持與擁抱，可以去跟人談心，這些都能在艱困的時期裡給我們極大的助益，但從我輔導個案走出悲慟的經驗，我知道大家很容易就打造出跟現實情況略有出入的平行生活。

我們以激烈的手段，移除生活中那些會強迫我們面對事實的人事物。我們閃避別人，我們不去某些地方，說服自己一切都很好，其實根本就不好。我們採取這些極度消耗時間和精力的做法，只為了不戳破自己的謊言，繼續讓悲傷追著我們跑，但我們最後總會被悲傷逮到。

如果上天恩賜你好朋友，讓他們聽你訴說；如果上天恩賜你美滿的家庭，讓他們擁抱你；如果上天恩賜你體貼的老闆，讓他們給你時間；如果上天恩賜你網路，找一個會懂你的社群；如果上天恩賜你健康，照顧你的心靈。

接受你的喪失或許很勉強，但你只要一秒時間就可以作出這個決定；要跟多年來已經形同陌路的好友修補關係要耗上幾年，也不見得能挽回。

凱薩琳：「雖然我跟老公從我們十七歲的時候就在一起了，當我姊姊過世時，我以為自己的悲傷比他的更重要，一副只有我會為她悲傷的樣子，但我老公跟我一樣在乎姊姊，我太自私了！」

我想凱薩琳需要先生的愛與支持，問題是她的先生也處於悲慟之中，因此一開始時無力滿足妻子的需求，於是凱薩琳感到失望、困惑、被排斥、被遺棄，這些情緒或許助長了前述高高在上的姿態。

「哀慟大賽」是喪失中的悲哀現象。「我的哀慟比你的深重！」每個人都值得別人的憐惜，但有些人會想爭取更多的同情，認為自己與逝者更親密，必然比別人更傷心。悲傷根本不用比；我們務必互相支援。傷慟的感覺因人而異，別人對自身的喪失有什麼心情，或是別人要如何看待其他人的喪失，哪裡輪得到我們下指導棋？

在這個案例中，凱薩琳的先生讓大姨子參與他的生活，水乳交融到他真心痛惜大姨子的逝世，這是好事。他們的感情想必相當融洽，我們不都希望伴侶跟我們的手足打成一片嗎？希望凱薩琳覺悟得夠早，而夫妻倆能夠繼續相互扶持。

夏洛特：「我犯過最大的錯（至今都沒改掉！）是我以堅忍不拔自豪，所以除非是分享正向的情緒，不然我其實不太愛吐露自己的心聲！結果就是沒人曉得當我遇到人生的重要時刻，我都很落寞地渴望媽媽回到我身邊……」

夏洛特害怕披露喪母的哀傷或痛苦，這是很常見的情況。

當我們允許恐懼占上風，這不只是在迴避喪親之痛，以免浮現的情緒造成我們的不便；我們實際上是重新塑造自己的形象，讓形象反映出徹頭徹尾的謊言。

我們誤以為不說出自己的心情就是堅忍不拔，其實這背離了真相。壓抑情緒的人反而落得輕鬆，至少短期內是如此。正視情緒，允許自己經歷喪失的例行性尊嚴掃地和無助。

「謊言」的長期後果很廣泛。當我們不向自己承認悲傷的真相，我們的生活便是以開始自欺的那一刻為基準，之後的人際關係、見解、態度、行動都不能牴觸謊言。

我們很容易建立閃避的行為，輕易忘記真相（我在悲傷！）。不知不覺間，你已經認不出什麼才是真實的，什麼又是搖搖欲墜的煙幕，用煙幕避免向自己承認，內心深處積壓了一堆你否認已久的事實，而事實真的快要溢出來啦。

逆轉這些效應永遠不嫌遲。你隨時可以停止逃跑和躲藏，硬撐真的很累！

或許你在喪失之上建立了新的身分認同，認為這是「萬全之計」，但只要你願意，你可以剷除這層假象，勇敢地宣告自己準備就緒，打算要承認自己的真實感受，不只對自己誠實，也對身邊的人坦白，而你身邊的人無疑會把握機會，好好支援你。

我們在喪失中的最大過錯，一言以蔽之

一、對自己可以調適得多快、多好，有不切實際的期許。降低你的標準，其實，乾脆扔掉標準吧。作好心理準備，一旦情緒湧出來，要願意老老實實地去體驗情緒。要是你從來沒有進入情緒，你怎麼可能曉得狀況會如何？這就像跑去遙遠又偏僻的中國城，還心想自己一定認得路。

二、不跟願意扶持你的人溝通。你得開口，而他們肯聽你說話——這是天造地設的夥伴關係，別浪費了。你積壓在體內的悲傷，就像快鍋裡的蒸氣。如果你不透過談話、哭

泣、嘶吼來穩定地釋放壓力，卸除你必須放手的情緒，情緒會壓垮你。

三、太早重新出發可能會有反效果。遲早有一天，新的戀情、諮商、工作都會對你有益，但先給自己一些站穩腳步的時間，檢視自己的心情，允許悲傷向你自我介紹，之後再來談新的感情，尋找答案。等你開始哀慟，事情會比較容易步上正軌。

四、逃避喪親帶來的悲傷是自然的反應。我們對逝者的回憶會發出迴響，呼喚我們回家，有的人撐到家門就掉頭，有人撐到路尾，有的撐到隔壁的城鎮，但很少人可以撐到跨越國界，都還沒被迴音叫回去。那真的挺過去的人呢？他們或許人在國外，精神上卻遺落了一部分的自我，除非他們投入悲傷，與哀慟的現況接軌，否則不能收復遺落的自我。

五、為了哀悼逝者，拿怨怪和罪惡感來狠狠地修理自己，整個人陷入悲哀的自我鞭笞中很危險，會危害你長遠的身心健康，破壞你與悲傷的關係。如果你就是這樣，請你尋求治療，把堆積如山的自責扛在肩膀上一點好處也沒有。

記住，最重要的一點是其實沒有犯錯這回事，尤其是像親職這種可以隨人自由解讀、發揮創意的事情，更是沒有錯誤可言。只有結果不如人意的行動。幸好，行動是可以改變、修正的，或是記取教訓，下一回設法好好改善結果。犯「錯」情有可原，其實犯錯大大有用，但一再重複分毫不差的行動或行為，也持續得到一模一樣的結果，這就不太妙了。

想像你在射飛鏢，站在相同的位置，用不變的力道和角度擲出飛鏢，然後一次都沒射中靶子。你會怎麼做？你會調整自己的準頭，改變你射出飛鏢的方向、高度和速度。你八成會得到不同的結果，如果這一回你射中了靶子，你下一回就會複製相同的射法，對吧？

38／當悲傷與原有的議題攪和在一起

哀傷已經夠難纏了，但有些人注定比別人更左支右絀。比方說，有焦慮症的人要如何面對悲慟？有的人經歷過穩固、互相支援、正向的人際關係，跟他們相比，曾經飽受凌虐的人對喪失會有什麼反應？如果你承受了喪親之痛，有哪些負面的人生經歷會和悲傷串聯起來，讓你的悲傷增添不同的層次？

凡是你想得到的喪失反應，大概都有一部分的成因與悲慟沾不上邊，常常有人因為自己過去的人生經驗，而將不成比例的責怪與罪惡感攪到自己身上。希望各位體察到自己可能受到了過去的影響，仔細檢查哪些人生經歷可能捲進了你的喪失之中，這份覺察可以助你一臂之力，卸除漫無節制的責任感，疏通覺得自己不應該安然自在的感覺，擁有原諒的能力——差不多每個人都能從中受益。

把與喪失有關的感受想成是一杯雞尾酒。你或許認為唯一的原料是喪親之痛，但仔細一看，喪親之痛只占了一個層次，另外還有遺憾、接受、悲傷、愧疚，各種以前的經驗都摻雜在裡面。以珊為例，她四十一歲，有一個孩子，是單親媽媽，她的悲傷混合了許多來自坎坷家庭經歷的複雜感受。

珊的父親與酗酒對抗了幾十年，最後跳軌自殺。他一向不是珊的好爸爸，不但酗酒，也不克盡父職，而且家裡禁止珊談論這些問題。他們一家人就算提起了爸爸酗酒的事情，也溝通不良。

珊覺得是母親助長了父親的酗酒行為，她不僅責怪媽媽害爸爸自殺，她認為導致爸爸輕生的情況也是媽媽造成的。她們的母女關係，因為珊目前與女兒同住而更糾結。珊一心認定自己原本可以有一個比較像樣的父親，要不是家裡以前的情況，父親的人生也可以少吃一點苦。

她對「原本可以怎樣怎樣」的渴求不見得來自哀傷。她覺得自己被遺棄了，不只是因為父親死了，也因為父親當初選擇的生活方式導致他染上酒癮，以及母親選擇成為協助他酗酒的幫兇。

為了協助珊拆解她認知中的悲慟有哪些成分，我們花了一些功夫，估算起她那些情緒的百分比。她指出在媽媽面前，她的煩悶感是百分之八十，但沒跟媽在一塊時，她對喪失的感覺大致介於百分之十到二十。這些數字清楚顯示出她的心情不是單純的悲傷，主要是摻雜在喪父之痛裡面的其他情緒。她與母親相處時的惡劣情緒可分成四大項：哀慟、生氣、悲傷、懊悔。

有時候，可以確切知道你為什麼在某個時候以某種方式思念某個人。珊估計從這個角度來看，她的哀慟只有大約百分之十，父親沒有什麼好懷念的地方。他沒有陪伴女兒，醉醺醺地度過大半生。

但珊的憤怒比哀慟高出很多，她的估計數字是百分之四十。她氣憤母親掏錢供養她父親的買醉；她氣憤母親對她爸爸的痴迷與執著；珊認為母親沒有盡全力阻止父親酗酒（酗酒造成他自殺），也沒有保護她女兒，這也令珊生氣。

珊的遺憾占百分之二十，遺憾常常被誤認為哀慟，其實遺憾關乎「原本可以怎樣」。假如她父親在家人的協助之下，擊退了酗酒呢？她告訴我，她父親在終結生命之前曾經打電話給她母親，而她母親跟他講了十五分鐘的電話。珊永遠不會知道那場對話的情況，只知道那不足以阻止他。要是那通電話帶來不同的結果呢？

悲傷是珊的另一種心情成分。她認為悲傷占了百分之十，根源則是父親跳到鐵軌上之後的那些事情。跟警察打交道、同情火車司機在那當下一定會有的感受、公告周知、死因調查、替女兒悲哀，因為她被捲進這些事情裡，還有當協助她的專業人士說明自殺有多常見，她也感到悲傷。

區分悲傷與遺憾是很重要的。遺憾涉及沒有發生的事，關乎原本可能有的一切，比如要是珊的父親稱職一點、要是他沒有酗酒，而悲傷則是以實際的經驗為基礎，例如她父親的自殺悲劇。遺憾可能比悲傷更具破壞力，因為遺憾來自想像，思緒可能會把我們牽引到更難善了的方向。

當我們將遺憾獨立出來，認清遺憾是自己抱持的想法，完全由自己控制，然後客觀地問自己：「我能做什麼來改變過去？」如此遺憾便會減輕。我們有善待自己的義務，而將心思聚焦在受我們控制的事物上，也是在善待自己。將長短不一的時間投注在渴求你不能擁有的事物上，是在折磨、懲罰自己，又能給你什麼好處？

減輕遺憾的方法是在現在或未來做一件夠分量的事，以填滿過去留下的空洞。如果你遺憾自己和逝者共度的時間不夠，就多抽出一些時間和現有的親戚往來，不重蹈覆轍。如果你的遺憾是親戚因為健康問題而受苦，就加強照顧自己的身體，憑著這小小的行動，就可以從負面的經驗創造正面的反應。

珊認為與母親同住一點都不好，但她的婚姻才剛破滅，暫時必須依賴母親，她和女兒才有棲身之處。她和母親都要工作，沒有整天在一起，當珊不在母親身邊，與哀傷相關的情緒便會消滅，情緒相對容易控制。但就算珊有能力搬家，也只是暫時逃避長久以來根深柢固的問題，一個她必須處理的問題。原來，珊連母親是否愛她都不知道。她想不起母親上一回向她表達母愛或以女兒為榮是什麼時候，這令珊心痛萬分。

珊的心頭大事是她要怎麼做，才能多了解母親一點。為什麼她母親不能肯定珊的成就？為什麼她始終都對女兒興趣缺缺，不跟女兒說她以女兒為榮呢？為什麼珊覺得母親在批判她？另外，珊還問為什麼「……我允許她的負面評語來影響我，以致我裹足不前？」

事實上，她母親確實要求珊在下一次學校放假之前搬家，說她不喜歡長時間跟外孫女相處。對於這麼傷人的敵意，我問珊為什麼不搬走。她說自己畢竟是做自由業的，如果除了供養女兒以外還要應付每週繳房租的壓力，那真的得「豁出去」，但話才出口，她立刻意識到這想像中的風險「可能就是我需要的當頭棒喝」。

為了協助珊了解她母親的行為，我問她是否願意角色扮演，以她母親的身分來回答問題——這是一種切換觀點的技巧，就我的經驗，每次都能幫上當事人。我們總是很難一下子就適應別人的身分，但珊三兩下就進入狀況。

珊（或者說芭芭拉）告訴我她的童年故事，她爺爺是意氣風發的建商，所以他們家都可以出國度假，在五〇年代，這表示你的家境真的很不錯。她的童年很安穩，養尊處優，沒什麼劇烈的波折可言，但她懷抱叛逆的思想。

直到十七歲，她才在酒吧結識珊的爸爸。早在當時，他酒就喝得很兇，而「芭芭拉」說自己受到他吸引，或許是因為想要忤逆父母。珊的爸爸已婚，因此這段不倫之戀違反社會風俗，很刺激，非常契合芭芭拉的叛逆精神。

他們秘密交往了一段時間，珊的父親顯然一直在酗酒。這段關係無以為繼，芭芭拉和珊的父親在幾年後分開。然後他結了婚，生了三個小孩，之後又跟另一任妻子生了兩個。妻子過世幾週後，他回到芭芭拉身邊。即使他有五個小孩，芭芭拉仍然開心地接受他。五個孩子也跟著他搬進來，而芭芭拉養育了他們。

這麼多的繼子女令芭芭拉吃不消，繼子女也受不了芭芭拉參與他們的生活。後來，她跟全部的繼子女斷絕往來，但在當時，她讓他們住在自己家。珊是芭芭拉的第一胎，也是唯一的小孩，基本上是交給她的父母照顧，因為她必須應付全部的繼子女跟她始終痴迷不已的酗酒男。芭芭拉的生活無疑很辛苦。

我把珊「帶回」現場，問她在聽完自己描述母親的人生之後，她對母親如今的作風有什麼看法。她很不自在，但承認她看得出為何母親會變成現在的樣貌，既不能開口稱讚女兒，也不能和外孫女好好相處，她反抗備受呵護的安穩童年，淪落到把自己的獨生女交給父母養育，自己則為她愛了一輩子的酗酒男照顧五個繼子女，這樣的人生給她無法計量的傷害。

珊補充我們遺漏了一項了解她母親的關鍵要素，就是她對她丈夫過世那一天的罪惡感。他們那天的十五分鐘電話對話，沒能阻止他跳到火車前面。她母親沒跟珊提過那通電話，珊是看了警方的報告才曉得有這回事，而她母親不願置評。

壓抑強烈的罪惡感可能會讓人封閉心門，他們躲在心門內，省得面對現實，不正視自己的行為所造成的傷害，又可以給自己轉圜的餘地，向自己辯解自己的行為是正當的。以芭芭拉的情況來說，她擺明了嫌惡珊，也不認同珊的女兒，把這兩件事當成擋箭牌，好持續把痛苦擋在心門外。她捏造自己的委屈，向自己辯解全都是別人在虧待她，如此便永遠不必面對自己人生的真相和傷痛。然而即使她採取這樣的行動，卻又做出自相矛盾的行為——允許女兒和外孫女住在她家（按理說，她大可拒絕的），只是態度冷漠，言行上很不體貼。

要是能夠聽到令我們最痛苦的人承認自己的作為或道歉，或讓他們明白自己的負面行為是怎麼來的，當然是最好的，但也不見得一定要那樣。當你了解他們的痛苦，感受到他們的悲傷，那下一回你又期盼他們會給你正向的回應，期盼在一輩子的情感暗夜中感受到一絲的情感連結與光明，你受到的打擊便會莫明地減輕。珊領悟到芭芭拉不流露母愛的原因，並不是母愛不存在（儘管那份情感大概被壓在痛苦之下，埋得太深，連她本人都不知道要如何挖出母愛了），而是因為施展母愛的話會推翻她採納的信念，令她失去平安，陷入她敬謝不敏的現實狀態中。

珊要考量的是要不要逼迫母親接受她所知的真相，這或許能給母親發言的機會，讓母親重拾自由。問題不再是珊要不要搬出去，而是她準備和母親談到什麼程度。

悲傷可能會揭開許多潛在的情緒，讓你踏上發現之旅，開始了解別人，探索議題，回答你從來沒意識到的問題。

我問珊，假如她母親死了，而她還沒找母親把這些事情問清楚，那她會有什麼感覺？

然後是相反的問題：如果她母親死了，而她已經向母親提出全部或一部分的問題，那她又會有什麼感覺？這會不會改變她哀悼父親、哀悼母親的方式？

珊一直在等待母親和她分享她的想法和心情，儘管珊很清楚母親不太可能那麼做。珊在等待母親自動變成一個好媽媽，說出能夠解放珊的話語，而從許多方面上來說，這樣的等待可能羈絆了珊，但她仍然選擇繼續等下去。

她一直等待永遠不會來的母愛和撫慰，她以為能從等待得到什麼呢？她心中的希望或許還沒滅絕，但她似乎在原地踏步。她是否應該不再指望母親打破沉默，說出她想聽的真相與真情，獲得自由，真的重新前進，還是她應該繼續停在原地，任憑人生流逝，一直抱持希望，一直等待，一直讓年華老去？

在這場對談之後幾個月，我追蹤珊的近況，她說還沒有找母親談這件事，主要是因為她不想被拖進負面的情緒中。她認為聚焦在往事的話，她會掉進自己情願避開的兔子洞。她不是要忽略問題的存在，也不是想粉飾太平，而是接受自己無法改變過去，而且現在她體認到這樣的成長經歷，實際上把她磨練成堅強無比又有能力的人。

最重要的改變不是發生在她與母親的關係，而是在幾週前，她的另一個女兒，十六歲的可兒，在學校放假時回來跟她住，還說以後都要跟珊共同生活。她之前都跟爸爸住在愛爾蘭，以接受較好的教育。所以，可兒很快就要搬回來跟媽媽住了！也就是說，珊現在得趕快去找房子。

問自己這些問題：

你處置悲傷的方式是否跟以前處置其他事情的方式差不多？比如，如果你覺得自己在逃避悲傷，你以前遇到感情關係、工作、親職方面的事情時，是不是也會逃避？

你目前的行為模式只和哀慟有關嗎？還是你覺得在喪失降臨以後，有一些以前的議題浮上了檯面？

我們來做一個頭腦小體操，想像你的悲傷雞尾酒裝在一個啤酒杯裡，你盯著啤酒杯，要分辨這杯雞尾酒的材料——好啦，我知道你的品味很高尚，才不會用啤酒杯喝雞尾酒咧，但是……這杯雞尾酒有多少材料與喪失有關？有多少材料是喪失還沒降臨就已經在杯子裡了？這些材料曾經出現實質的減少嗎？還是你很擅長把酒杯重新裝滿？

再追加一個有趣的問題——是誰把你的酒杯重新斟滿的？是你嗎？還是別人？

如果你多跟別人溝通一點，雞尾酒的分量會有什麼變化？你希望杯中的材料只剩下悲傷嗎？還是你喜歡在杯中摻雜其他議題，讓你更難精確地釐清自己的悲傷？

最重要的是當我們面對悲傷，我們希望自己能掌控全局，但如果不把悲傷摸個透徹，哪裡可能掌控得了？我們要把悲傷管理好，就應該關照自己的調適方式，不要使用老辦法，尤其是大概已經存在很久的那種調適機制。如果沒人質疑你，要做到這一點極為困難，但如果多花一份心力去觀照自己如何面對悲傷、面對別人說的話、面對會令我們想起喪失的人事物，我們可以問自己：「這樣的反應有用嗎？還是可能弊大於利？」不管你想了解什麼事物，不論是悲傷，或是其他來自往事的不相干議題，唯一真的可以改善情況的做法是開口談論，看你要跟專業人士、親族、朋友對談都可以。把內心深處的感受說出來，給自己發言的空間讓我們有機會去了解自己怎麼了，釐清狀況，發掘新的觀點，負面往事的影響力便會下降。

39／當失去一個人便會連帶失去很多人

我們家經歷過不少喪失，人死後的調適工作不只關乎已經不在我們身邊的那個人，也關乎一部分的親族在喪失後各奔東西所造成的困境。

有的人是凝聚全家人的核心，直到他們走了，你才看出他們扮演的角色，當全家人團結一心的原因不存在了，家人之間的關係便似乎開始沒那麼緊密了。

當我備受愛戴的外婆過世，我見識到她是全家的核心。她把整個家族串聯起來那麼久，當她不在了，我們便圍繞在外公身邊，全家人仍然打成一片。但外公一走，向心力便消散了，雖然沒人起爭執，沒人撕破臉，但大家就是各走各的路。我的婕姬阿姨過世的時候也一樣。我跟表兄姊妹們分道揚鑣，失去了彼此，我們不是刻意不聯絡，也不是不愛彼此。問題出在親族之間的互動架構變了，時日一久，就在不知不覺間形同陌路。

回顧過去，我發現外公外婆或婕姬阿姨在世的時候，親族的關係很容易維持，沒理由他們一死我們就不能適應變局，持續維持這些關係。如果你不想跟大家完全失聯，你只要盡力維持聯繫就行了，但如果你的努力沒有得到回應，你也要懂得適時放棄，畢竟每個人調適哀傷的方式不一樣。

一個完全接受喪失本質的人，很難跟一個在生活中全面否認喪失的人並肩同行。有的人可以談論喪失，有的人不行，因此調適機制差不多的人會湊在一起，以我之見，這是大家沒有鬧僵卻漸行漸遠的首要原因。

漸行漸遠

以前，我們家會響應核心人物的號召，聚在一起追悼過世的親族，或基於親族之間本來就應該時常見面而聚會，自從這樣一位核心人物離開人世，我們家族便漸漸散了，或者你要說我們家失去領袖也行。當逝者的忌日或生日來臨時，我們不再齊聚一堂。我納悶是不是因為我們是一整群人，所以我們悶在心裡的悲傷比說出口的更多？我突然感到內疚，因為我記不起外婆的生日跟一些親族的忌日，他們在我的童年及年少時光扮演了重要的正向角色，我必須覺悟到自己沒有不擔任發起人的道理，下一回我可以主動安排家族聚會的事宜。

再把焦點拉回我們家一下，我很難不認為自己的孩子因為跟親戚不親而失利。我的兒子不認識我外婆，他們是在她二〇〇一年過世之後幾年才出生的，也不認識我外公，他過世時鮑比五歲，佛萊迪四歲，但我有一些特別愉快的童年片段，是在親戚環繞下度過的，可惜我的孩子沒有多少這一類的親身體驗。

走筆至此，我不禁想了一會兒要是這些令人深深懷念的親戚還在世，狀況將會有多少不同。我兒子們一定會喜歡去柏克夏的布雷克涅，住在他們外曾祖母潘蜜拉的小屋，玩牌、壁爐、在院子打羽毛球、一大早就按照慣例去逛跳蚤市場，看看我能找到什麼漫畫，而且我外婆對他們的教養一定會有所影響。另外，他們也會透過我外婆的第二任丈夫比爾而認識比爾那邊的親戚，可惜我跟那一群親戚也不再見面了。

我兒子也會喜歡去荷恩楚奇拜訪我的好外公傑克——他愛看優質的電影，老是說出不恰當的評論和笑話。他會一直買只有祖字輩的人才會選購的玩意兒來寵壞他們，可能會帶他們到馬路對面的交誼廳玩耍，我曾經在許多個週六夜晚去那裡打撞球、跑來跑去。他一定會喜歡跟我兒子作伴，因為他一個人住，非常喜歡有人去探望他。

婕姬阿姨在鮑比出世不久後就走了，她會是他們人生中的無價之寶，就像她惠我良多一樣。她是非常強悍的倫敦東區人，她實話實說，但她會照管我們，她會提振他們的勇氣和自信，而她的家將會是我們第二個家，因為她這個人實在太有意思——時時都有新鮮事，總是打算去做這做那的。她活力四射，隨時隨地。同時，這也代表她的兒女會參與我兒子的人生。我之前沒想過要是這三人仍然在世，那我兒子的人生會是什麼樣子，而現在我想像起種種可能發生的情境，雖然這些幻想令我難過，卻也撫慰了我的心。憑著想像，我突然覺得自己更貼近我對這三人的哀思。我好希望他們還活著——那樣一切都會更美好。

家庭的舌戰

在喪失之後，遺族也可能因為對事情的是非曲直沒有共識而決裂。沒有多少事情比喪偶後的戀曲更能引爆口舌之爭，也沒有比新對象搬進家裡更明確的「我要向前進」訊號。

泰克．羅斯四十出頭，有兩名幼小的兒女，他的妻子克蕾兒生了急病，驟然離世。他是個好丈夫，細心呵護她，愛她，一邊帶孩子，讓克蕾兒的娘家非常滿意。克蕾兒死後，岳父母分攤了照顧外孫的工作，羅斯跟岳父母也相處融洽。

克蕾兒過世十八個月後，羅斯邂逅了克麗絲緹，兩人開始約會，幾個月後，羅斯墜入愛河。不久，克麗絲緹顯然也想跟羅斯定下來，兩人或許會共同生活。羅斯很清楚其他人可能會很難接受自己的新感情，因此對於向大家介紹克麗絲緹的事非常戒慎。

他仔細地揀選向孩子們介紹克麗絲緹的時間和方式，孩子也好好地和她互動。他先跟孩子們說，希望他們見一個人。隔了幾週後，他才讓孩子跟她見面，當然，羅斯從一開始就向女方提過自己有小孩。羅斯是直到自己確定她不會只是普通朋友的時候，才安排克麗絲緹和孩子見面。羅斯是有責任感又體貼的女婿，他接著向岳父母報告克麗絲緹的事。他告訴岳父母，他跟女方交往了好一陣子，他認為這是一段可長可久的感情，孩子們也見過女方，似乎很喜歡她，不過一切慢慢來就好。

目前為止一切順利。但羅斯沒料到岳父母會怒不可遏。他的岳父氣到在孩子們面前對他出言不遜，隨後幾週，更故意編織謊言，一點一滴地將惡意中傷的揣測之詞講給孩子聽，說他們的爸爸一下子就勾搭上別的女人，不但把孩子們都搞糊塗了，也惹惱了羅斯，怪不得羅斯不想繼續讓岳父母照顧孩子。

小孩被哀慟的遺族捲進舌戰的個案我看多了，我可以告訴各位，羅斯岳父母的行為並不罕見。這可能是各種未曾探究的情緒造成的，也可能是因為在這令人無所適從的新局面中有一個人走出陰霾，允許自己快樂起來，但其他人卻認為他太早向前走，不成體統。以羅斯的案例來說，他悲慟的岳父母無疑仍然太過震驚，無法完全接受女兒的死，因此當女婿找到了新的對象，把他們女兒不在人間的現實局面搞得更複雜，他們根本不想面對這樣的現實。

他們沒有把時間用在改變想法，接受羅斯的新戀情，跟羅斯談論克麗絲緹，鼓勵孩子們去認識她，跟孩子說如果對她有疑慮，就儘管向他們或爸爸說，要是孩子們一開始覺得自己不能去愛克麗絲緹，甚至根本不喜歡她，那也沒關係。他們反而一逮到機會就批評她，對她感到不滿，不僅給這一對新伴侶造成莫大的困擾，也讓兩個哀傷又惶惑的孩子搞不清楚狀況。

克蕾兒過世的時候莫莉八歲，湯姆六歲，他們年紀這麼小就喪母，必然會在當下受到衝擊，這也會影響他們的未來，但在幼年失去一位家長，不見得會毀掉孩子的一生。

但從這個案例就知道，引介新人必須如履薄冰。以莫莉和湯姆來說，失去母親就夠難受了，不論羅斯如何小心翼翼，一旦克麗絲緹粉墨登場，局面免不了要混亂一段時間，而且他們的外祖父母又挑起不必要的爭端，一定會給小朋友帶來必須化解的許多問題，不只是在當下，問題也會延續到他們的青春期和成年時期。

如果羅斯預先找我討論做法，那麼早在他有意中人之前，我便會建議他去徵詢岳父母的意見，看看他們認為在克蕾兒過世多久以後，才是適合開始約會的時機。如果克蕾兒曾經向他提出一個時間點，那一切都沒問題，但如果沒有的話，羅斯便得面對棘手的討論。

有些父母或岳父母很開明。我知道在有些案例中，他們撇開個人的情緒，明白自己哀慟的女婿或媳婦需要新的對象才能重建生活，所以祝福並接納這一位新的伴侶。在羅斯的案例則不然。假如他事前徵詢過岳父母的意見，而他們開出完全不合理的要求，例如要等五年——或一輩子都免談——那他就可以說明自己的想法，讓他們了解他的立場。或許到時候，他們會說除非有重要的對象出現，否則他們不想知道他的感情生活。也許他們會告訴他，不管他的對象是誰，他們都很難接受新人，因為在他們的心目中，只有他們的女兒才是外孫們天經地義的母親。

他們可能仍然因為無法遏阻女兒的死而無助，但找他們商量這麼私密的事情的話，他們會覺得自己有力量，還能控制一些局勢。儘管他們希望羅斯不要跟人交往，但久了以後他們也可能會改變心意，接受兩情相悅是人生中的自然發展，而十八個月之後，他們對克麗絲緹的反應將會大為改觀。

以我的淺見，莫莉和湯姆的外祖父母已經是大人了，即使他們哀慟逾恆又迷惘，也應該換一套做法，體認到孩子們需要仰賴他們的指引，而他們抱著滿肚子怒氣編織謊言，對誰都沒好處。他們表現得活像羅斯在外面偷腥，彷彿他用別的女人來把老婆換掉，彷彿是他逼死克蕾兒的。

但羅斯沒有害死她。他沒有拈花惹草。他愛她，盡力照顧她，不僅如此，在孩子們死了母親之後，還給孩子們提供他們需要的安定與支持。他在克蕾兒過世後一年半才開始約會，不論以誰的標準來看，等這麼久都已經夠尊重死者了。

顯然他的岳父母在喪女一年半之後依舊調適得很辛苦，或許在他們心目中，不管羅斯從什麼時候重新開始約會，永遠都嫌太早。他們或許被哀傷蒙蔽了雙眼，喪失理智，不明白如果堅持要羅斯踽踽獨行，從此不談感情，他會寂寞又不快樂，終至無法給孩子們提供穩固的支援基礎。

不是只有家族成員之間，才會因為少了一個人而開啟破壞性的「骨牌效應」。有時候，喪偶的人認為自己準備好開始約會，結果在依然處於哀悼狀態的社交圈子引發不良後果。要是承受喪失的人所作的選擇不符合身邊那些人的道德標準，常會造成無法挽回的傷害。

社交遺棄

馬丁有兩個孩子，鰥居，妻子嘉妮死於癌症。馬丁和許多單親家長一樣，對喪妻後的新生活適應不良。馬丁曾經放任自己沉溺在被壓垮的感覺中，後來省悟到如果因為嘉妮不在了就虛度人生，那他等於在侮辱嘉妮。他目睹嘉妮受了十八個月的折磨，而在孤家寡人五個月後，他萌生了回歸正常生活的強烈欲望，尤其是想要與成年人為伍，於是他判斷自己已經準備好開始約會。

「我們有幾個人生時期會被旁人論斷你能不能談感情，喪親是其中一個。」馬丁這麼告訴我。他細訴當他第二次約會的時候，他的朋友打電話來，說他得立刻把小孩接回去。朋友沒有交代原因，當馬丁趕到的時候，小孩根本沒事，還很疑惑他怎麼來了。馬丁認為朋友顯然是存心破壞他的約會，因為他們強烈反對他展開新戀情。

不久，他便察覺在校門口接送小孩的家長們在流傳一則謠言——他們說馬丁開始跟那個女人約會的時候，嘉妮都還沒斷氣呢。他認為大家在跟他切割關係，閃避他，在他背後閒言閒語，看輕他，批判他。他覺得被社交圈排擠，既不能請人來家裡玩，也不能打電話給朋友。

謠言的源頭是某一位女性，不論馬丁認為大家私底下在學校操場說什麼風涼話，或是他的社交圈有什麼蜚短流長，我很納悶真相是什麼。當我們檢視起誰真的在現實生活中和他斷絕往來，他意識到雖然自己的確跟幾對夫妻起口角，讓他很沮喪，也有一些人本來就會從他的社交圈中消失，而他以為自己想見到他們只有一個原因，就是當他們還在他的社交圈時，他們會讓他記起嘉妮在世時的美好回憶，這些記憶就在他的心裡，感覺依舊鮮活有力。但一向都是嘉妮讓他們大家聚在一起，現在她不在人世了，馬丁本來就會和他們漸漸失散。這些人不是他惋惜的朋友。

我跟馬丁談著談著，漸漸清楚導致他覺得被背叛的根源，是他的一項重大議題。小時候，他爸爸就離開了他，一去不回。遺棄與背叛顯然就是關鍵，而馬丁在喪妻後便本能地從社交活動淡出的原因，也不再那麼神秘難解。他學會了不依賴任何人比較保險，認為允許自己接受別人的支援會有風險。

馬丁告訴我，嘉妮死後他就「失去全世界」，他談起自己的職涯受到限制，而他旋即意識到這與謠言扯不上關係。之後，他討論起自己在家裡、在日常生活中的責任加重，並再一次察覺這也跟別人的八卦不相干。

我指出他的房子、他們的寵物、他們的家庭、他們的學校、他們的社區、他們的車、他對米德斯堡足球俱樂部的愛統統完好如初，他才赫然領悟到自己的世界壓根兒沒有消失。

這時他也明白了自己在生活中扮演的角色之所以出現巨變，其實和他曾經信任的惡劣朋友沒有絲毫關聯，純粹是因為嘉妮不在了。我請他把自己的說法修改成符合現實情況的描述，他的回答是：「我和三對夫妻停止往來，而我的嘉妮不在了。」

這與他原本的說法南轅北轍，從這個好例子，我們又一次看到自己對特定的情況下了草率的錯誤判斷，結果萌生與現實情況相差十萬八千里的信念，這完全不利於悲傷的某些面向。對於你的喪失或生活，你有哪些制約式的信念？

我們逐漸釐清了實際的情況，雖然馬丁沒有主動和別人一刀兩斷，但他也坐視別人離去。我懷疑早在他喪妻之前，他便採用這一套調適的機制。馬丁很難說出背叛這個字眼，但以前背叛他的人分量都不夠重，不足以刺激他動用這麼痛苦的字眼。

馬丁向我證實，小時候，他爸爸就離開了他，一去不回。遺棄與背叛顯然就是關鍵，而馬丁在喪妻後便本能地從社交活動淡出的原因，也不再那麼神秘難解。他學會了不依賴任何人比較保險，認為允許自己接受別人的支援會有風險。馬丁真是經歷了一連串的恍然大悟啊。雖然聽起來很痛苦，但認清現實可以讓人如釋重負。他沒有喪失信任的能力，他高興信任誰，照樣可以信任誰。他被人排擠或孤立到什麼程度，都是他自己造成的。他不必維護自身的安全感——他已經失去妻子，最糟的狀況已經發生過了！當他的父親辜負他，他使用這一套調適機制絕對合情合理，但現在呢？現在就像拿叉子攪拌他的茶。

馬丁把悲傷和其他議題混為一談，但既然他重新認清現實，我們可以開始看看他要如何拔出埋在沙堆裡的腦袋，不再藏匿自己和孩子，讓可以伸出援手的人看見他們，前來增益他們的生活，儘管他們經歷了喪失，生活的重心還是在於把活人照顧好。

馬丁決定全面翻轉以前糊裡糊塗地採用的自保策略，他規劃出五個步驟，允諾在當天立刻執行：

一、他不能再跟自己信任的人保持距離。他要邀請兩位多年不見的朋友從倫敦到肯特作客。
二、他要在女兒的學校結交新朋友，他要邀請女兒的朋友跟這位朋友的父母找一天晚上來家裡玩，他們大人可以一起小酌兩杯。

三、他也要在兒子的學校如法炮製——這有點尷尬，因為他兒子的朋友當中有三位會列入黑名單，小朋友本身沒有問題，只是馬丁曾經把他們父母的作為，誤認為是整個社會的作為！

四、他要跟女朋友（傳出謠言時跟他約會的那位女性）回去上騷莎舞蹈課，這是他們認識新朋友的好方法。

五、他要邀請造謠的禍首的前夫去喝啤酒。（當他得知妻子出軌，他們便離婚了。）他和馬丁在謠言事件之前就很投緣，這是馬丁重拾往日社交生活的果敢行動。

我們之前討論過慶祝紀念日的事情，馬丁說全部的紀念日都集中在兩個月內，令人很痛苦。他最大的憂慮是以前他對紀念日的活動規劃都很私人，現在他想要放大紀念日的格局，把別人納入計畫之中。我們真的會在言語間洩露自己的狀態線索，真是不可思議。我問他，他認為自己以前為什麼要在紀念日和生日減少和人互動的機會？而他只微微一笑。我有好預感，一定會有很多人一起來嘉妮的下一個紀念日的，但不是所有的賓客都會受到主人歡迎。

親友可能在喪失之後漸行漸遠。雙方不見得感情失和，這只是親友之間人際架構的調整機制，大家都必須順應少了一個人所引發的變化，況且少掉的這個人有時還是親族裡的核心人物。但新的人際架構不會自動出爐，當事人也要盡一份心力，來維繫朋友和社交圈。在狀況連連的社交結構重整過程中，我們或許會努力挽回四散的朋友，但大多數時候，沒有越來越疏遠的朋友就是應該好好關照的朋友，但是當親族四分五裂，親族間的宿怨會衍生多少的長期衝突是沒有上限的。

40／悲傷對工作的可能影響

當我們失去一個人，可能也會殃及我們的職場生活。這不單純是我們需要休息一陣子，也是因為我們可能很難維持原有的表現水準。你可能因此擔心自己丟掉飯碗。有的老闆比較體貼員工，但如果你盡量早一點讓老闆知道喪親的情況，越可能保住你和公司之間的良好關係。

老闆的立場可能有天壤之別，每個老闆的同情心都不一樣，但永遠要對自己誠實，明辨自己在喪失之後能把多少的身心投入工作，判斷如果讓這樣的你繼續工作，對你和你的老闆來說是否安全、是否有生產力。

有些喪親的人對工作有不同的看法。有的人真心認為回去上班是對死者不敬，彷彿上班表示你太快走出陰霾；有的人則藉由工作來分散自己的注意力，以免想起自己的喪失；也有的人會沒有「工作的興致」，時間長短不一。

你的狀態已經變了，向老闆堅稱喪親不會影響你的工作表現，將是犯下大錯。有時候，喪失反而會提高你的工作效率，因為你利用工作讓自己分心，但當你下班回家，發現時間自己慢了下來，而悲傷就在夜深人靜之時恭候你的大駕，你就要付出個人的代價。

等你學會如何與悲傷自處，你還想從事同一份工作嗎？當你覺得自己需要一些空間，如果你能誠實地和老闆溝通，說明你幾時才可以正常履行職務，他們大概會覺得沒有拒絕支援你的理由。

你的老闆應該給你一些援助，因此當哀傷的浪潮來襲，而你覺得一點都不想待在公司裡，由於你早已經跟老闆報備過，說你可能不時需要離開工作崗位一下，所以他們已經安排好不讓你的職務開天窗的方式。要是你沒有事先警告過老闆，當你臨時打電話到公司說你要在家休息一整天，老闆支持你的意願可能會打折。

在你剛喪親的時候，老闆的良好應對方式是……

一、向你致哀。

二、跟你講清楚，你不必在死亡降臨的日子去上班。處理公事不是你的首要任務，你需要暫停工作多久就要請假多久。

三、和你對話，問清楚你希望如何保持聯繫。是打電話？還是最好用電子郵件？有不能聯絡的時段嗎？你應該也要知會老闆一聲，在喪失後的最初幾天，你或許還太震驚，不想跟任何人說話。

四、問清楚可以向你的同事透露多少關於喪失的資訊。記住，這是個人資訊，屬於資訊保護法的保障範圍。另外，只要交代事實就好。

五、如果媒體報導了這場死亡，考慮你需要採取什麼行動；尤其是如果媒體聯絡你的公司，或是試圖採訪你的同事。

六、問你是否願意讓同事聯絡你。
七、知道你要在哪幾天履行宗教上或文化習俗上的責任，例如舉行喪葬儀式。
八、願意放下預設立場，不時確認你的狀況，修正自己的認知。在喪親的最初幾天，不適合討論你幾時可以返回工作崗位。重點是老闆要和你展開對話，日後可以繼續討論你的調適狀況、公司的喪親方針、你幾時可以準備好回去上班，以及任何可以協助你回去工作的彈性安排（例如，分階段重拾你的職務）。

他們需要記住，每次的喪親都不一樣：你可能在喪親後很快就可以重拾工作，或者你需要長一點的時間。你與死者的關係、死亡的細節都會影響你的需求，尤其如果死者死得很突然或死得很慘。

個案研究

當你眼睜睜看著親人死亡，同時知道這會危及自己的職涯及其餘的一切，這會是什麼滋味？我想知道第一手的說法。

案例中的人物

珍妮．斯威夫特五十八歲，是全職的公務員。她孩子的父親病情很沉重，接到了這悲哀的消息後，她很擔心自己的工作前景，於是找我討論這件事。珍妮在目前的工作崗位服務了十四年，於二〇一三年和前夫麥克離婚，兩人分手的場面相當難看。

兩人育有一子，十二歲的喬治。麥克時常和喬治往來，是關心孩子的好爸爸。

二〇一六年九月，麥克診斷出一種罕見的惡性攝護腺癌症，由於化療的嚴重效應，目前他不再接受治療。

背景

珍妮的家人無法接受珍妮以任何形式協助麥克，氣憤她幫忙曾在分手時惡形惡狀的麥克。當年他們曾目睹珍妮的煎熬；她服用抗憂鬱的藥物，還請假一個月。

珍妮帶麥克去醫院就診，幫他領藥，為他清洗衣物、熨燙衣服，全是看在喬治的面子上，好讓喬治知道媽媽已經盡力照顧父親，免得等到一切都來不及以後才來後悔，被追究責任。

珍妮另外補充，否則麥克會孤單寂寞，生活越來越不能自理，她不要麥克吃那種苦，也不要喬治看見那種情況。假如她和麥克易地而處，她也會非常希望誰願意挺身而出，為她伸出援手。

工作

最近，珍妮帶麥克去看化驗報告。回去上班後，她的主管說她上班太不守時，要以電子郵件向她下達嚴正的警告。這位主管還說，她認為珍妮照顧前夫的居心很可疑，如果麥克仍然是她丈夫就沒關係，但現在麥克已是前夫。

主管沒有考量到珍妮的做法其實非常無私，她對麥克的寬宏大量是在展現對喬治的深愛，喬治的世界可是很快就要翻天覆地了呀。

珍妮告訴我，她會視情況工作到深夜，補足她挪去照顧前夫的每一小時。她非常勤勉認真，不僅絕不短少工時，也一定會完成工作，盡量不讓上司有不滿的地方。

在珍妮的業務項目中，有一項無法在上班時段之外的時間處理，但她知道有許多同事可以幫忙代勞。

現在要回答的問題

珍妮承認她不知道從醫學的角度，麥克還剩下多少時間。她不知道麥克需要多少照顧、會不會去安寧中心，或是他會不會搬回去跟珍妮母子同住。如果麥克搬回家，珍妮不知道自己要如何一邊上班，一邊照顧他。

那大限來臨的時候呢？

她會上班嗎？她會繼續做同一份工作嗎？她會換一份壓力較小的差事嗎？當喬治放學回家，她必須在家裡嗎？她的開銷怎麼辦？喬治會在喪父後立刻回去上學嗎？我想要協助她打定主意，回答一些她自己的問題，於是我們進入下一個步驟。

選項

珍妮或許不知道怎樣做最妥當，但總是可以檢視她現有的選項。顯然，她老闆將會左右未來的事態發展，即使她知道未來可能不如人意，但看看或許有哪些可能的選擇，可以協助她盡量作出最佳的決定。

一、改成兼職？珍妮可以換成兼職，三天上班，三天在家。
二、離職？珍妮現有的存款夠支付大約一年的開銷。
三、提前退休？剩不到兩年，珍妮便抵達六十歲的退休年齡，但她可以提早退休。職場上也有人在辦理退休後，繼續兼差工作。
四、換一個壓力較小的職務？珍妮可以改做比較輕鬆的工作。大概會是偏向管理類的職位。

考量事項／優先要務

我們討論了在裁決最佳行動方針時，最重要的考量因素。珍妮的首要考量是：

一、財務優勢。珍妮必須確保自己付得起帳單。重點不在於賺到最多錢，而是盡可能維持適當的收入。
二、喬治的利益。不論她作了什麼決定，都要讓兒子過好日子。
三、創造時間。她作的任何決定，都必須能配合珍妮的時間需求。她可能需要照顧麥克和喬治，同時維持收入。她需要更多待在家的時間。
四、保護自己的精神健康。珍妮不想選擇一個會再次危害她精神健康的選項。

此處的做法很簡單，就是聚焦在每一個選項上，依據她的主要考量來評估每個選項的優點。

換一份兼差工作表示珍妮不用擔心財務。財務狀況不會像現在那麼安穩，但她本來就知道自己的收入會降低；問題在於會降低多少，以及財源的管道。

喬治會因為媽媽在身邊的時間變長而受惠，同時珍妮也會有照顧麥克的餘裕。於是，珍妮的精神健康會得到保障，因為她照樣可以工作，還能追求家中狀況之外的新目標，這對維持均衡的生活很重要。

離開職場會令財力的穩定性出現隱憂。或許喬治會喜歡媽媽整天在家，但話說回來，也許她在家的時間會太長？珍妮擔心這會有反效果，況且財務隱憂的壓力或許會再次引發她的憂鬱症，當喬治失去爸爸，她便不能以最佳狀態來照顧喬治。

提前退休然後做兼差工作可以給珍妮一些自由與彈性。她在家庭以外的目標感也會完好如初，這或許是在收入與時間之間的最佳平衡方式。

珍妮意識到自己必須查明現在退休及六十歲退休的退休金。兩者會給她不同的影響，但她得弄清楚請領的規定，才能徹底了解自己的選項。

選擇壓力較小的職務，財源會縮水，也不會得到額外的時間。只是辦公的時候不必動用腦力。珍妮覺得不必用腦的工作太無趣，但最重要的是這對喬治沒好處，況且珍妮可以待在家裡的時間也不會變多。

做完這些簡單的分析，她看出有兩個脫穎而出的選項：提前退休和兼職。

接著，我問珍妮下一步要怎麼做。她明白兼職工作和提前退休的機會目前未必同時存在，因此她得先去跟工作單位的人事部門商量。

她還指出改成兼職的話，或許能夠多保住一些退休金到來日使用，但她不確定多工作兩年再退休的財務利益有多少。再次假設珍妮目前的職場可以提供這兩個選項，這或許就是讓她決定要採用哪一個選項的關鍵細節。

珍妮和我討論了要找誰談這件事，以及如何啟齒。她指出在工作單位中，唯一有喪親經驗的人是兼職人員，因此她不能真的參照人家的經驗，來斟酌自己的工作事宜。

珍妮需要決定的下一件事是在跟人事部門的初次洽談時，要透露多少私生活的細節。她很快便意識到要讓人事部門提供最佳的支援方案，她就必須開誠布公。

珍妮步步為營，討論每個選項的有利和不利結果分別會是什麼，看出最佳做法是向人事部門發出初步的電子郵件，但也要寄一份副本給區經理，好讓每個人都知道現況。

珍妮自稱是「討好別人的傢伙」，她擔心踏出這樣的第一步太小題大作，但當我們檢視她查詢工作事宜的本質，她覺得如果說有哪一件事讓你有資格發副本給長官，那這件就是了。

依我看，這也會讓人事部門更有把事情做好的動力。最後，珍妮在第二天早上十一點發出這封電子郵件。

才隔了一、兩天，她便有一點志得意滿地告訴我，區經理幾乎立即回信給她。經理提出另一個在做出永久改變之前的短期彈性工時方案，並親自要求人事部門跟她討論細節。

珍妮覺得自己得到的完美回應很「不可思議」。然而這真的難如登天嗎？其實這要看你的人格特質，而人格特質可能早在你從事這份工作之前很久就形成了。這樣的結果很不可思議嗎？或者別人只是做了分內事，展露同情，並照顧同事？對珍妮來說，最困難的一步是提出問題。當我們想要提出自己有資格問的問題，千萬別退縮，但我們常常沒有提出問題，擔心得到負面回應的風險實在太高。

一個月後，珍妮跟我回報她的最新「良好進展」。她答應從五月起不在星期三工作，試驗期間是三個月，如此她可以在週三午後看兒子的比賽，早上則做做健身的運動來建立健康的均衡生活，另外，她前夫的醫院門診通常落在週三，因此週三也是要帶前夫去門診的日子。人事部門也提議在三個月後再檢討她的工時安排，到時候也許會辦理半退休。

摘要

我們來談一下優先要務。當你消耗自己的長期精神健康，在工作上硬撐，此舉是弊大於利，因此如果你在喪失降臨後立刻返回職場，而你又適應不良，做不好分內事，一回到家裡的安全環境你就委靡不振，那你絕對應該去跟醫生、家人、老闆談一談——按照這個順序去談。

失去收入對大部分人來說都是「萬萬不可」，但如果你盡早知會公司，適度說明細節，便不至於因為報告喪失的事而蒙受損失。要是你試圖向公司隱瞞個人的情況，反而更容易招致你害怕的結果，因為當你掩蓋事實，你要怎麼解釋自己為何工作表現不穩定，不守時，情緒陰晴不定，行為反覆無常？

我們英國有保護喪親員工的法律，www.acas.org.uk上有很棒的建議。

本書是指南手冊，雖然我希望這一章幫得上你的忙，但你永遠應該尋求獨立的法律建議。

41／會惹悲傷之人發火的話

我們很容易對喪親的人說錯話。在喪失之後，或在處理後事時的特定場合上，比如葬禮，我們常覺得應該說一些關於死亡的話來安慰遺族，不論我們花多少時間來準備這一番話，都有千百種出差錯的可能，但能達成撫慰效果的說法卻很有限。

本章收錄廣大喪親人士跟我分享的語句。這些話語冒犯了人，達成的效果大概跟說話者的本意恰恰相反。有些話的問題並不是在說話的人麻木不仁，而是暗示接收話語的這一方自己有問題，不論那是悲傷造成的問題，或是原先即已存在的個人問題。但有的句子則證實會惹惱剛剛喪親的人，無一例外。

無論如何，當我們要衡量溝通的效果，應該要看對方能不能把話聽進去，而不在於話是怎麼說的。如果你要出席葬禮，或者可能要和剛喪親的人見面，本章介紹哀悼至親的人聽到這些句子時的想法和感受，敬請善用這些重要的參考資料，你會比較曉得如何在言語上支持他們，不論你只是說兩句話，或者如果對方是你生命中的重要人物，這也能幫助你提供長期的支援。

稍微不體貼的話

「我也曾經失去某人。」

這句話的預設立場是如果你提出自己與遺族的共通點，就能消除遺族正在經歷的痛苦。好，所以你很清楚他們內心的滋味，因為你是過來人，這是你自己講的，那這表示你很清楚現在要怎麼辦。你下一句話打算說什麼？我們不應該利用別人剛剛承受哀傷的機會，來抒發自己的哀傷。在那當下，好好照顧對方的感受吧，不然我們根本不是在支援對方。

「如果有什麼我能做的事，就跟我說一聲。」

你在問這句話哪裡不對嗎？你的大方向是對的，但準頭不夠。你真的以為一個世界剛剛崩毀的人有辦法列出待辦事項，一一解決嗎？才不呢。他們需要完全停擺，而你，身為一個朋友，需要自動自發一點，直接幫忙做一點事，別等人家開口。

「走了。」

我在書中用了這個詞幾次，但任何不明講「死了」的詞多少都有待商榷，彷彿是在悄悄閃避事實。覺得這句話不中聽的人，需要維護自身世界的真實無欺。如果你跟遺族不是很熟，你不會知道他們是不是這一種人。只是要注意，有的人不喜歡這句話。

「打了敗仗。」

這句話似乎會得罪癌症死者的哀慟遺族，像在暗示都是死者的意志太薄弱，才會敗給病魔。這句話不會冒犯我或我的孩子，卻絕對會挑起某些人的聯想。我認識一些死於癌症的人，他們一點都沒有打敗仗，也不軟弱，他們英勇地把全部的意志和自己在那當下的毅力都用在面對疾病。如果我們想要表達他們與某件事情「旗鼓相當」，後來敗下陣來，那我們該怎麼措辭？

想像癌症病患可以在拳擊場上與癌症實際對打。你想他們會停止戰鬥嗎？癌症到底是怎樣的對手？疾病擊垮身體並不是因為疾病的力量很強大，是厲害的對手；疾病會躲在不能被醫生移除的部位，只為了保命。癌症很鬼祟，是缺德的疾病。開打的鈴聲都還沒響起，它就揮出第一拳，或是根本是連續揮了好幾拳。要是一切都照規矩來，癌症槓上一個真的在為生命奮戰的人，根本沒有勝算。

「我很遺憾。」

我個人不會質疑這一句話，但既然有人會覺得被冒犯，我認為有必要收錄在這一章，了解背後的原因。當你說你很遺憾，你是脫口而出。這句話充滿敬意，客氣，卻是隨口說說，潛在的訊息是如果某個人迫切需要援助，而你說你很遺憾，那你對他們來說就派不上用場。「我很遺憾」也暗示對方在某方面犯了錯，但明明就沒有。那如果你說的是「我很遺憾你這麼傷心」呢？這表示說話的人很遺憾遺族正在經歷的心情。這還比較有道理。

「我很遺憾你的損失。」

同樣地，有的人不覺得這句話不夠體貼，但當我在自己的社群和社交媒體平台上做調查，這句話出現了好幾次。這句話和前一句相同，但你說人家「失去」了某人，卻更惹人厭。嚴格說來，他們的生命裡的確是少了一個人，但我們通常不會說出這後半句話，所以大家覺得這句話不中聽，是因為可以詮釋成那個人躲起來了，被忘在什麼地方，或暫時不能跟我們往來。

接受至親已經死亡的人，可能不喜歡聽到別人把死亡講得好像還沒拍板定案。不喜歡「損失」這個詞的人需要你使用明確、精準的用語，否則他們會覺得你可能在假裝死者還沒死。

「我惦念著你。」

大家通常不想只是被別人惦念，他們想要有人給他們一個大擁抱，給他們安全感。陪他們坐一坐，給他們泡杯茶，在他們哭斷柔腸的時候摟著他們。惦念實在不濟事。再說一次，光說不練是沒用的。

有點不體貼的話

「你一定要向前走。」

當我們答不出酒吧的機智問答題，我們會向前走。當你不喜歡自己的工作，你會向前走。當你關愛的人死了，你的生活完全亂了套，這是相當艱難的事，你幾乎絕對不可能會向前走。當你用圖像來思考，從你對一個人的回憶中向前走，就像一步步遠離他們，把他們拋在背後。這不符合悲傷的運作機制。悲傷永遠與你同在，所以「向前走」是完全不精準的用語。

「他們會希望你快樂起來。」

對，他們會希望你快樂，但他們也會希望你有權利去感受自己天生自然的感情，而在那當下，你卻採取恰恰相反的行動。快樂是你有朝一日必然會抵達的境界，但在今天，在你經歷的這一刻裡，你不要別人說你的至親希望你在悲傷迷惘之際快樂起來，因為這表示說話的人對你的心理狀態不以為然。

「要堅強。」

這句話我完全可以理解。在悲傷中的堅強，與這句隨便說說的指示想表達的意思南轅北轍。大家說「要堅強」的意思實際上「不要再鬧情緒了」，因為他們不曉得該怎麼面對你的情緒，他們情願你絕口不提你的悲傷。

在悲傷下的堅強是允許自己有感覺，隨時隨地按照自己當下的自然反應來說話及行動，如果這表示你要哭到肝腸寸斷，那允許自己好好地哭就是堅強的表現。假如你納悶那什麼是軟弱的行為，軟弱就是壓抑——不允許自己依照自然的反應來感受、來說話、來行動，不給自己表達身心感受的自由，這會造成有害的後果。

非常不體貼的話

「時間療癒一切。」

時間。時間是關於悲傷的最大誤解。重點不在於你悲傷了多久，而是你有沒有辦法帶著悲傷向前進！說真的，時間只是次要的。時間什麼都不會療癒，是我們療癒自己，這句話以為你什麼都不做，只管讓一天又一天、一週又一週、一個月又一個月的時間流逝就行了，但這樣做沒有用，這是不精確的話。

「他們這樣還比較好。」

比誰好？如果你是指死者經歷了某種病痛，終至死亡，那我明白你為什麼會說出這句話，但你要有心理準備，聽到你這句話的遺族還是情願死者活在世上，即使他們病情出現起色的機會微乎其微。這句話是你的個人意見，要注意哀慟的人或遺族可能抱持不一樣的意見。

「抬頭挺胸。」

好。當我們約會的對象不回覆我們的簡訊，當我們受傷，當我們運勢欠佳，我們會保持抬頭挺胸。當我們失去了心愛的人，一個真實存在的人類，我們不會抬頭挺胸！你看得到自己的頭嗎？你的頭連結在脖子上，當你試圖安慰別人，你得把頭垂下來。

「事出必有因。」

噢，是嗎？當你打算三言兩語就替一個可憐人化解無邊的痛苦，這麼有哲理的話幫上了你的忙嗎？大概沒有吧。好，你立意良善，這句話暗示了宇宙力量或神奪走他們的摯愛是有特殊的原因，是在追求「更偉大的目標」，或許你認為這種想法很有道理，而且能慰藉你，但這大概安慰不了喪家。講這句話要小心。

「好歹死得很快。」

要小心，不管是死得快或死得慢，都一樣是死，對吧？再說一遍，這是你的看法。也許在你心裡，死得快又不痛苦正是你想要的死法，但我們憑什麼認定遺族會有同感，聽了會很安慰？我們太常告訴別人應該有什麼感覺；死者從人間切換到陰間的過渡期長短能不能撫慰遺族，還是讓遺族自己告訴你吧。

「振作起來。」

完全是老派作風。要是我們受不了目睹對方的情緒，就選擇省事的做法，把對方貶為軟弱。當別人叫你振作起來，永遠別聽他們的話；他們講這種話只是讓你知道，他們的情緒能力太薄弱，應付不了眼前的狀況。

「日子總要過下去。」

是啊，對於我們這些在人世討論這句話的人來說，確實如此，但對於我很難接受已經不在人世的那個人來說，並非如此。遺族不在乎自己的日子，他們只盼望死者繼續活下去。現實情況比這句隨興的安慰話更悲慘一點。

「你總是可以再試試看」或「至少你已經有一個孩子」或「至少你知道自己生得出來」。

對於流產或失去孩子的人，大家常會不假思索就扔出這些話。或許哀慟的小倆口不考慮再試一次，或是他們沒在想自己已經擁有的小孩。他們想要的寶寶是他們原本正在帶到這個世界的那一個，他們要那個寶寶健健康康，活蹦亂跳。在那當下，其他的事情都不存在。

宗教類的說法

「他們現在是在天堂。」

有些人聽到這句話的反應是：「啊，是嗎？你敢打包票嗎？你能證明他們去了哪裡嗎？」源自宗教信仰的說法雖然絕對沒有惡意，問題是你把自己的宗教信仰硬套到對方頭上，聽到你這麼說的人可能不覺得安慰。

「我會替他們禱告。」

你或許是一番好意，也或許你認為禱告別具意義。你想禱告就儘管禱告，但是別告訴對方，因為假如上帝真的存在，視死因的性質及時機而定，上帝對這個你試圖安慰的人可能不公平到極點。據說上帝剛剛帶走了他們所愛的人，所以現在他們可能不想和上帝說話，當然，如果他們信仰虔誠就另當別論，但不是每個人都相信宗教。

「上帝更需要他。」

跟死者的伴侶、家人、小孩相比，上帝更需要死者？對於在這當下跟上帝的關係不太融洽的人來說，這句話有點太過火了。如果他們有宗教信仰的背景，遺族可能會覺得這句話聽了很順耳，但如果不是的話，對方可能會一臉莫名其妙地看著你，你要有心理準備。

最糟糕的行徑是？

什麼都不說，什麼都不做，或是一看到你就閃到馬路對面，以避免跟你對話。

不然我該怎麼做？

你大概剛剛察覺「什麼話能說」和「什麼話不能說」有點像買彩券，尤其是現在我們已經評論過有時候同樣一句話，有的人可以接受，有的人又不行。以下是避免惹惱哀慟中人的方法。

一、問問他們心情如何就夠了，當個好聽眾。

對悲傷的人來說，最寶貴的支援就是有一個願意聆聽的人來陪伴他們，聽他們訴說自己的迷惘、痛苦、哀愁。如果你能提供一雙耳朵，並且了解你沒有開口的壓力，不必說什麼可以撫平傷痛的神奇話語，保證你不會出岔子。

二、別說話，只擁抱。

悲慟的人想要平安穩當的感覺，言語往往營造不出那種效果，但如果他們需要擁抱，而你也張開了雙臂，當他們在你的懷抱中時，就等於你允許他們脆弱，允許他們感受自己的感覺，允許他們向這無助的情境低頭。你覺得那樣似乎不好？其實那樣才好呢。我們要這個人可以正視現實，不是要他們「振作」或「堅強」或任何涉及壓抑的字句。如果對方不喜歡擁抱，你又想不出能說什麼，就退回第一條建議。詢問，然後聆聽。情願你張開了雙臂而對方彆扭地閃開，也不要對人家完全不理不睬，不要因此而覺得被對方澆一桶冷水。

三、用行動代替言語

務實地思考他們的需求，克服你覺得人家沒開口或沒給你許可、你就不能出手的習慣，遵循你的衝動。例如，你可能在想「不曉得他們應付得了每天接送小孩上下學嗎？」，然後把想法化為行動，提議每星期一次幫忙他們送小孩去上學。送日用品過去；更進一步，為他們做一頓飯！換燈泡、修剪草坪、倒垃圾！如果你想幫上忙，想要安慰並支持他們，用實際的行動為他們分憂解勞，是你發揮實質效用的關鍵。

四、我做研究調查的時候，發現了幾句沒有得罪半個調查對象的句子。

「我以你們家或你們至親的名義捐了一筆錢給某某慈善單位，以紀念他們。」

「我要去幫你燙衣服／煮飯／打掃／唸床邊故事給你的小孩聽。」

「你受的苦是我無從想像的，但如果你願意告訴我，我很想聽你說。」

五、使用不帶批判的開放式問題，讓跟你談話的人探索他們自己的感覺，例如：

你心情如何？

你現在最難受的是什麼事？

你希望得到什麼協助？

有的人會希望你在措辭、描述、弔唁的時候要溫和一點，但我們能不能允許悲慟的人來主導局面，能不能啟動我們的聆聽技巧，將決定我們是從一開始就讓遺族覺得窩心，還是會惹人嫌。多聽，少說。我們的耳朵有兩隻，嘴只有一張，這可不是沒有道理的！更好的做法是做一些有用的事，或是給他們老派的擁抱。我還沒見過誰會埋怨這些事的。

記住，對自己不要太嚴苛。你還會來跟他們說說話就很夠意思了，萬一你說了本章列出的話，我們面對現實吧，雖然人家可能覺得你的話很刺耳，但他們大概只會氣惱一下子，畢竟他們在當下有更艱鉅的挑戰要面對。

42／道別：葬禮

葬禮是為我們失去的人舉行的儀式，喜愛死者、尊敬死者的人都可以聚集在一起，向死者致敬並道別。葬禮是開始放下的轉折點，從深度的困惑與絕望，轉折到沉思與平靜的時期。葬禮的準備工作可能充滿混亂和壓力，但葬禮結束後，我們通常會允許自己「有感覺」，於是進入新的狀態。

我們要徹底了解葬禮這一天可以怎麼做、應該怎麼做，以便在事前準備，這很重要。如果不把握機會，以配得上這個人的規格來道別，我們便留下了萌生罪惡感和遺憾的餘地。例如，死者喜歡大家都唱歌跳舞，而你策劃了一場安靜的葬禮，或是為了小細節爭吵，把葬禮變成權力鬥爭，這些都可能留下未來的愧疚與遺憾。

葬禮的形式有百百種，比如宗教式、非宗教式、人道主義風格、靈性風格等等，儘管每個文化及宗教的做法都不同，我們都想要為自己心愛的人、為親族、為自己，把葬禮打點到最完美。

葬禮應該做到什麼事？

策劃葬禮的時候，有兩組需要考量的要素：我們要在葬禮上哀悼的這個人有什麼願望？與死者最親密的人有些什麼需求？我們出席弔唁的賓客要心存敬意，才曉得自己是去為死者送行，了結懸而未決的一切，驅散不敢相信對方已經死了的想法，讓死亡的事實變得具體，進而展開悲傷的歷程，雖然我們所愛的人已經離開我們的生活，我們仍然在向前進。

對於我們要送走的人，我們要籌劃出能與他們的人生匹配的葬禮，而且要相信不論我們為葬禮這一天做了什麼安排、策劃什麼儀式，那都會是「他們想要的安排」。如果離世的人預先交代過後事，籌劃工作顯然會簡單很多，他們可能指定了一、兩首要在葬禮上播放的音樂，或詳細到連大家要穿什麼衣服都有吩咐——甚至規定大家要有什麼舉止！

如果死者死得很突然，沒有交代過任何願望，溝通時千萬要小心——如果有好幾位跟死者很親密的遺族，最好大家齊聚一堂，交流死者可能想要怎麼處理後事，共同決定什麼樣的葬禮才最圓滿。葬禮要面面俱到，透過葬禮表達你們對死者的愛，那你們大家都會對最終的送別與有榮焉。

策劃葬禮

安排喪事的時候，你可能仍然太震驚，連早上爬下床都成問題，更別說要策劃大型活動，所以你可能需要幫手。話雖如此，你也可能慶幸有轉移注意力的機會——有忙碌的理由，不垮掉。你有很多可以討救兵的對象：家人、朋友、你們宗教的教友，也或許你身邊的社區人士可以引介可靠的葬儀社，協助安排後事。

葬儀社有兩種：一種隸屬於更大的企業，一種是獨立的家族事業。不論你決定怎麼做，務必挑選讓你感覺舒服自在的公司，你什麼問題都能問，請儘管放心，他們不但會解開你的全部疑惑，還會給你各種建議，讓你對葬禮當天的規劃有信心。在你作決定之前，先擬出一些篩選的標準——例如，葬儀社人員是否親切，令你感覺自在。列出問題清單，如果可以的話，找人陪你去，以防你情緒太低落，無心聽取答案。觀察他們如何接待你——他們立刻就跟你談合約，開始報價嗎？還是想要仔細聽你介紹你要紀念的人？服務的品質取決於他們花了多少時間和心力去了解你的喪失，並針對你的個人情況來評估你的需求。

優秀的葬儀社懂得如何指引喪家，給予安慰和諮商，有時也會調解遺族之間的爭議，從洽詢喪事直到葬禮結束為止。而他們如何稱呼你所愛的人，我認為也是重要的指標。如果他們使用「遺體」一詞，你就該走人了。如果他們說的是「媽媽」或「太太」，甚至直接用名字來稱呼你失去的人，我認為這表示死者會從葬儀社那裡得到應有的尊嚴和敬意。

確立你的需求

喪事要花錢，與葬儀社討論各種選項的時候，最好知道自己的預算額度。他們應該先介紹價格實惠的選項，不該用手段操縱你或逼你超支。如果跟你洽談的人令你覺得自己「做得不夠」——不論是葬禮費用或你的葬禮安排——你都應該直接走出大門，換一家葬儀社看看，犯不著跟不必要的罪惡感瞎攪和。送親人走完最後一程的機會只有一次，應該按照自己認為妥當的方式去做。

葬禮的諸多細節是可以跟葬儀社商量的，例如，親人的穿著打扮、你要哪一種儀式、擺放在棺木中的物品，從照片到指定棺木的襯裡要用死者最愛的顏色都可以討論。優秀的葬儀社人員很擅長提出應該問你的問題，確保你知道有哪些合適的選項，因此不要以為自己得先弄清楚全部細節才能找葬儀社。那些細節是跟葬儀社討論完才定案的。

要用哪一種葬禮才對？

沒有「正確」的葬禮種類。只要能夠實現死者的遺願，或是如果死者沒有交代的話，只要是遺族覺得合適的做法，就是合適的葬禮。或許你會用宗教信仰或文化傳承，來判斷應該用哪一種儀式。有的人認為葬禮是途徑，有的人認為葬禮是火化。

萬一死者沒有指定要土葬或火葬呢？你可能必須自己作主。葬儀社可以協助你作決定，但你務必和其他的家族成員討論，也把他們的意見納入考量。

如果你的家人各自堅持己見，大家的意見卻相反呢？比如你認為母親會選擇土葬，但你姊姊認為媽媽應該會想要火化。要徹底解決分歧的方法是大家把話講清楚，討論死者會希望怎麼做。假如沒有關於死者個人意願的線索，遺族不能取得共識，你也不想作出凌駕眾人的決定，就可以請家族成員及跟死者最親密的朋友們共同投票，以民主的手段決定。如此一來，將來家族之間如果對喪事不滿，也不會有哪一個人變成眾人指責的箭靶。

土葬需要維護墓地，我一向認為作出土葬決定的人，應該至少分攤一部分的墓地養護責任，這很重要。對於堅持土葬的人，了解當中的原因也會有幫助：他們是否抱持著其他親族所沒有的信念？一心想要土葬或火葬並沒有問題，但這主要是他們自己的欲望，還是在為剛走的人著想？但願你不會面臨這種處境。要是更多人坦然談論死亡，大家都會知道事到臨頭時要怎麼做，而親族失和的可能性將會大幅下降。

如果決定讓所愛的人火葬，就要考慮骨灰的處置方式。骨灰要放在一個地點嗎？要撒在幾個地方嗎？你想擺在家裡一段時間嗎？要火葬場替你保管嗎？

葬禮可以很莊嚴，但也可以是慶典，只要你高興，要把葬禮辦得多麼歡欣鼓舞都行。葬禮有許多發揮幽默感的空間，只要你們家族認為得體就不成問題，許多葬禮都有把弔唁的賓客逗得哈哈大笑的時候，比如透過音樂——幽默表演團體蒙提．派森（Monty Python）的《永遠看人生的光明面》總是令人莞爾，或是在致辭的時候緬懷死者的人生趣事，或是透過介紹死者人生故事的幻燈片。這些幽默的片段讓儀式可以暫時輕鬆一下，如果這一天裡有喜悅也有悲傷，你就成功了。幽默相當撫慰人心，是從根本上允許大家自由地感受自己的心情並進一步表達出來。穿插了趣味及促狹時刻的葬禮是超級健康的催化劑，能激發大家正向的懷念，這樣的葬禮會成為承載日後哀傷的堅穩平台。

曾有一位個案說在她前夫的葬禮上，他的現任妻子製作了照片看板，上面張貼了丈夫在各個人生階段的照片，而且很周到地擺放了一些他們仍是夫妻時的照片，展示他跟他們的孩子在一起時有多快樂。每個人都可以帶走一張照片，而她的孩子們至今仍然把這些爸爸的照片擺在床邊。葬禮上的照片協助她的孩子看見以前有那麼多的歡樂時光，也看見爸爸是多麼深受眾人的喜愛。

生前契約——是妥當的準備工作還是在冒不必要的險？

在我們英國可以購買生前契約，當你的大限來臨，不論距離購買時間有多遠，都不會再向你收取額外的費用，即使通貨膨脹讓葬禮費用漲了十倍都不行。二〇一五年的土葬平均費用是四千一百一十英鎊，只有百分之六的英國成年人預付了生前契約的款項。不妨參考一下其他國家的數字，百分之七十的荷蘭人預購了生前契約，兩千萬位西班牙人買了葬禮險。（資料出處funeralzone.co.uk）

你可以在生前就為自己或至親安排後事，而你想更改細節多少次都當然沒問題。在死前自己付清喪葬費，將會讓家人寬心許多。那規劃後事呢？策劃自己的葬禮是非常無私的行為，一旦你走了，家人就不必為許多艱難的選項頭痛，而你覺得他們可能應付不了的麻煩也由你解決了，在你死後，除了面對悲傷，他們不必再處理什麼事情。如果你是覺得自己沒能為葬禮增色的遺族，葬禮上總是會有插入一段朗誦的空間，或是其他可以讓你在葬禮上表達愛意的舉動。

但有多少人真的想要正視自己會死的概念？有的人認為安排後事會更容易招致死亡。跟你的親人聊聊要在自己葬禮上播放的音樂是一回事，但也許你可以考慮作更進一步的安排，讓身後的家人不必在已經很難承受喪失之苦的時候，還要經歷不必要的爭執。

你或許覺得在自己百年之後，讓全家人一起商量你可能會喜歡的安排，這是他們可以為你做的最後一件事，要是你一手包辦葬禮事宜，會剝奪親人為你辦後事的親密權利。但是，我們千萬不能認定每一位親族都能好好溝通，不會有歧見，以為喪失帶來的錯愕或痛苦不會加重他們替你安排後事的壓力。只有你了解自己的家人，曉得他們大概會有的反應。即使我們交代了基本事項，留下了讓親人揮灑個人色彩的空間，我們也不應該假設家人一定可以順利搞定葬禮，不會吵架，因此自己安排後事，可以將這一類的糾紛機率降到最低。

合理的自我期許

有些人會要求自己在當天一定要心平氣和，或是在葬禮上不准沮喪，這可能會給自己招致挫折。何不放下這一類不切實際、增添壓力的自我要求，允許任何種類的感覺升起？這是最自然也最實際的做法，哭不礙事，吼叫不礙事，笑不礙事。除非你會在情緒的驅策下做出令別人痛苦的事，否則並沒有限制情緒的規範。

當你撫養的人出席葬禮，他們可能會對你的劇烈情緒不忍卒睹。我聽說有一位女性的十歲兒子在睡夢中過世，那是一個第二天要上學的尋常夜晚。在葬禮上，她撲進了墳坑，她十五歲的女兒目睹了母親的舉動，在難過之餘陷入了歇斯底里。

另外，假設你要安葬另一半，你的孩子是青少年，他們會參加葬禮，如果你知道自己很可能會悲痛到不能自已，那你就要讓孩子有心理準備，讓他們知道可能會看到你流露強烈的情緒，那你只要事前向孩子們解釋，說你也不曉得自己在那一天會有什麼情緒，假如你在葬禮上真的很難過，那你要他們支持那樣的你，而你也會支持他們。這可以在事前就排除疑問，不用掛慮「別人會認可我的情緒嗎？」或「哭成這樣也可以嗎？其他的家人不會對我皺眉頭嗎？」這多少有允許情緒自然流露的意味在，如果誰的情緒汩汩湧出，別人也不至於感到意外，令其他人不舒服。

拿捏個人的願望與眾人的期待

如果死者交代了後事，一切就清楚明瞭。但如果遺族必須自己決定葬禮的流程與關鍵細節，當家族的其他成員對喪事抱持己見，要是沒有照他們的意思做，可能會引發一連串的糾紛。

在面對喪失時，我們最不想要的就是別人的批評與反對。務必要記住，你不可能討好所有人。喪事涉及了太多選項與細節，想取悅每一個人就像要從一份有前菜、主菜、甜點的菜單替所有人點餐，而且絲毫沒弄錯每一個人指定的餐點。

喪失對每個局內人都是嶄新且艱難的經驗，以致有的人會出現不尋常且不必要的言行舉止。他們可能不想暴露出自己的脆弱，又想給情緒一個出口，於是拿其實沒問題的事情來大作文章。在理想中，你要和每一位關係最緊密的遺族談一談，徵詢他們的看法，他們便會覺得自己沒有被冷落，為你提供了意見，參與了治喪的過程。

如果有人提出了你認為不妥當或不切實際的要求，找出妥協的方案或許不錯，或至少和他們解釋已經排定的儀式細節，說明為什麼可能無法滿足他們的要求。是不是能將他們的願望，納入守靈之中？當我們願意接受彈性的安排，或許就會找到轉圜的餘地。

致辭時要說什麼

在葬禮上訴說往事的過程會帶來釋放的效果，是誠實的好機會，你可以實話實說。如果你把一個人講得宛如聖人，親屬聽了可能會不愉快，雖然我認為在葬禮上不適合說死者的壞話，但聊聊美好的時光和糟糕的時光，原諒他們做過的某些事，說說反映出死者人生的故事，都會比美化死者來得強，不要把死者誇讚到大家以為自己跑錯葬禮的場子了。把往事說得精準到位一些，以適當的口吻描述適量的細節，更教人欣慰。我們不必完美無瑕也會被懷念；只要展露自己的本色就夠了。

在辭世之前慶祝生命

當來自布萊頓的瑪麗．透納在六十九歲診斷出末期癌症，她籌辦了自己守靈活動，趁著自己還沒死，向自己關愛的人提前道別。她告訴每個人，如果一年後她還在人世，就要再辦一場守靈，然後把第一場當作彩排。

瑪麗參加自己守靈會的想法真的很前衛，我見識過的其他做法都輸她一大截。在守靈活動中，她讓別人看到她接受了自己的死亡，別人也可以把握機會，把想對她說的話都說出來，等她真的死了，這絕對會對親友的悲傷有所助益。

對於在過世之前先和親友共同慶祝你的人生，你覺得怎麼樣？

應該讓孩子出席嗎？

我決定不讓兒子參加母親的葬禮，把他們帶到世界的另一端。我的理由相當簡單。我認為他們在場的話會有反效果，緊咬潔德的死訊不放的瘋狂媒體會盯上他們。現場也會有數不清的人秉持一片善意來向他們致哀，那他們就得應付這群人，雖然這能讓他們瞧瞧大家多麼看重他們的母親（事後再讓他們看大家寄給他們的大量卡片和訊息，就能達到一樣的效果），但他們也會完全招架不住。

不帶他們去的主要原因，是如果讓他們目睹裝在箱子裡的母親被放進地面的坑洞，將會牴觸我們在潔德生病期間小心翼翼、口徑始終一致的說法。潔德告訴他們，上帝召喚她去做一件非常重要的工作，當她去跟上帝會合，她會變成天上最亮的星星，飛到天堂去。時年四歲跟五歲的兒子可能會問：「爸爸，媽咪不是天上的星星嗎？怎麼還會被放到地底下？」如果我回答了這個問題，一定會徹底把他們弄糊塗。聽到爸爸說你以後都見不到媽咪是一回事，但得不到合理解釋的挫敗是另一回事。

帶不帶小孩出席至親的葬禮沒有對錯可言，你可能會根據自己的宗教或信念而給了孩子一些說法。我的唯一建議是不論你跟孩子說什麼，講法一定要適合孩子的年齡，而且說法要盡量保持一致。

不是每個家庭都跟我們家一樣有預作準備的時間。假如潔德是驟然離世，我很懷疑我們能不能編出星星的說法。應該編不出來吧。我大概會太錯愕，直接告訴他們冷冰冰的事實，然後抱住腿軟倒地的他們。

如果死亡已漸漸逼近，你卻始終沒有給孩子任何解釋，那你可能會在孩子心裡留下太多沒有解答的問題。我們或許認為孩子在調適喪親之痛，但他們最重要的問題一直沒有得到答案：「他們現在在哪裡？」他們可能依舊全心全意地相信自己的至親隨時會回來，因為大人在交代這位至親的去向時沒有把話說死，或是講得不夠決絕。

如果你的孩子不想參加葬禮，但你身為悲慟的家長，認為他們應該到場呢？你可以中肯地指出葬禮不能重來，不出席的話可能會抱憾終生，比如說，懊惱自己十四歲的時候沒有為妹妹或母親送行。但折衷的做法是存在的。他們能不能在葬禮露個臉再走？如此在未來的歲月裡，他們都會知道儘管自己沒有全程參與，至少在某一部分儀式時自己是在場的。或者他們是不是至少先到儀式會場附近，以防他們臨時變卦？

最大的隱憂始終都是如果孩子沒有在葬禮上確認死者真的死了，同時受到愛的撫慰，我們可能會助長孩子否認現實的心態，延後一定會浮現的哀慟情緒，悲傷之旅便會跟著推遲，不能及早從悲傷之旅獲得慢慢順應現實的力量。你沒辦法逼迫孩子擠出想要參加葬禮的意願，但你可以伸出援手，請他們想像在五年後，當他們察覺自己不記得大家都在葬禮上道別的那個日子，那他們會有什麼感覺？你還可以請他們想像在多年以後，當他們自己變成喪事的主角，而他們的孩子、侄子、女兒不來送行，那他們覺得怎麼樣？最後，在我們努力協助孩子從各種角度來考慮要不要出席葬禮時，你可以捫心自問，逝者會希望孩子怎麼做？

如果遇到堅決不參加葬禮的青少年，我會建議找出一個雙方都能夠認同的道別方式，別在家裡度過舉行葬禮的那一天。也許他們可以在舉行儀式的同一時間釋放一顆氣球，或者是去一個孩子和逝者都覺得很特別的地方？做一件有意義的事，降低以後追悔莫及的風險，因為至少他們做了一點什麼，只是他們做的事跟葬禮上的其他人不同而已。

還有很多紀念逝者的方法，在葬禮當天及葬禮後的每一天都可以紀念死者，但什麼都沒做的懊悔是我們務必要小心避免的。

孩子可以扮演葬禮上的重要角色。例如，如果孩子釋放氣球來象徵死者飛升到天堂，氣球升空的景象可能會勾起大人更深層的共鳴，彷彿死者的靈魂不知怎地與氣球一起上升。如果你打算這麼做，我的建議是不論你們釋放什麼東西到天空中，務必要符合你給孩子的解釋。所以，如果媽咪變成星星，也許你們就釋放一顆星星造型的氣球，讓星星成為貫穿全程的主題。對了，一定要帶一顆備用的氣球，相信我，因為你們釋放的那顆氣球最後會卡在你以為不可能阻礙升空的樹木枝枒間，令孩子苦惱不已！

如何處理棘手的隱憂？

有一位個案告訴我，以前哥哥會凌虐她，所以她打算向哥哥隱瞞父親的喪事，以免在葬禮上見到哥哥。我們討論了這件事，梳理了一下事件脈絡，她省悟到不論這個人曾經給她多大的傷害，他仍然有權向死者致敬，否決他這項權利，將來對她更不利。最後，她透過別人邀請他出席，而他自己回絕了這項邀約。

葬禮的主人是你在儀式中頌揚的那個人，應該開放給所有想參加的人到場。但喪事不能重來，你的第一優先要務是讓儀式可以順利進行。如果某人可能打算來鬧場，或存心挑起大家的不快，那你得先跟他們溝通，或請他們別來。你不會希望大家對你這一位至親的回憶，永遠都連結到雞飛狗跳的亂象或惹人厭的行為上，你有責任保護大家不落入那種窘境。

另一位個案說在前夫的葬禮上，她不曉得自己應該坐在哪裡。他已經再婚，與新妻子生養了小孩，但我的個案仍然是他其他孩子的母親，而這些孩子會參加葬禮，滿心哀慟，需要她在場。最後，她坐在前排的尾端，既能待在自己孩子的附近，又不會離前夫的新妻子太近。

在葬禮之後

在死亡來臨後和葬禮前的日子裡，你很容易覺得自己是熱線電話的接線生。平時不曉得躲到哪裡去的人全都冒出來打電話給你，一邊還要安排葬禮，每天都要處理一堆事情，焦頭爛額。即使辦完了葬禮，你也可能因為大家想要聚一聚，結果一連好幾天都在接待客人。

忙亂可能在葬禮及葬禮後的傳統習俗結束後戛然而止，而在眾人相伴這麼久以後回歸清靜的日子，你可能會鬆一口氣，但身邊一直有那麼多人在陪伴你，支撐你，安慰你，然後在下一分鐘，你赫然得到了自己可能需要的空間，卻不知道要如何填補空虛，這可能有一點嚇人。我的建議是擬定計畫，即使只是規劃午餐或晚餐的簡單計畫，都能在葬禮後的日子裡讓你有事可做；如果你需要別人幫忙照顧小孩，就請人幫忙，即使那表示你得仰賴其他的悲慟之人。

送人生的夥伴走完最後一程是痛苦的，而葬禮的流程則是你向他們示愛的機會，訴說你如何感恩自己與他們共享的點點滴滴，慶幸自己擁有過那些隨著他們而去的一切。那些因為太驚愕而無法觸及的情緒，因為你以為你們還有很多年可以活，至少你還是想跟他們在一起卻再也做不到的痛楚與難以言喻，這些全都會在葬禮上浮現。揮別你們的實質連結，從葬禮這一天開始與逝者建立精神關係，回味他們的精神及無價的回憶，這可以讓你在調適哀傷的時候慰藉你。

43／特殊的日子

在潔德離世後過了兩次聖誕，我才明白不管我在聖誕樹底下堆放多少禮物，在櫥櫃裡頭塞滿多少點心和零食，對我的兒子來說，聖誕節就是不一樣了，當他們拆開襪子的興奮之情消退後，我總會看到他們內心的深沉悲傷。那時我才體認到每一回遇到佳節，也正是他們最深切感受到自己世界的中心消失不見的時候。

我學會在節日當天一早做一些紀念媽咪的活動，預先清空這些悲傷的時刻。我們會在聖誕節的清晨去「媽咪的小天地」（她下葬的田園式教堂墓園，視野良好，可以俯瞰鄉間田園與市鎮）向潔德致敬，以防誰因為自己歡歡喜喜地慶祝節日而忍不住浮現罪惡感。聽起來夠簡單吧，但只要這麼一個小訣竅，大家就可以好好地過聖誕節和其他的特別日子，雖然仍舊會悲傷，卻同時很有建設性，很正向，因為我們決定了應對之道，沒有任憑不曉得幾時會發作的悲傷主宰我們。

喪親的人務必特別注意那些不論自己再努力，也無法不被悲傷壓垮的日子。也許那是你摯愛的生日，也許是你的生日，一個你的摯愛總是會讓你覺得自己很特別的日子。

曾經令你歡喜無比的日子，如今是你覺得不應該開心的日子，由此可知死亡有多麼悲哀。在兒子拆完襪子、還沒吃早餐的大清早，我會帶他們到媽咪的小天地，邀請悲傷與哀慟在墓地與我們相會，這會帶來平靜的心境，孩子在接下來的一整天都會比較舒坦。因為媽咪是我們的第一優先要務，他們是先向媽媽表達孺慕之情，自己良心上過得去了，然後才做其他重要性低很多的事。節日裡的其餘時間都洋溢著歡笑和興奮，和以前沒兩樣，我們學會了預先清空悲傷，把媽媽擺第一，過節放第二。

從這些年來的經驗，我發現設立每月一次的紀念日，可以卸下大日子的心理負擔。我們會過「媽咪節」，這一天完全用在紀念潔德，活動內容則由兒子們決定。有時候，只有我們父子一塊過節，有時候，我們會和對我們意義重大的人共享這一天。我們以各種方式慶祝媽咪節，上一回是在舊金山的金山大橋釋放氣球——不管我們到天涯海角，媽咪都同行。我喜歡每個月為她做一些事情，因為我最怕自己沒讓兒子們充分談論潔德，所以媽咪節可以讓我放心，覺得自己盡了責任。

我很好奇其他的喪親人士對節日的態度與經驗。別人是怎麼調適的？大家都覺得特殊的日子很難熬嗎？還有哪些我沒見識過的高明手段，可以在這些容易令人感傷的日子裡減輕哀傷的重量？

有兩個孩子的鰥夫馬丁．霍爾告訴我：

> 特殊的節日啊，是百感交集的日子。眼看快要節日的時候，我神經可能就繃得緊緊的，懊悔自己沒有把握嘉妮在世的歲月，好好度過與她相處的時光。我也會開始質疑自己教養小孩的能力，因為她一定會做得比我好。

我全部的紀念日都集中在七週之內。嘉妮在十一月五日過世，葬禮在十八日（跟她妹妹的葬禮恰恰好隔了兩年），她的生日是十二月二十三日，我們的結婚紀念日是十二月二十九日。所以那七週有點像情緒的雲霄飛車。

她的忌日是煙火節[6]，所以我會帶孩子去看我們家這一帶施放的煙火，但我的心情會很糾結。仰望天空只會讓我想起我們失去了什麼，看著煙火照亮了天空，我會想起嘉妮不在這個世界照亮我們的生命。我也會帶孩子去嘉妮的紀念石碑，我們會抱成一團，獻上鮮花。孩子們很泰然自若，我倒是會掉眼淚。

在葬禮紀念日時，我通常會有一點緊繃，暴躁易怒。我會稍微退縮，想釐清這一切的意義。在這段期間，我常常會作關於她人生最後階段的噩夢。

她的生日就比較容易應付，大概是因為我會記起美好的時光——生日的慶祝活動、她的四十歲生日派對、當她收到出乎意料的禮物時的驚喜。我發現在她的生日時，我比較會跟孩子們聊他們的媽媽，尤其是媽媽喜歡些什麼。我們會全家去劇院看一場音樂劇，因為嘉妮很愛音樂劇，現在這成了我們家的傳統。

十二月二十九日是結婚紀念日，我會在這一天盡量聚焦在我們的快樂時光，想一想在她生病之前的世界。這天也是我兒子的生日。我會確保他在這一天開開心心，但是到了晚上我可能會流一些眼淚。我猜大概是我會回顧我們十五年前結婚時計畫和夢想，接著孩子們就來報到了，而命運決定我們的計畫和夢想永遠不能實現。

我跟很多人一樣，會在進入新年的時候期許自己改變生命，把我的世界變成一個更好的地方。但我不是在遵守新年新希望的傳統習俗。我的出發點是要善用我的人生，因為嘉妮年紀輕輕就被奪走了生命。

我欣賞馬丁的省思能力。這是讓我們在喪親之後回歸正軌的重要人格特質。他的許多感傷我都心有戚戚，而他在經歷了如此巨大的喪失之後，他抱定的立場是活出充實的多彩多姿人生，以紀念嘉妮，我真是替他和他的孩子高興。這是完全正向的反應，萬一哪天我有了三長兩短，我希望家人也會使用相同的回應方式。

我輔導過一位喪親的朋友，莉迪雅．費雷朋，她在母親冥誕前夕來找我，因為她對第二天充滿恐懼。莉迪雅的母親很愛過生日，總是以豐盛的美食大肆慶生，在家裡是呼風喚雨的人物，更是一手主導特殊節日，但她是在輕聲細語、細膩優雅之中展現自己的重要性。

莉迪雅喪母之後，母親的生日已經來了又走兩次。她解釋自己總是在母親的冥誕上墳，在喪母的第一年，她獨自踏著雪花去墓地，在母親的墳頭放一枝紅玫瑰。有人告誡過她，說：「第二年總是比較難受，妳知道吧。」她焦慮到都快麻痺了，回顧自己與母親最愛做的事，去科斯塔吃藍莓馬芬，然後跟前一年一樣，又去上墳。

現在是她喪母的第三年。她「困住了」，好像不能動彈，沒有半個計畫，與她這輩子的作風背道而馳——她可是凡事都要預先計畫的人！這一回，她拖拖拉拉地不想掃墓，也沒打算參加什麼活動（她後來承認，安排活動是為了轉移注意力），覺得只要在「生日那個週末」做點什麼就算數了。我一向很納悶，我們耗費這麼多時間煩惱不已，到底是在按照誰規

6. 一六〇五年十一月五日，蓋．福克斯企圖以火藥炸毀議會未遂，後來英國人便在這一天施放煙火並焚燒代表福克斯的假人。

定的標準行事？是想取悅誰？

聽起來莉迪雅並沒有完全逃避母親的生日，但這一天有什麼大不了的嗎？尤其是她會在母親生日快到的時候累積許多壓力，為什麼這一天對她來說特別難應付？

我仔細聆聽她訴說，注意到她的一句話。她說不做點什麼的話，「只會讓我哭」。

我問她哭泣是哪裡不對了，她回答：「那太痛苦了，我得堅強才行。」

「怎樣才叫堅強？」

她有點抗拒，為自己辯解了一下：「我經營自己的生意。」（「這個妳留到明天再說吧，莉迪雅。」）她最後回答：「好啦，我知道一個人要堅強起來，才會去感覺自己的脆弱，自然地表達自己。」

我問她，如果妳內心那麼痛苦，那把痛苦哭出來，是否或多或少有其必要？

她知道把痛苦埋在心底並不「堅強」，而且實際上會有反效果，因此當她允許自己哭，她覺得鬆了一口氣。我絕對不會容許個案一直抱持錯誤的觀念，誤以為把所有的感受都悶在心裡會有任何的益處，其實那只會造成傷害。

我們話題又拉回墓園，她覺得明天去上墳「是對的」，她在母親的墳前會心情平靜。

我問莉迪雅，如果明天不去上墳的話，她覺得如何？

「不行、不行、不行。」她回答。不上墳是免談的。

「上墳的目的是什麼？」我問。

「感覺去上墳是對的。我媽媽原本可以在迦納下葬，但她為了孩子，選擇在這裡安息，這對我真的意義重大。」她談到「責任」，因為她母親墳地的購買文件是她簽字的，她覺得自己必須為母親上墳。

「什麼責任？」我想知道。

「我簽了文件，所以我就得去。」

莉迪雅沒有說出上墳的目的，所以我繞回去，重新問她一遍。

原來她有兩個目的：記住媽媽，以及取悅媽媽。

「如果妳不去，妳就不會記住媽媽？」

「我每天都把她掛在嘴上。」

「妳得去上墳，才能討好妳媽媽？妳不去墓地，她就會不高興？」

莉迪雅一時語塞，意識到自己不論在私生活或工作上，她做的每一件事其實都會讓媽媽引以為榮，心滿意足。

我請莉迪雅想像一下八十幾年後的自己會在哪裡，然後問問她自己希望兒孫們用什麼方式紀念她。

「想像妳的孩子每天都想起妳，但不在妳的生日上墳，妳覺得如何？」

莉迪雅回答：「只要他們記得我，她要不要來上墳我都沒意見！」

所以，關鍵目的是緬懷她，要記住她、讓她引以為榮，這樣就夠了？

「一點也沒錯。」

「那妳每天都這麼做嗎？」

「對！」

莉迪雅的坐姿挺直了一些，現在一副千斤重擔漸漸卸除的模樣，她需要的抽絲剝繭過程開始生效了。我再接再厲：「是天天緬懷她重要，還是去上墳，並且只在上墳的那一天緬懷她重要？」

「只要我一直懷念她，讓她以我為榮，我不見得要上墳，但我知道自己可以因為想上墳而上墳，不是逼不得已才去的。」

我覺得墳地是莉迪雅使用的核心認證標準，用來認證自己的悲傷或母親的存在，而一塊石碑因為標記出一個人的最後安息地，一個她摯愛不已且深深思念的人，於是她便在這塊石碑附加了大到不可思議的重要性。這真的挑戰了我們認為哀悼，或者實際上是我們的思念，應該鎖定在什麼標的物上。

為什麼當大家天天做親人會與有榮焉的事，想著關於親人的好事，大家卻不見得會肯定自己，但只要沒在特殊的日子上墳，大家卻覺得自己辜負了親人？

追思所愛之人的方式可以很彈性，千變萬化，我們沒道理這麼苛求自己，限制自己。

莉迪雅說喪母是她的喪親初體驗，她有一位比她早喪親的朋友，由於朋友家是一個月上墳一次，他們會供上鮮花，全家一塊喝杯咖啡，於是莉迪雅受到朋友的影響，覺得應該比照辦理——說不定每個人都是這樣做的？

莉迪雅提過她可能會去迦納定居，因此我問她，當她住在飛機要飛八個鐘頭的地方，她要怎麼上墳？給自己這種規定並不實際，我毫不懷疑有的人會因為堅持要守護墓地，結果人生的格局大大受限。

傳統觀點通常是我們一定要親自去上墳，只有在這個核心地點，我們才能向死者致敬。為什麼？或許這是一種權宜之計，允許大家在平時給悲傷貼上封條，直到下一回上墳才拆掉。然而在上墳時間之外的哀思，只不過是不論你人在哪裡，不論你在做什麼，都懷念一下逝者，我相信各位一定都很清楚，這就是悲傷的真實情況。

要知道我們整個人、我們全部的作為，都是在向死者致敬，要是忽略這項事實，規定自己必須去某個特定地點，不去就內疚的話，一點道理都沒有。

別人的期待是把上墳的責任釘在我們身上的「大頭針」之一。莉迪雅有很多位家族成員不能分攤維護墳地的責任，但她有不能請人代勞的苦衷嗎？

莉迪雅承認，很多家族成員無法前往父母的墓地，因此他們會點蠟燭、朗誦一首詩或聽一支歌曲，他們覺得這樣也行，那她為什麼非去墳地不可？上墳絕對不應該淪為義務，否則會引發不健康的壓力；上墳應該是為了實現某個目的，那就有利無弊。

莉迪雅意識到她認定自己應該背負的責任，給了她莫大的壓力：「以前是我在照顧她，結果大事小事都變成我的事。也許這種模式還沒結束？」這就像在說跟你有情感連結的對象是一塊大理石或一塊石板，然而這份情感實際上是無所不在的——這幫得了你嗎？應該沒什麼助益吧。

莉迪雅還說，墓碑上有一張母親的臉部特寫照片。從神經語言學的觀點，我很清楚她基本上是在說墳墓是她的媽媽，墳墓已經不是長眠之地，而是她母親本人。

在母親過世之前照料媽媽十八個月的責任，延續成照顧墳地的責任；她關注的重點本來是媽媽的健康，現在則轉換成媽媽的長眠之地，怪不得她只有在不顧自己的意願，完成上墳的責任時，她才會覺得自己做了正確的事。

我問莉迪雅能不能放下不必要的責任感，掙脫她給自己的壓力。在很多家庭裡，願意照顧墓地的成員之間會約定輪班的方式，大家輪流掃墓。這樣的安排也會對莉迪雅的家人有益，每一位輪值的家人不但可以與莉迪雅的媽媽鞏固情感的連結，也可以強化彼此之間的親情，這也可以把她回憶中的每一個人串聯起來，還可以促進大家分享那些回憶。

莉迪雅認清了她給自己多大的壓力，不禁鬆了一口氣。對現在的她來說，墳墓就是墳墓，不是她的媽媽，她也同意要跟八位親戚分擔維護墳地的責任，尤其是現在她明白了不論是在掃墓當天或任何一天，哀悼的目的是追思死者，好讓媽媽「高興」，她心情輕鬆起來，如釋重負。

你在特殊的日子裡給自己什麼壓力？

你給自己什麼規定，就像莉迪雅一樣？你能指出自己用什麼樣的語句，來描述你對自己或對自己處境的信念嗎？

莉迪雅用來釘牢壓力感與責任感的「大頭針」，主要有以下的五支：

一、「文件是我簽的，所以這是我的責任。」

簽署者的責任可大可小，全看你高興。真正要緊的是你存放在心裡的寶貴回憶。與其他的家人分攤實際的責任，會讓你的壓力減輕很多。

二、「我媽媽原本可以在迦納下葬，但她選擇在這裡安息。」

我覺得這聽起來活像她的媽媽來拜訪她，而莉迪雅把媽媽扔在機場不管。在哪裡長眠，是她母親自己的決定。

三、「我還在照顧她。」

照顧活人跟照顧死人是截然不同的兩種責任。莉迪雅察覺自己仍然在照顧媽媽，由於這項義務，她一定得親自上墳才行。她只需要認清現實，現在她可以用偏向精神層次的方式與母親同在，反正她不在墓園的時候也常常在追憶母親。

四、「墓碑上的照片——墳墓就是我的媽媽！」

關於這句話，無可辯駁的證明就是當她描述自己與墳地的關係，她說自己跟墳地好像串聯在一起，就像有一條臍帶連結著一樣！潛意識的心智總是會自動提供線索。

五、「要是我不去上墳，別人會講閒話。」

要是按照別人的道德標準，連父母在其他國家長眠的人也是得按時出國去上墳的。這項壓力不是真實存在的，純屬個人的臆測。擔任墓地的「唯一負責人」，讓莉迪雅害怕如果沒有把墓地照顧好，就會被親人說三道四。

哀悼的方式因人而異。這沒有對錯可言，只要確認你是以自己舒服的方式在特殊的日子裡追思死者，沒有居高不下的壓力，而且不是因為顧忌別人的想法才那麼做的。善待哀慟的自己，問自己，以你自己的標準，當你離開這個世界以後，只要別人給你什麼樣程度的哀悼你就會心滿意足，而你失去的人，又會希望別人做到什麼地步。

莉迪雅在母親冥誕之後的第二天寄來以下的信文：

首先，謝謝你在我學習面對母親生日的旅程上，陪我走了一程。太陽在她的生日露臉，上墳的時光很美好。我真的百感交集，現在我認清了自己在身為女兒及照護者的身分上，施加了多大的壓力。

媽媽現在是在上帝的手中，她是非常有靈性的人，我由衷相信她在看顧我們所有人，也深深愛著我們。現在起，我要活得精采一點，還要體認到我不管做什麼事，都會把她放在心裡。一切都關乎活出圓滿的人生，讓自己快樂，最後她也會替我高興。這是普天下父母的願望。

真的很感謝你把我的故事收錄在你寫的手冊中。這是血淋淋、活生生的故事，令我痛苦不堪，也怪不得我會痛苦。現在我可以將那一切拋在背後，展開人生的嶄新章節，緬懷母親，釋放愧疚。

補充一件窩心的事：其他的親人真的願意上墳。我發現其實是我自己對承擔責任有先入為主的想法，才鬧到我以為自己必須一肩扛起這個擔子。我覺得自由自在，我解脫了。

莉迪雅

44／喪偶與第二春——對孩子的衝擊

悲傷可能很難纏，當喪偶人士重新墜入愛河，甚至只是約會個一、兩次來找回立足點，都要費盡思量，細心敏感，才能顧全孩子的心。事實上，從告訴對方你有小孩，一直到新的伴侶住進你們家，都是應該慎重規劃的事。

幾時才是找對象的適當時機？

這完全要看你，而且取決於許多因素，諸如伴侶的遺願、在伴侶過世前，你們的關係有多健康、符合道德標準的單身期間有多長、你身邊的人的意見，其實就是他們對你的期待，還有你家小孩的想法。

我們都需要照顧自身的不同需求，我們應該好好釐清自己究竟「想要什麼」，然後我們，或其他人，再來判斷時機是否恰當、是否合適。你只是想要有人跟你作伴嗎？一個會讓你嘴角上揚或哈哈大笑的人？肢體接觸？只是要一個朋友還是想要全套的感情關係？

我們要認清自己的需求，才能在允許「其他興趣」太過深入我們的生活之前，為自己留下好好哀悼的時間與空間。你可能發現自己已經很了解對方，這時你必須決定自己要多快向對方告白，還有你允許這段感情發展得多快。我想不論是任何形式的分離，你在實際離別之後給自己越長的空窗期，你的精神狀態也會越穩健，更可能在你真的出門約會的時候，因為懷抱適當的理由而遇到適當的對象。

如果我們討論的是幾時開始找對象才算得體，空窗一年就夠尊重死者了，但每個人的主張都不同。你逝去的伴侶的父母覺得一年夠嗎？以我知道的喪家來說，有的人在生前便告訴另一半，等自己走了以後就可以找新對象，不必苦惱應該等多久。也有的瀕死之人要求伴侶等候若干時間，才可以跟別人交往。大部分的死者沒有交代這件事，獨留在人間的伴侶必須判斷自己是否準備就緒，以及什麼樣的做法才能被所有的關係人接受——包括你、孩子以及其餘你很看重的人。務必記住，如果你覺得時候到了，孩子們也曉得你打算另覓良緣，那其他人的意見便是次要的。

幾時跟交往的對象說你有小孩而且喪偶？

這有兩種做法。你可以隱瞞一切，冒著對方最後翻臉不認人的風險，先約會個幾次再說。如果你延宕吐露實情的時間——順便說一聲，這種事不應該被當成什麼見不得人的秘密——當你覺得雙方交往得很順利，結果對方卻無法接受你的全貌，你只會更失落。

或者

你可以一開始就開誠布公。畢竟，這是無法改變的事實，是你親身經歷過的一切，你應該自豪地宣告自己是一位家長，因為在地球上，沒有比為人父母更棒的工作了。說出自己喪偶，也不表示別人會自動認定你在尋求憐憫；觀察別人得知你喪偶之後的反應，是深入了解對方人品的大好機會。如果對方沒在第二次約會放你鴿子，你就可以專心發展這段感情，或是培養你們的感情連結，介紹對方跟孩子見面的事則晚一點再考慮，反正沒有會破壞雙方見面的明顯障礙。

每次我跟新的對象約會，我總是從一開始就交代我有小孩。首先，兒子是我引以為榮的寶貝，其次，我明白如果女方在意這種事，那她再怎麼漂亮風趣，或我多麼渴望再見到她，她都不是我要找的對象。姑且說，這幫助我去蕪存菁。

幾時介紹對方跟孩子見面，才不會操之過急？

我個人的規矩一向是先交往六個月，新伴侶才能見到我兒子。其實早在鮑比和佛萊迪喪母之前，我就立下這條規矩。我只是覺得，這樣的交往長度才對得起兒子。我才不要他們去見一個出現沒幾個禮拜就消失的人，六個月也夠對方評估自己對我的感情，她們必須夠喜歡我，才可以跨出跟我兒子見面的這一大步，當然我也需要從女方在那當下給我的感覺，判斷她是否會在可預見的未來裡待在我身邊，我需要這樣一段建立信心的時間。

孩子知道你在跟人交往嗎？他們能接受你有新對象嗎？他們明白你打算讓他們跟對方見面嗎？讓孩子知道你的想法，讓他們參與這段過程。如果孩子知道你的戀情，而且樂於接受你的新歡——即使一開始他們讓你碰了一鼻子灰——那別人的反對就不重要了。

隨時跟孩子報告近況，不管他們年紀多小，讓他們知道你的進展。孩子的觀察力遠比我們想的更細膩，而且哀慟會讓他們的感覺更敏銳，所以他們大概會察覺你的生命中出現了其他人。

如果你太早引介新伴侶，結果你們閃電分手的話會怎樣？孩子大概會感到困惑。只因為你迫不及待地讓某人進入你的生命，就讓孩子經歷不必要的錯亂，這應該已經有點不負責任了。對方或許真的美好到極點，但孩子的需求永遠都應該比我們的感情需求更重要。在一頭栽進去之前暫時緩一緩，先做好安全防護不會少一塊肉。看後視鏡、打方向燈、切換車道！

當對方跟孩子見面時……

當孩子準備跟你的新伴侶見第一面，讓孩子在見面的時間、地點、方式上有一些決定權，在隨後幾次的見面也一樣。如果孩子喜歡某一項活動，可以問問他們是否願意讓你的新伴侶一起來，然後你們可以在中立的環境實際做一點什麼，好讓孩子感到自在，盡量在不被干擾的情況下投入互動。

你們規劃的活動時間要適中。如果你的孩子年紀較小，時間短一點的活動或許反而更好。見面時的活動要有趣，好讓每個人都留下好印象。我們都太了解如果跟小朋友相處一整天，他們會把所有的哭鬧本領都施展給你看。話雖如此，如果他們在最初幾次的見面時真的不規矩，那可能是他們吃不消這些會面，於是以符合自己年齡層的手段來應付而已，這就是現實，但我猜我們都在致力追求最棒的起點。

在會見結束後，問問孩子們的看法，問問他們覺得狀況如何，孩子們會喜歡你顧慮到他們的感受。讓孩子覺得你在作決定之前，有把他們的認同納入考量。

如果你的新伴侶也有小孩呢？

視年齡而定，可以把這當成幫小孩安排玩樂的聚會。沒有比你們的孩子一拍即合更教人熱切期盼的事了！找出雙方小孩都有興趣的事，一樣要在中立的地點，假如雙方的年齡差距很大，先進行適合小朋友的活動，之後再換成適合大孩子的節目。

雙方的小孩見面時，盡量別讓孩子也跟你的伴侶見第一面，因為一邊見你的男女朋友，一邊見到以後可能要跟自己共享同一個家長的小孩，這兩件事湊在一起的話小孩會比較難承受，也更不容易玩得開心。你們雙方可以先在不同的場合好好地認識彼此的孩子，然後你們再安排孩子們的聚會，等你引介雙方的小孩見面時，你的伴侶就不算是陌生人了。

別人會怎麼想？

在一生中，你最容易被別人批判不該談感情的時期，大概就是在喪偶之後。要是冒犯到身邊那些人的道德標準，常會造成無法挽回的傷害。有時候，你也沒辦法防堵別人的非議。當別人認為他們的評斷比你的個人幸福更重要，這的確會傷人，但我們管不了別人的想法或言語，所以我們應該專注在讓自己快樂，營造把愛情帶回生命中的機會，如果對方是適當的人選，時機也恰當，我們便能實現那合情合理的誘人目標，也就是讓孩子在剩餘的童年及未來的人生中都擁有另一位榜樣。

這究竟是誰的事？

如果你任憑別人的意見來決定你的人生方向，你的人生就不見得是你自己的了。我相信我們在喪失之後，應該在言行上保持尊重與得體，但我也相信如果你取悅他人，聽從不認同自己的人，按照別人的理念去行事，你就是向恐懼低頭：你害怕做錯事，而與你的福祉對立的人可能正在把罪惡感堆到你的肩膀上。

在你那樣對待自己之前，一定要想像在十年後，當這些人大概已經不是你生活裡的固定班底，而你回首前塵，你會多麼後悔自己因為壓力與別人的審查，而影響了自己的判斷。

我們應該也要體認到，雖然有些阻撓你的人自以為是在向你失去的伴侶盡忠，但也有些人是真的在關心你的最大福祉，而他們無法全力支持你是有其他的原因，你大概應該聽聽他們的解釋。

如果你的孩子年齡較大呢？

如果你的孩子是青少年或剛成年，要說服他們可能沒那麼簡單，需要你們小倆口的更多耐心，因為他們在情感上或言語上可能都不會輕易讓步。關鍵是如果你的伴侶給了你幸福，孩子總是會回心轉意的。但如果你與伴侶之間出了岔錯，發展不如預期，儘管孩子可能不會說什麼，但他們絕對會察覺異狀，所以你要考慮到孩子的年齡與成熟度，以他們能理解的措辭保持透明公開，這有助於避免重要的感受被埋在心底沒說。

如果孩子全力反對呢？

或許你的其中一個孩子對你蓬勃發展的愛情一點都不高興。務必釐清問題是否出在他們不喜歡你的對象，以防你必須取捨自己的優先要務，或者其實跟你的新伴侶是否合適無關，主要是他們心裡覺得你太快放下過去，跟一個可能會取代他們亡父或亡母的人在一起。溝通是關鍵。你一定要設法了解他們為什麼持保留態度，減輕他們對你戀愛計畫的疑慮。他們在生誰的氣？是你？你的伴侶？他們自己？有些孩子會覺得，如果他們支持你的新戀情，就等於背叛他們的亡父或亡母。你們得溝通不只一次，他們才會改變想法，但要翻轉他們內心的罪惡感，他們得聽到身邊那些人的說法，孩子要聽到他們以為會批判他們的那些人說，他們不會責怪孩子有那種感覺，但仍然活著的爸爸或媽媽最終應該得到幸福，而這種情況在喪親家庭中很常見。耐心很重要。不要催促孩子改變心意，有時這意味著你不能急著讓感情開花結果。

那新伴侶要搬來的時候呢？

穩定的環境對小孩有益，而在遭逢巨變的時期，你要盡力讓一切維持穩定。如果你的新伴侶即將進入你孩子的家庭生活，不要立刻改變孩子的居家環境。比方說，如果家裡擺放了孩子的父親或母親在世時的大量照片，不要動那些照片。把照片移到他們看不見的地方就像在告訴他們：沒錯，以前的事已經回味夠了，現在我們要向前進。不要動照片，讓他們的爸爸或媽媽留在他們看得見的地方，讓你的孩子明白這些照片對你依然有意義，而你尊重這些照片對孩子依然意義深遠的事實。

你大概應該向新伴侶解釋為什麼沒有移除照片，還要說明這些照片不會威脅到新伴侶的地位。如果你的新伴侶有意見，那他們大概不適合你！這位伴侶很可能可以好好地愛你、關心你，卻不能關愛你的孩子。在你讓孩子參與你的第二春之前，你有責任確認新人是不是那樣的人。

假設每一位關係人都相處愉快，讓孩子參與你的決策過程，親子共同決定讓新人搬進來。問問孩子是否準備好跟新人共享自己的家；也許請孩子幫忙你挑選歡迎新人入住的禮物。也或許是你們搬進新人的家，這樣的話，協助孩子把房間變成自己的地盤準沒錯。讓孩子挑選床單、窗簾、壁紙，慎重其事地把他們媽媽或爸爸的照片放在新家的房間裡。對孩子來說，這表示新人願意讓孩子把一小部分的亡父或亡母帶進他們的地盤。

萬一你得跟新人分手呢？

萬一這段感情不如預期，不管你們是否同居，你都可能很愧疚自己讓別人參與了孩子的生活，讓孩子親近對方，結果這一段感情卻破滅了。重點是當我們設法尋覓良緣，一片好意地幫孩子挑選合適的榜樣，就是要承擔這種風險。自從我兒子喪母以來，我有過三個對象，當我跟交往三年的女友分道揚鑣，那是潔德過世後他們第一次經歷的分手，我真的很擔心兒子會有什麼反應。

她完全具備我希望孩子在女性榜樣身上看到的特質：殷勤體貼，關懷別人，負責任，有耐心。他們真的很愛她，我很怕當時七歲和八歲的兒子，會把她突然不再出現的事連結到他們媽媽的死，又一次嘗到被遺棄與喪失的感覺。當我鼓起勇氣，向兒子說明她搬走了，結果卻出乎意料，率先發問的是佛萊迪，我記得他問的是：「是誰拋棄誰？」他們其實覺得這件事很搞笑——他們不是不敬重我這一位女友，他們時常想起她——我學到的教訓只要你還守護著孩子，你跟別人分手絕對不會是世界末日。對孩子來說，你跟一個大好人分手是很可惜啦，但只要有你在，他們基本上就擁有自己想要及需要的一切。

45 繼父母或同居人——讓適當的人走進孩子的生命

我自認每一次向孩子介紹新的女伴之前，都已經充分評鑑過雙方感情的潛力，當然也確認了彼此沒有其他的對象。最糟的情況是介紹他們認識一位女性，這位女性卻不見得會與我們共度可預見的未來，當然，即使事前交往了六個月，我也絕不能保證一段感情會欣欣向榮，長年累月地持續下去。幸好，我跟伴侶的感情很持久。

現任的伴侶凱特是跟我交往六個月後，我才安排大家一起去倫敦玩，我們搭乘了倫敦眼摩天輪跟參觀水族館。當時我兒子是九歲和十歲，地點也是中立的，沒有讓凱特進入他們的地盤，也就是我家。我們去的觀光地點很熱鬧，所以保證好玩，而且大夥兒一塊吃飯時，凱特也會有時間向他們介紹自己，展現自己對他們喜歡什麼、討厭什麼都興趣濃厚。但那一天晚上，我們並沒有同住，因為那就像在一眨眼工夫中，從時速零飆到時速六十哩。

雖然我在心底已經認定了凱特這個對象，才會安排她跟我兒子見面，但現在輪到我兒子決定他們對凱特的喜愛，是否強烈到他們自己跑來跟我談，要求我讓凱特住進我們家，沒隔多久，我的兒子就作出這項決定。得到他們的認同很重要。因為邀請她住進我們家是我兒子決定的事，這讓他們和凱特的情誼更加寶貴。

在凱特之前的那一任女友的情況不太一樣，她也有孩子，是個漂亮的小妹妹。要讓我們兩戶人家併為一戶時，必須額外考量如何介紹兩家的孩子認識。我記得我們安排了一場遊戲派對，讓他們在一家室內遊樂中心見面。那也是中立場所，好玩，時間相對短暫，因此每個孩子留下的印象是這一段新的關係很有意思，而由於我兒子的年紀較大，所以請他們分攤照顧小妹妹的責任，他們也與有榮焉。

不論在任何情況，介紹新伴侶總是不容易。若是牽扯到死亡與悲慟的話，狀況就更加複雜。有些孩子認為新人打算「取代」爸爸或媽媽，以致每個局內人都很為難。我運氣不錯，因為潔德過世時我們沒有在一起，所以我後來的對象都不必向我的孩子擔保她們無意取代潔德，而我總是一再向兒子重申，我的伴侶跟我的感情再怎麼好，也絕不會在他們的人生中扮演媽媽的角色。

你不必徵求孩子的同意也能找對象，但如果你向孩子們開誠布公，即使你們的感情才剛起步，也坦白說明任何未來感情關係的發展狀況，你便可以替自己省掉一些麻煩。如此一來，孩子會有調適的時間，不至於哪天有人突然出現在家門外，孩子才驚駭地發現這個人要在一夕之間將爸爸或媽媽驅逐出境，而他們聽奶奶說爸爸交了新女友，或是——我相信這年頭越來越普遍了——他們在社群媒體上發現了真相。

在這種情況中，並不是只要注意孩子的狀態就夠了。喪偶的家長可能會要求新伴侶背負太多責任，或是期待對方跟自己的孩子相處融洽，一見如故，這都會令情況更複雜。我見識過這種事，而那會令孩子深深覺得遭到侵擾。當然，孩子以後不見得一定不會喜歡上新人，但採用比較緩慢、比較溫和的做法，讓孩子有時間調適自己才是關鍵。

我跟孩子討論了他們的經驗談，詢問他們對繼母這件事的看法，鮑比連聽到這個詞都覺得刺耳。當孩子自行判斷你有資格在他們的人生中擔任繼母，你就是繼母，不是女朋友。孩子通常是最敏銳的裁判，他們知道一個人是否準備好領受新的頭銜，得到冠上別人姓氏或跟別人分享自己姓氏的榮譽，但有時候你明明做了很多事，早該得到孩子的認同，但就因為你不是他們的媽媽或爸爸，所以他們硬是不能在情感上肯定你。

身為成年人，我們天真地以為，當新的伴侶以我們新婚丈夫或妻子的身分走過禮堂的紅毯，他們便得到了那個頭銜，但在理想世界中，孩子自己會決定時機是否成熟了，反正，頭銜有什麼大不了的？你是否滿意自己扮演的角色，應該才是最重要的吧？孩子現在可能無法體會，但你幫忙撫養了喪失的迷惘孩子，有朝一日，孩子會為了自己曾經樹立的障礙而向你道歉，把你應得的肯定全部給你。即使在最順利的時候，繼父母也是沒人感謝的親職，放長線釣大魚是必要的策略；要是你希望立刻博得孩子的愛與孺慕，那你有得等了。只要記住自己是為誰辛苦為誰忙：為了跟自己愛上的人長相廝守，你必須和對方的孩子培養感情，最低限度要做到雙方處得來，最好是充滿慈愛與關懷的關係，而這可能很花時間。

鮑比的立場是對他來說，在別人嫁給我之前，繼母這個頭銜裡的「母」是任何人都不得染指的名號。佛萊迪倒是不介意。孩子對這種大事的態度可能不一致，這提醒我們務必要和孩子一對一溝通，聆聽他們的意見，即使他們是同胞手足，也不要假設他們會抱持相同的心思。如果你的新伴侶有小孩，而這孩子的另一位家長仍然活得好好的，「繼」字頭的頭銜可能比較不會引發爭議，因為不知怎麼著，當「父親」還活在世上，「繼父」的威脅性就沒那麼高。

禁止事項

以下討論一些身為繼父母或伴侶的可行事項與禁止事項。如果你不確定自己在孩子心裡的身分是哪一個，就去問孩子。但是請你記住，名號只是孩子別在你胸口的一枚胸章，胸章隨時可以更換。

一、不要說話不算話。

繼父母

你說過的話，將來都會變成反擊你的話柄！如果你挑戰孩子去做某件事，孩子也做到了，就要給人家你當初答應的獎賞，別讓他們希望落空。這也適用在一般親職的情境下，但如果孩子覺得不論再努力都「討好不了」你，他們以後又何必討好你？不管獎賞有多大或多微不足道，說話要算話。

喪親的孩童跟經歷過父母離異的孩童一樣有心靈的創傷，有的孩子會當作自己被遺棄、排斥，或單純認為是自己不夠好或做錯了什麼。他們需要知道你不會撇下他們，要讓他們相信你不會走，他們才會接納你。

我們不可能保證自己能活到哪一天，但當你言出必行，實現每一項承諾，你可以建立你們之間的連結，你不但能改善跟孩子的關係，還能帶著他們一步步遠離他們在過去失落的依附關係。

家長

如果你的諾言從一開始就是空話，之後也會是空話。如果跟你在一起的人不看重自己對你的孩子所說的話，這突顯出他們想要敷衍了事，說出該說的話來換取他們在那當下想達成的目的，或許他們的目標是取悅你，而沒有真的打算實現諾言。

這種狀況應該會挑起你的戒心。不要壓抑你的警覺。我們真正需要的人生伴侶必須能夠做孩子的優良榜樣，誠實無欺，對孩子有耐心，能接納孩子，對孩子感興趣。如果對方不具備這些特質，那不是他們的錯；錯的絕對是我們把他們安置在孩子的生命裡。明智地挑選對象，慢慢來。

你的新伴侶可能有小孩。如果是的話，好好觀察對方如何對待自己的孩子，那他們會如何照顧你的孩子，你大概就有譜了。你認同對方的教養風格嗎？如果你無法苟同，你認為你們找得到你能接受的折衷做法嗎？

二、別防堵我們認識你的朋友。

繼父母

如果你在新伴侶跟孩子的生活中駐留得夠久，早晚會遇到要向你的親友介紹他們的時候。喪親的孩子想要被當作自己人的感覺，他們要你以他們為榮，彷彿他們讓你很光彩，而如果他們從你身上得到這些感受，你絕對會從他們身上得到一模一樣的回饋。

一個常見的誤解是孩子的行為純粹是看孩子的心情，但如果你很少替繼子女著想，他們也會很少顧慮到你；如果你期待他們和善、有禮、乖巧，你大概就會看到這些表現。如果你等著看他們耍壞，你其實是在自找麻煩。要知道，孩子的觀察力和感覺都比大人敏銳，所以當你想著，呿，他們才不曉得我在想什麼，其實你已經用肢體語言和語調讓他們知道你的想法了。

家長

如果你的伴侶在兩年或更久之後，仍然不把你的孩子帶出場，那除了你的伴侶認為你的孩子有損他們的體面，或許也認為帶你的孩子出門很丟臉，你覺得還有其他的解釋嗎？

如果這發生在同居關係的初期，或許你的伴侶缺乏自信，然而這是不應該逃避的事，因為熟能生巧。在一開始，會對帶小孩出門感到緊張並不礙事，尤其是如果對方沒有跟小孩相處的經驗的話。如果他們不是天生就有為人父母的本能直覺，那也無妨。

你的新伴侶可以培養自己的能力，學會成為你孩子生命中的健全榜樣，但你們雙方必須勤於溝通，才能做好這件事。他們也要有下功夫琢磨自己的意願，這將會證明他們對你的愛，以及他們對這段感情的樂觀程度。如果你的伴侶勇於嘗試，不怕失敗，你就曉得他們最後會成功。他們需要你告訴他們，當你的孩子令他們沒面子，他們可以心情沮喪。跟他們握握手，歡迎他們扛起了親職！如果他們有小孩，可是你的孩子年紀比較大，而你的伴侶還不習慣跟青少年相處，就給他們時間，讓他們偷窺一下在幾年之後，他們就要跟自己的孩子經歷的處境，到時你就會占上風。當然，不是每個青少年都很難對付，唔，至少不是時時刻刻！我的伴侶沒有生育，有時我兒子的青少年行徑，絕對開拓了她對教養小孩的視野。親職現場不是永遠都優雅迷人，然而陽光普照的時刻總會降臨，令你意識到自己的孩子果然有最棒的一面。

或者，他們的孩子是青少年，忘了家裡有小蘿蔔頭跑來跑去是什麼滋味。無論如何，這個親職階段都會是你以前經歷過的，或很快便會體驗到的，因此適應現狀的動機不是重溫以前的回憶，就是替未來預先練習的機會。

三、別忘了，我們是三人組。

繼父母

務必記住孩子在自己的環境裡特別需要安全感，一種可能在你出現之前就存在的安全感；因此，你要尊重自己是在人家地盤上的事實。你不會永遠是客人，你會成為這家人的一分子，但孩子得先感受到你對他們的關心，不亞於你對他們爸爸或媽媽的關心，否則孩子會擔心你想離間他們跟爸爸或媽媽的感情，或你想搶走他們的爸爸或媽媽。

聽起來很傻，但如果你在童年失去了爸爸或媽媽，你可能會害怕最糟的結果，害怕這位新伴侶不知怎地搶走自己僅存的家長。向他們許下諾言，為他們和你的伴侶付出心力，以此表示你接受他們。一開始，他們可能不會回應你的付出，但他們會記住你的全部付出，評估你對他們有益還是無益。小小的付出就成效卓著；每次你看到他們，都打聲招呼吧。

家長

當你的伴侶看到你的孩子走進來，會招呼你的孩子嗎？你的孩子會如何回應？我們在這種情境下就像中間人，協助雙方接納彼此。雙方都可能會抗拒，但重點是持續替他們加油打氣，鼓勵他們每一次跟對方相處時都再多付出一點。

有的伴侶完全掌握這一點，他們是值得珍惜的難得對象，有的有待努力，這就需要各方人馬的耐心，或者你基於個人理由而對你的對象萬分滿意，但這一位對象實際上幾乎不會為孩子付出，這時你手上就有一份工作要做了。

你要安排適當的情境，繼父母才能跟孩子建立感情，讓你的孩子感受到繼父母的在乎。如果你的孩子晚上七點上床，就別為了省事而請你的伴侶八點來；讓你的伴侶在六點來，好讓他們可以在感情的銀行存入一些存款。這些存款只會一直成長！

四、別忘了提醒我，你關心我也關心我媽或我爸。

繼父母

當伴侶的孩子漸漸信賴你，接受你，他們樹立的障礙便會慢慢降低，開始向你披露自己的真正需求。當你越來越深入他們的生活，他們會想要看見某種證明，確認你喜歡他們、你在乎他們。

就比照你對待伴侶的模式，稱讚他們很棒，說他們做的某件事真的讓你刮目相看，說你想跟他們一起消磨時間！如果你帶了要送給伴侶的禮物，就送孩子玩具、巧克條或是一本你會陪他們看的雜誌；如果是年紀較大的小孩，就送他們感興趣的東西。我的孩子很喜歡我在加油站買刮刮樂送他們！也許陪他們一起觀賞他們喜愛的電視節目，跟他們去跑步，請他們給你看他們嬰兒時期的照片？讓孩子安心——穩定的環境——信賴。

家長

鼓勵你的伴侶要體貼而和善，他們不只要培養跟你的感情，也同樣需要建立跟孩子的關係，一切才能齊頭並進。不要跟一個只是勉強容忍你孩子的人在一起，因為要擁有你的心，他們就得跟孩子有一些感情。稱讚你的伴侶付出的每一份小小的心意。一開始，那是看在你的面子上，希望到了後來，他們會真心愛上為你的孩子付出，並持之以恆。

五、不要只有當爸爸或媽媽的面，你才會疼愛我們。

繼父母

如果在一段時日以後，你對伴侶的孩子沒有萌生自然的情感，你不能假裝天下太平。比起七手八腳地想要贏得伴侶孩子的心更糟的狀況，是你手忙腳亂卻仍然隻字不提。

你的伴侶會發現真相，孩子也會知情，但如果你誠實以對，總有轉圜的餘地。只要你仍然想跟孩子的爸媽在一起，一定還有你沒嘗試過的新辦法。要釐清問題。是孩子對你的態度不好嗎？也許列張清單，把你能處理跟不能處理的事列出來，列完了你也就知道自己的立足點了。

跟人討論也能夠幫助你，讓你知道自己處理不了的那些事情，是否責任歸屬是在小孩、你的伴侶，或者是你也有責任。現在，重新檢視那些由伴侶跟孩子造成的狀況，捫心自問他們是不是故意要惹你生氣，或者那些事不是衝著你來的，但你依舊不高興。

家長

這只再次突顯出你得睜大眼睛，留意對方仍然只在意能不能取悅你，而不是想跟你的全家人打好關係。如果對方才跟你們同居不久，你可以睜隻眼閉隻眼，但如果你們對彼此越來越認真，可能會訂婚等等，而你的新伴侶卻因為沒有跟孩子培養出自然的感情，以致伴侶一下關心孩子，一下不關心孩子，那你就要擔心了。

問問你自己，你的伴侶在社群媒體上跟在現實生活中，是否活像雙面人？人真的很難邂逅自己樂於共度一生的對象，而你可能覺得自己找到了這樣一個人，但如果只要你不在旁邊，他們就不能跟其他時候一樣接受你的孩子，那他們大概就不是適合你的對象。

六、不要透過我們爸媽來管教我們！

繼父母

當你看到小孩不守規矩，你會把孩子的爸爸或媽媽叫來，說明孩子做了什麼，而不親自管教小孩嗎？小孩把這種做法稱為告狀。他們會覺得你不夠強悍，才會沒辦法直接跟他們溝通，結果就更常不守規矩。

你或許覺得時候未到，自己還沒制止小孩頑劣行徑的資格，但回應的方式有等級之分；一個極端是跑去告狀，小孩不喜歡打小報告的人。另一個極端是堅守立場，充分地教訓小孩，小孩可能也會覺得你逾越分際；但在這兩個極端之間，就是你發揮溝通本領的空間了，以友善而講理的方式溝通，以示你個人並不氣惱或不認可他們，但又能讓他們知道自己不能再鬧了。所有搞破壞的狀況都會停止，當爸爸或媽媽下樓來，完全不曉得剛才發生過脫離正軌的事情。依我看，孩子這些舉動只是在試探你，看你是不是強韌到可以維護他們的安全。

你不戰而勝，總是派孩子的爸爸或媽媽來負責溝通嗎？還是你有大人的擔當，可以自己處理？孩子會希望你是後者，但他們不見得能夠用言語來表達這份心意，所以你只能實際試試看，看看他們對你的敬意會不會大幅成長。記住，你得自己贏得人家的敬意。

家長

不要老是聽你的伴侶描述發生什麼事而誰又說了什麼，別養成那種習慣，讓伴侶知道如果他們目睹了事發經過，那你鼓勵他們自己處理。孩子需要知道自己跟你的伴侶之間的界線在哪裡，把管教的工作推給你，對誰都沒好處。

在此要澄清一點，我們不應該指望新的伴侶承擔全部的管教工作，因為管教本來就必須來自我們，但小孩可能會故意找碴來考驗你的伴侶，要是你的伴侶沒有出面處理，這就會變成確認誰才是老大的黃金時機，當你的伴侶給了孩子想要的回應，孩子會覺得：對，我們可以信任這個人，因為跟這個人在一起的時候，我們知道自己應該遵守的分際。

有益的舉止

一、對我們在乎的事情要感興趣。

繼父母

如果你希望跟伴侶的孩子關係良好，不論他們真心重視的事情是什麼，你也要重視那些事。如果他們踢足球，就去看他們踢球！如果他們愛看YouTube影片，就坐下來跟他們一起觀賞；如果他們玩電腦遊戲，坐下來跟他們玩一局。這比你想的更能灌溉你們的感情。

家長

當你的伴侶來觀賞你孩子的活動，別讓伴侶坐在一旁看自己的書，或是比賽才剛開打就溜去吃漢堡，直到比賽結束的前兩分鐘才回來！你的孩子會注意到這些事，記在心裡，留下難以逆轉的惡劣印象。

重點是讓繼父母一點一滴地證明自己對孩子感興趣，期待認識孩子，成為孩子生活的一部分。你的責任是為雙方提供適量的互動機會，而隨著你們感情的滋長，隨著伴侶與孩子共度的人生時光漸漸累積，這些互動的機會也應該增加。

在此應該說明，如果你談的是閃電戀愛，你愛上伴侶的速度跟你的伴侶與孩子奠定良好關係的速度，大概不可能同步。大人往往基於個人需求而投入某一件事；小孩則比較戒慎，期待他們一下子就付出感情的話，他們會覺得你試圖取代他們的爸爸或媽媽。

二、參與！

繼父母

有時我們以為把繼子女送到某地，然後在停車場等候繼子女回來就算盡了力。把他們送到目的地確實是一種付出，但何不更進一步，真的跟他們一起玩跳跳床，或是在把他們送到朋友家的時候，跟他們一起到朋友家裡，跟人家的父母見見面。想一想：如果這是我的孩子，我會怎麼做？（如果你跟孩子的家長結婚，那就是你的孩子了。）開始為將來演練。

家長

在介紹孩子和伴侶認識的初步階段，在好玩的中立環境中為他們製造相處的機會，如果可能的話，不要有手機或電視之類的分心事物。不要以道歉的口吻引介他們，而且期待伴侶會「咻地」進入孩子的生活。重點是要在公開場合見面，將這些初期的引介融入孩子原本就喜愛的活動中，比如溜冰、在公園玩耍、踢足球等等。如此，每個人都比較容易留下最佳的初步印象。

三、找出我們都喜愛的事，「我們的狂熱」。

繼父母

現在你砸下大把時間跟孩子培養感情，必然找得到你們都喜愛的事物，你們可以一起做，未必要孩子的爸爸或媽媽陪伴。我的伴侶最近帶佛萊迪去動物園。他們倆玩得很盡興，這強化了他們的感情，讓我的感恩更上一層樓。甚至可以說她在我兒子身上下功夫，會比在我身上下功夫更令我感動，只不過我也會歡喜地接受她對我的付出。如果好好地善待我兒子，那便是我覺得最迷人的伴侶特質。

家長

你遲早會覺得可以放手讓他們單飛，讓伴侶跟孩子一塊兒去探索某件事物。如果你的孩子自己提出這項要求，就把握機會，如果提出要求的人是你的伴侶，那你找到好對象了。

但是，如果你還在設法促進他們的感情，你可能要為他們精心安排一起玩樂的機會，時間不要太長，而且不能是在車程五個鐘頭的地方，以便將尷尬降到最低。繼父母可以緩慢而穩健地學會自己帶小孩的責任，而孩子也可以學會信任繼父母，尤其是你不在場的話，或許也是讓他們學會信任的契機。

四、相信我！

繼父母

你以前可能沒有和小孩相處的經驗，對伴侶的孩子需要培養同理心。學會信任他們，對你跟對孩子來說都會是一大步，而你們的關係必須有互信的基礎才會開花結果。因此，你可以想一想有什麼可以讓他們發揮能力的事情，等他們完成後，告訴孩子：「我就知道你不會讓我失望。」或是其他意思相近的話。他們會覺得受到信任，會樂於給你許多繼續維持你這份信任的理由。

家長

不要允許你的新伴侶對你的孩子擺架子。他們可以問孩子問題，但他們問完後要好好誇獎孩子，否則感覺就像他們一直在懷疑孩子。有個十一歲的男孩曾經告訴我，他的繼母老是在關切他吃了過動症的藥物了沒，令他覺得繼母只在乎他會不會在那一天給她惹麻煩。這不但有害，別人也會把一切看在眼裡。

你能進入孩子的人生是你運氣夠好，孩子是福氣，不是麻煩！可以跟你的孩子相處是一份榮耀，別允許別人看輕你的孩子。

五、追思逝去的爸爸或媽媽：小動作，大收穫。

繼父母

跟孩子一塊兒為他們亡故的父母做點什麼。體貼的繼父母會尊重孩子已逝的父母，時常表達這份敬意。他們會主動提起他們，想出紀念的新方法，和孩子一起頌揚這個人，在孩子們想談談的時候就當個聽眾。另外，很抱歉我得把醜話講在前頭，當孩子在表達自己的喪失時，承接孩子拋給你的怒氣和挫敗難如登天，然而你一定要學會。

有朝一日，孩子會為此感激你。你大概不會在近期內得到那份感恩，但等孩子年紀大一點，他們便會展露對你的深厚敬意，直到他們人生的盡頭。童年可能是顛簸的漫漫長路，但如果一切順利，童年的困境在以後便不會顯得那麼煎熬，而他們永遠會記得你是那個進入他們生命、無私地協助他們度過童年的人。

家長

如果你的伴侶能夠談論你們的喪失，這對孩子將大有助益，也能維繫你們全家人的向心力。要是伴侶辦不到，那就麻煩了。你或許認為最好別讓新人牽扯到舊人，但這樣的話，孩子接收到的訊息是你企圖假裝他們亡故的父母不存在，引發他們悶在心裡的憎恨。

鼓勵你的伴侶跟你們一起頌讚你們所愛之人的生命。如果你的伴侶也曾失去了某人，孩子能不能表現同理心，也為那個人釋放一顆氣球？請伴侶問問孩子關於他們悼念的父母的問題，要對孩子的回答展露真實的興趣。這是走進孩子跟你內心的路。

六、讓我的爸爸或媽媽快樂。

繼父母

這是有益的舉止中，最顯而易見的一件。

孩子不僅對你給他們的待遇特別敏感，也很清楚你怎麼對待他們的爸媽！倒不是說你不能當著孩子的面，否定他們爸媽的主張或跟他們的爸媽理論，畢竟孩子會希望你做人公道，有話直說。只是要注意你的發言不要小鼻子小眼睛，或是在他們面前扯開嗓門，以防他們誤以為你在發脾氣，在兇人，這對所有人都不利。

在這段關係中出現任何情緒都是你的權利；只是孩子在家時，你要留意自己表達的內容和表達的形式。當你與他們爸媽的感情融洽，孩子對你的抗拒會比你們感情不睦的時候小很多。

家長

不要因為幸福而內疚——追求幸福是你投入這段感情的初衷。孩子會因為看見你的幸福而受益，如果你不給他們這些益處，你等於否定了他們也有快樂起來的權利。孩子不會批判你——其實，孩子是最不會批判父母的人；他們比我們更了解凡是對我們有益的，也會對他們有益。

假如是相反的情況，你目前的對象令你不快樂，而你不結束這段感情只有一個理由，就是你擔心要是孩子再次經歷另一位男性或女性的離去，孩子一定會很痛苦（雖然喪失跟某人主動求去不同，但在小孩的認知中差不多），那你一定要想想你為了顧全這一時的舒適，你們可能要承受什麼長期的傷害。

這樣的感情關係會給孩子樹立什麼榜樣？如果你守著不幸福的感情，當孩子長大成人，他們在自己的感情關係中又會怎麼做？

以下列出一些額外的重點，供可能有一天會成為繼父母的新伴侶參考：

一、向孩子擔保你無意取代他們爸媽的地位。你當然很清楚自己沒那種居心，但透過你在孩子面前的言行舉止，讓孩子知道你了解他們的憂慮，對孩子來說是很安慰的，因為他們可能會內疚自己在心理上允許別人取代爸媽，以致他們腦海裡會不時閃過這種恐懼與不安。

你只要說：「我了解你的爸爸／媽媽永遠只有一個，我完全明白這一點，我不是想要做你的爸爸／媽媽，我只想跟你做朋友，直到有一天你覺得我們可以有其他類型的關係。」這樣就能幫助孩子放心，因為你讓孩子決定一切，把主控權交給孩子，他們會感謝你的心意。

二、要有耐心，要體貼。當你跟孩子之間針鋒相對，只要提醒自己，這些孩子才小小年紀就經歷了超乎想像的創痛，我們應該允許他們犯錯，讓他們以各種方式抒發哀傷，而其中一種宣洩的方式是不時拿你當靶子的惡劣行徑！

早在你跟孩子的爸媽交往時，你便曉得孩子經歷過的遭遇，因此如果在這段感情的任何時候指望孩子彷彿沒吃過苦一樣，雖然你的期待是人之常情，卻是不切實際的，也缺乏同理心。如果你覺得這些時刻很難熬，跟你的伴侶談一談，跟伴侶合力排除問題。如果狀況依然沒有改善，而你覺得自己已經盡了全力，你或許需要重新思考這段感情的走向，因為這些孩子不會從你們的關係中消失。

三、要誠實。你或許認為，孩子的爸媽不會想知道你覺得孩子很難相處，但為人父母者是很實際的。我們知道幾時會輕鬆愉快，也知道孩子常會在家裡搬出最惡劣的嘴臉來伺候我們，尤其是在青少年階段，但如果你有條有理地向我們說明你的憂慮，我們可以一起想辦法，找出解決之道。我一向很歡迎凱特提出意見，因為她會注意到我疏於管教之處，要是我對孩子太嚴苛，她也會告訴我，我很感激有她從旁協助我。

說真的，我們要你有話直說，我們總得知道真相，才能設法幫你。要是你害怕我們會給你負面的回應，就把話都藏在心底，拖得越久，只會讓問題不必要地擴大。如果你說了什麼，而你的伴侶大發雷霆，那他們可能在否認現實，沒準備好聽到真話，也或許是你溝通的語氣不夠理性。你一定要展露出你想要排除問題的誠意，不然你可能會發現伴侶的防衛心態有點重——孩子畢竟是你的伴侶的寶貝，而為人父母的天職就是保護兒女。

四、要慈愛。我們很難向別人的孩子敞開心扉，然而那一天會降臨，希望你不會認為這段感情是找到一位跟你相愛的人，要體認到你找到的是一家子人。在你感覺對了的時候關愛他們，如果剛開始時孩子閃避你，也不要擔心。他們只是想著亡父或亡母不會高興他們放任你疼愛他們，還在跟內心的罪惡感打架。

你的伴侶可以助你一臂之力，跟孩子說他們亡故的父母會樂見他們活得開開心心，不必覺得亡故的父母「禁止」他們跟你親近。

五、協助延續孩子對亡故父母的回憶。在目前這段感情中，我最美妙的回憶之一是女友在聖誕節當天，跟著我兒子和我一起走進海中，因為我兒子打算升級我們為潔德釋放氣球的傳統，改成走進海中釋放。儘管冷得要命，她為了孩子而共襄盛舉，這是我會永遠感恩的事。

六、傾聽。你不做個好聽眾，孩子就不能跟你談心，要是你一副興趣缺缺的樣子，孩子不會白費時間跟你說意義重大的事。跟小朋友說話時，不妨採用可以正視他們眼睛高度的姿勢，完全跟他們等高。當你不是聳立在孩子面前，俯瞰著他們，溝通效果會大不相同。

七、不要只聽話語的字面意思，推敲弦外之音。要是你可以磨練自己，學會不再對宣洩哀傷的言語起反應，而是聽出這些言語背後的意思，你將會如虎添翼。孩子實際上想告訴你什麼？或者在多數時候，他們是在不自覺地請求你什麼事？

大人即使在最佳狀態下也可能不擅長溝通，我們卻要求孩子在喪失之情下講清楚自己的真實感受，真是異想天開。別管孩子拋給你什麼負面的言行，問問他們需要什麼。孩子的每次負面言行，都是你向他們展示正向事物的機會。

八、要忠誠。當你跟別人談論伴侶的孩子，尤其是如果孩子就在聽得見你們對話的地方，你說話時務必要秉持你對他們的尊重與忠誠。你說的每個字孩子都會聽進去，你的行為可能是一回事，你對別人說的話卻可能是另一回事，啟人疑竇，而孩子全都會接收到。

九、伸出友誼的手。有些喪親的孩子討厭某些稱謂。大人喜歡給人際關係貼標籤，這是大人的心理需求，因此在初期階段，只要做孩子的朋友，保持單純的關係。友誼涉及了照顧、關心、花時間、給人空間、聆聽對方、去愛對方。在你伴侶生命中的每個孩子，都是一段等待綻放的友誼，如果孩子不只一個，每個孩子都是絕無僅有的，因此千萬記得留意每個孩子之間的細微差異。

十、慣例與一致性。如果你出現在孩子面前的時機有固定的慣例與一致性，孩子會比較容易認識你，建立跟你的連結。晚上不只要抽空去跟孩子的爸媽約會，也要分配時間給孩子，看是要在你們出門約會之前，或是另外找時間。建立慣例之後，孩子就可以開始期盼見到你，最重要的是原本因為喪親而失去安全感的孩子，可以重拾安全感。

十一、給我空間。讓孩子主導你們的關係，不要強求。太拚命的話，你會被扣分；不夠努力，也會被扣分。完美的平衡點就在這兩者之間，而如果你所有的努力都出自真心，孩子會感覺到你自然流露的真情，開始降低他們的防衛。

並非每個喪親的孩子都會封堵自己的心門，我才沒那種意思。我有一個拒人於千里之外的兒子，另一個兒子則是自動黏著你，活像跟你建立感情是他的責任。要是孩子從一開始就對你一團親熱，要你成為家中的一員，問你會不會永遠留下來，對這種太黏人的孩子，溫和的處置方式就是深感榮幸，享受他們的溫情。孩子本能地透過你來滿足他們的需求，他們失去的不只是一位家長，也失去了隨著這位家長而去的一切。如果你覺得吃不消，只要記住你有跟伴侶溝通的責任，由他們來調整你跟孩子作伴的時間。單親家長很清楚自己必須滿足孩子的需求和你的需求，同時也要照顧他們在這一切當中的需求，全都要平衡才行。

十二、給我時間。當你認為一切順利，免不了會遇到考驗。當你認為諸事不順，又會有讓你恢復信心的事。照顧喪親小孩的繼父母完全就像在坐雲霄飛車，然而你可以慶幸最終的責任是孩子的親生父母要扛，不是你，因此放輕鬆，樂在其中。

不愉快的事情沾點鹽就吞得下了，享受愉快的時光，到了某年某月的某一天，你便會愛憐地回顧這些往事。就我所知，願意挺身扭轉喪親孩子的生活的人，都是英雄。

最後，一些觀點

繼父母

要轉換觀點，就想像你以繼父母的身分拉拔長大的孩子已是成年人。想像他們在咖啡館裡，坐著跟朋友聊喪親之後的童年經驗。

他們大概會怎麼描述你跟你扮演的角色？你希望他們怎麼說你？你得作什麼改變，才能實現那樣的未來，姑且不論那是距離現在幾年後的未來？

家長

最終極的問題相當難以回答，卻可以讓你知道你需要的答案，知道自己跟可能會成為繼父母的現任伴侶的現實狀態。

「萬一你有了三長兩短，你會放心把孩子剩餘的童年都交託給這個人嗎？」

我就說這個問題不容易。這是最終極的標竿，我們希望伴侶有朝一日可以抵達這樣的水準，萬一我們發生不測，伴侶必須夠稱職，才能獨當一面，扛起照顧孩子的責任。你或許會說：「我還沒準備好，但再過一段時間以後，也許我會有不同的想法。」我們不能拿這道題目去問新的伴侶，這是你專屬的問題。伴侶必須怎麼做，才能贏得你這種程度的信賴，讓你覺得他們有能力照顧你的孩子？看你的答案是什麼，然後從今天開始，你就要鼓勵伴侶照那個樣子去照顧孩子。顯然，這只是拓展你觀點的問題；我相信我們很多人都有其他的親族，不論事實證明我們的伴侶有多美好，我們還是會優先把孩子託付給其他的親人。

伴侶有必要符合那樣的標準嗎？你或許有不同的立場，所以答案是不必，但以我們給自己設定的標準來說，那就是底線，跟任何低於底線的對象在一起就是妥協。我們擇偶是為了一己的私利嗎？不是。我們選對象只是為了把一個男人或女人帶進孩子的生命裡嗎？不是。

我們篩檢伴侶是為了在孩子的生命中，樹立優良的男性或女性榜樣，也讓我們從現在起的後半輩子都享受愛情的滋潤嗎？這聽起來才比較像話吧。維持高標準，別跟配不上你和孩子的人湊合度日，記住，所有歷久彌堅的愛侶都是奠定在溝通的根基上。

46／量尺與時間表

在哀慟之際，我們可能滿腦子想著喪親的心理歷程會持續多久，幾時會感覺到喪失的痛苦，然後要捱多久才能「完全克服悲傷」。

首先，至親的死是你永遠不可能徹底釋懷的，但我們確實可以學會管理悲傷，與悲傷共存。在撕心裂肺的哀慟下，我們可能覺得凡事都不受自己控制，但務必要明白雖然有我們掌控不了的事，但也有很多事情操之在己。

下表可以協助你判斷在喪失的各個階段中，你可以作主跟不能作主的事情有哪些。

我們不能作主的事

喪失的情況
親族的反應
我們的情緒
朋友的反應
遇到犯罪情事或財務清算時的司法體制
老闆能不能體諒我們需要休息一段時日

我們可以作主的事

求援

確認哪些人或群體會是你的後盾

在居家環境或工作場所中，擺放或移除會讓我們睹物思人的「提醒物」

安排後事

我們的思緒，或至少是思緒的長短（思緒會自己冒出來，但我們可以控制自己要沉浸在思緒中多久；我們有能力可以把一張靜止的照片變成一部電影，有時這對我們有害。）

我們採取哪些行動來維持正向的追憶

我們指派誰來處理法律義務

我們的工作地點

學校如何順應我們孩子的需求，照顧好我們的孩子

喪親就跟人生中的許多議題一樣，如果我們聚焦在自己不能作主的事情上，便會延長痛苦，「逆流而上」，對抗永遠不會改變方向的潮流。但如果我們學會把全部的心力放在我們能夠掌控的事情上，狀況一定會有最大的進展。如果你希望盡快排遣哀傷，這就是值得採用的良好心態。

我們都是對喪親的大小事一無所知就失去了親人。該做什麼？該說什麼？應該有什麼感覺？如何表達自己的痛苦？悲傷會宰制我們多久，害我們不能做準備、定計畫、向前進？

這些年來我輔導過許多喪親人士，我會請他們依據自己的認知，初步評估他們從喪失發生以來已經走了多遠，以及他們認為自己還會在黑暗中摸索多久，通常有了這樣的自我評量，我就可以協助他們向前進。這項練習給了我的個案一個基準點，讓他們在「卡住」的情境中找到自己的定位。

這些說起來是很棒啦，問題是怎麼知道自己走到了喪失之旅中的什麼位置？你的表意識其實不知道答案，但你的潛意識很清楚狀況，如果你向自己提出正確的問題，你得到的答案將會給你一個立足之地，一個可以持續耕耘的基礎，而這會讓你首度發現悲傷並非沒有盡頭的黑暗隧道，而是一趟不斷開展的旅程，到了某個階段，當你試探地再一次踩在地面上，你察覺到自己將會恢復對生活的操控感。也是在這時候，你或許能夠以嶄新的明晰了解沒有什麼應該或不應該，沒有必須遵守的固定規則，而悲傷之旅之所以是未知之旅，是因為你的悲傷舉世無雙，所以全天下只有你一個人有資格判斷你自己的狀態。

以下就比照我輔導個案的方式，帶領你運用刪除法和仔細檢視，來完成辨識現狀的程序。問你自己相同的問題，或許你也會釐清自己的哀傷之旅走到哪了。

雪柔・史密斯，三十七歲，父親布萊恩死於腿部潰瘍，潰瘍並非不治之症，問題是布萊恩在對抗思覺失調症，以致他無法接受治療。雪柔天生就有度過難關的能力，非常擅長省視內心，自我療癒，因此我知道她能夠以驚人的坦率剖析自己在喪父九個月裡的狀態。

我們的對話是這樣的：

傑：目前妳每天或每週會想到幾次妳爸爸？

雪：大概一星期二十次。

傑：在這二十次左右的思緒中，有多少次是妳喜愛的美好回憶，有多少次是妳很難應付的痛苦回憶？

雪：差不多一半一半。

傑：妳認為這個比例有必要提高或降低嗎？

雪：沒那個必要，在我目前的喪失階段中，我認為本來就應該是這樣的比例。

傑：妳父親剛過世的時候，妳經歷了怎樣的情緒和困難？

雪：起初，我說不出「我爸死了」，但是我得接洽葬儀社，還要取消他的全部帳單，所以不得不說出來。當時洶洶湧出的腎上腺素控制了我，讓我撐過他的葬禮和全部的驚愕。假如我現在必須安排他的葬禮的話，我應該辦不到。

傑：那時候，妳每天會想起他幾次？

雪：在他生病的最後階段，我每個整點都會打一通電話給他，所以那時候我每個鐘頭都會反射性地拿起電話。

傑：在這些每小時一次的思緒中，正面和負面的思緒各占多少百分比？

雪：百分之百負面。我覺得自己在否定現實。我麻痺了，無法面對現實，但我記得自己常想：「我不會讓悲傷壓倒我。」

傑：妳什麼時候停止否定現實？

雪：大概兩個月後，當一切都慢下來，也沒有工作和旅行來分散我的注意力的時候。當時，他的死變得真實，在那個節骨眼上，我才曉得自己必須面對喪父的事實，也是在那時候，痛苦浮現出來。我想打電話給爸爸，整天都不時想著要打電話給他。

傑：想打電話給他的衝動是幾時消失的？

雪：一直到八月底，在我失去他五個月後。有一天我跟朋友說：「我受不了，我不能老是想要打給他。」那股衝動就沒了。

這會兒我已經明白悲傷如何在最初的五個月影響雪柔。各位可以清楚看出不同的階段：驚愕、腎上腺素、否認現實、接受現實、痛苦；而她概略地說明了自己如何從一個認知階段，切換到下一個階段。

這跟你的早期階段有什麼差異？按照時間順序，畫出你經歷這些階段的時間軸，並附上讓你從一個階段進入下一階段的對話或事件。

我納悶雪柔在爸爸離世之前，是否曾經為悲傷預作準備，有的話又做了多少準備。

傑：妳從什麼時候開始接受爸爸就要死了？

雪：在二月初，醫生說不住院治療的話，爸爸會死於潰瘍。但爸爸有思覺失調症，不肯離開他住的安養中心，不管是什麼人，不管發生什麼事，都沒辦法讓他改變心意。我母親試過一次，也真的把他送進醫院，但他嚇壞了，鬧得大家都壓力沉重，尤其是爸爸本人。

傑：這樣的心理準備對妳有用嗎？

雪：有，因為這樣，我說出了所有想對他說的話，也竭盡我最大努力地待在他身邊照顧他。我們共度了一些不可思議的美妙時刻，留下了很多溫馨的回憶，後來這些回憶就陪著我向前進。

雪柔在父親最後時日的經驗一點都不輕鬆自在，因為她和父親的感情非常親密，但雪柔在父親死前的行事風格，具有非常鮮明的求生精神。她在父親仍然在世的時候便卯足全勁地為父親盡心盡力，消除日後感到內疚與遺憾的可能，於是她在父親死後要承受的情緒便少了一些。單單是哀傷本身就夠難應付了，更何況還自己攬下更多不同類型的情緒。

傑：當妳宣告自己不能老是想著要打電話給他，後來怎麼樣了嗎？

雪：我清楚地決定要盡力保持正向，因為我選擇相信他在看顧著我，所以我得讓他與有榮焉而且快樂。（傑：正向的自我規定。）

傑：妳如何從痛苦進入接受？從百分之百的負面思維變成正向的回憶？

雪：我下了很多功夫，直到現在也依然每天都在努力中。我會刻意操控思緒，把負面的想法轉化為正向的回憶。我相信自己可以阻斷一個陰沉的念頭，把它變成美好的回憶，其實就是說服自己擱置不愉快的念頭，切換成別的思緒。

雪柔為喪親之人揭露了自己的秘密武器。為了妥善管理她的悲傷，她磨練自己的切換能力，可在愉快跟不愉快、有害與有益之間輕鬆地切換狀態。

傑：悲傷對妳來說是什麼？這個詞的實際意思是什麼？

雪：我認為悲傷是實質的疼痛。

傑：當妳回味自己跟爸爸的愉快回憶，那是痛苦嗎？

雪：才不呢！那很開心。

傑：所以悲傷也帶給妳快樂？

雪：我沒有那樣想過，但間接上來說，沒錯。

傑：當悲傷帶給妳快樂或其他的提醒，悲傷的作用是什麼？

雪：它在我腦子裡放進一個討厭的念頭，所以我轉念。

傑：悲傷會把念頭塞給妳嗎？

雪：它讓我想到爸爸已經不在我身邊了。

傑：當悲傷拍拍妳的肩膀，說：「妳爸爸死了。」誰決定下一個念頭是負向的還是正向的？

雪：也許是我？

傑：那悲傷的作用是負向的？正向的？中性的？

雪：我想是中性的。

傑：如果悲傷不存在，沒有會讓妳想起喪失的事物，那會怎樣？

雪：我們根本不會那麼常想起死者。那麼一來，最親的人給我們的感覺，就會跟一陣子沒見面的朋友差不多。我爸在我心裡的分量就不會有現在這麼重要，那樣的話我會難過的！

傑：所以妳明白悲傷有一些好處？

雪：悲傷讓我記得自己的過去，讓我記得自己與爸爸共有的事物。我擁有全天下最棒的爸爸。我不介意自己為了爸爸哀傷，憑我們的父女情，傷心是應該的。

悲傷對你的意義是什麼？

雪柔給了我無限的啟發。當我們思考起悲傷不存在的話會怎樣，我們兩人對於悲傷在我們喪失中所扮演的角色，都有了不同的觀點。

沒有悲傷，便不會想起自己的曾經擁有，而往日越是豐富多彩，悲傷就越深切。悲傷協助我們調適自己，從某人始終都在我們身邊的往日，過渡到這個人不在了以後的新階段，悲傷就像是提供這項服務的人。當悲傷拍拍我們的肩膀，而我們回應了悲傷的服務，我們與悲傷的關係便成為雙向道。與悲傷合作，對自己有益。悲傷實際上是在協助我們，這樣的觀點真的很高明，也相當實用。

這徹底翻轉了我們對悲傷的概念，悲傷不再是我們頭頂上那一團又大又恐怖的怪獸級烏雲，不管我們走到哪裡，淒慘的陰影始終籠罩著我們。也許那只是我們已經感受到的情緒，但因為悲傷拍了拍我們的肩膀，我們便將那些情緒怪到悲傷頭上。

我們來看看悲傷的特質。

● 守時：永遠準時。
● 機敏：可以識破一切欺瞞的伎倆。
● 持久：不休假。
● 忠誠：一旦認識了你，就絕不會完全撇下你不管。
● 不批判：它不會介意你把悲傷變成一個美好的念頭或糟糕的念頭。
● 周到：從來不會忘記你的生日、紀念日或月曆上的大日子。
● 擅長傾聽：它會在你最黑暗的時候陪你坐著，不離開你，不漏聽你說的每個字。

想像悲傷來應徵一項責任龐雜的職務——你會錄取它嗎？也許我們一開始會聘請悲傷做全職工作，一段時間後，我們持續縮減它的工時，直到我們終於辭退它，只偶爾請悲傷來提供諮商服務。

回到雪柔的悲傷量尺與時間表。

傑：悲傷給了妳什麼？

雪：它給了我堅強。沒有悲傷的話，我不會知道自己應付得了這麼多事情。它也是促成改變的催化劑。美好的事物因而降臨在我身上，要不是有悲傷，便不可能有這種事。

傑：妳認為自己對悲傷握有百分之幾的掌控力？

雪：我百分之百控管了悲傷，因為我總是在採取行動，我給自己長短期的目標。我現在接受自己必須為自己的心情負責，如果我感到悲傷，我就允許自己悲傷，因為我知道自己隨時都可以作出決定，把思緒切換成愉快的回憶。

傑：當妳想要哭，妳有百分之幾的時候會允許自己哭出來？妳壓抑淚水的頻率是多少？

雪：有一半的時候我會讓自己哭；有時我只是不願意哭出來，或是等到自己獨處的時候才哭。

傑：妳認為自己在百分之幾的時間裡，會讓自己沉浸在悲傷中？邀請悲傷前來，拍拍悲傷的肩膀？

雪：其實只有大約百分之十的時候。我好像只在特殊的日子裡刻意想念爸爸。我最近才慶祝了他的生日，我去了一家他應該會喜歡的餐廳吃飯，還去打高爾夫，因為我知道他一定很想知道我在錦標賽的戰果。我把那一整天都獻給爸爸。我知道自己應該多多這麼做的。

我們評估了一些有意思的量尺：她允許自己哭的頻率、她覺得自己對這些情緒的掌控能力、她覺得自己需要哭的頻率，這些全都能揭露真相。

傑：言語和思緒是兩件截然不同的事，妳有多常提起爸爸？妳希望自己每星期聊起爸爸幾次？

雪：我每星期會提起他一、兩次，但我真的很想天天把他掛在嘴上。

傑：那為什麼沒有呢？

雪：我不想老是跟朋友們爸爸長、爸爸短的。不然，我怕他們會覺得我很煩。

傑：首先，不然妳結交這些朋友是交假的嗎？但妳每天需要講多少關於爸爸的事，才會覺得充分表達了妳對他的思念？

雪：我猜即使只是說「我爸爸很愛這樣做」或「我跟我爸爸做過一次這件事」，我就會覺得自己讓爸爸來湊一腳了。大概不需要是完整的對話。一句話帶過去就行了，這樣一講，感覺變簡單了耶，比較不會給朋友添麻煩，也可以在跟任何人的對話中提到爸爸。

傑：關於妳跟爸爸的感情，妳有任何的罪惡感或遺憾嗎？百分比是多少？

雪：有！有兩件事讓我特別內疚，所以大概算是百分之十？我爸很愛養花蒔草，在葬禮上，有人送了我兩棵玫瑰來當禮物。我沒有照顧玫瑰，玫瑰就死了。我很難過，因為玫瑰是爸爸最愛的花。還有，他會在星期六晚上打電話跟我聊《舞動奇蹟》（Strictly Come Dancing）。我一次都沒看過這個節目，但我沒告訴他，只是假裝自己知道他在說什麼。但願我觀賞了節目，那我就可以真的跟他多聊一點。因為這樣，每次我聽到人家說起《舞動奇蹟》，我都有負面的感受。但我不覺得遺憾。當時的我不可能付出更多了，而且我是最常跟他說話的人，沒人贏得了我。

傑：妳有什麼本來可能會有的罪惡感，但懸崖勒馬？

雪：要是我沒有對他說出他有多了不起，我會愧疚而死。這種話總是讓他不好意思；他是很害羞、忸怩的人，我很愛看他發窘的樣子。

傑：接下來有什麼可能會讓妳信心動搖的事呢？

雪：是爸爸在三個月後的忌日。對了，還有假如我又失去別人的話。

傑：妳能為這兩件事預作什麼準備嗎？

雪：忌日的話可以比照生日，安排緬懷爸爸的活動。至於擔心失去別人，我得記住在我這輩子，任何人的死都不會比我爸的死更難應付，所以等我又遇上這種事，我就曉得自己已經有過成功經驗，只要複製經驗就行了。

傑：在六個月內，妳要怎麼做我們討論過的所有事情？

雪：我要天天把他掛在嘴上。每個星期我要想起爸爸二十次，百分之七十五的時候是正向思維，我要把自己獻給悲傷的頻率拉到百分之五十。我要感覺到百分之零的愧疚，因為我認為自己不應該有半點的罪惡感，到時候，我允許自己哭的比例要提高到百分之七十五。

雪柔現在使用這些關於悲傷的量尺，規劃她想在未來六個月達成的目標。你或許覺得預估自己在長遠的未來的調適狀態有點不切實際，但此處的大重點是我們要為自己的悲傷之旅訂立規則，設定時間表。這不是由天上的星象決定的，也不是刻在石碑上的律令，當你覺得自己準備好跟悲傷合作，不再試圖對抗悲傷、逃離悲傷或否定悲傷的存在，你便可以規劃從今以後，喪失可以給你怎樣的影響。

以下是一些你可以捫心自問的問題，你可以為悲傷引發的效應畫出自己的時間軸。

一、在學會如何管理悲傷的路途上，你覺得自己走完了百分之幾的路？

二、你一週沮喪幾次？以你之見，應該要沮喪幾次才適當？（各位很疑惑什麼叫**應該**幾次嗎？記住，規矩是自己訂的。重點是你想怎麼解讀這句話的意思。這不是考試，只是一種評估，一個你用來評量自己的量尺。）

三、你每週、每天、每小時想起自己失去的人幾次？你希望是幾次？

四、對於你的負面想法跟你重溫的正面回憶，兩者的百分比相差多少？

五、你一個月實際投入多少次追憶的活動？（諸如看看老照片、讀讀他們寫給你的信、觀賞他們有露臉的家庭錄影影片等等。）你希望是幾次？

六、你覺得悲傷的浪潮來襲的頻率是多少？以你目前的階段，怎樣的頻率才是合適的？

七、你一星期談起所愛的人多少次？應該要提起幾次才對？

八、什麼事物會刺激你，讓你去想那些應該敬謝不敏的事物？

九、你謝絕哪些你應該接觸的提醒物或刺激因子？

十、你在愧疚什麼？在你的內疚情緒中，哪些是你可以實際控制的？

47／挺過悲傷的求生思維模式

我在本書努力地拆解悲傷的所有要素，希望嘉惠在漫長而曲折的悲傷之路上的每個人。當我訪談其中一位受訪者，我原本是打算了解她在五個月內失去雙親的歷程，沒想到她的故事卻深深衝擊了我。那天，當我走出工作室，我顯然剛剛聽完了一堂求生大師的課程，內容不僅關乎悲傷，也關乎人生本身。露薏絲的故事涵蓋本書想要提供的一切——一份指導手冊、一位楷模、一個模式，讓我們可以拿來改善自己，認識自己，體察自己內心最深處的感受，洞悉我們的命運。

露薏絲．葛洛弗在三十三歲失去父親路易，當時他的六十歲生日剛過不久。路易長年在煤礦業服務，與慢性阻塞性肺疾患對抗，又染上致命的肺炎，終至嗚乎哀哉。僅僅相隔五個月，露薏絲便失去了母親瑪麗亞，她在一連串的心臟病發作後，死於五十歲。露薏絲的父母離異，露薏絲的媽媽實際上跟會施暴的男性在一起，這位男性拿走她的錢，在她的第一次心臟病發作幾天後便毆打她，雖然如此，瑪麗亞仍然把路易視為摯友，而露薏絲相信爸爸的死，令媽媽死於心碎。

露薏絲童年時父母都身陷囹圄，她就跟著如今已經過世的外婆同住，結果被外婆的伴侶凌虐。後來，露薏絲堅強起來，向警方報案，外婆的伴侶因而入獄，可惜外婆不願意相信外孫女，在他終於出獄後，兩人便復合了。

要是你以為失去雙親的露薏絲會身心耗竭，那也情有可原。她要從哪裡開始拆解如此錯綜複雜的生命，才能釐清頭腦，有充足的腦力展開她的悲傷之旅？

在我們面談的那一天，我見證到眼前的人流露出宛如貝爾．吉羅斯[7]一般的生命力。年僅三十三歲的露薏絲以最啟迪人心的洞見，解釋不論你有怎樣的人生，有了正確的思維模式，便能夠闖過任何難關。以露薏絲的情況來說，喪親之痛只是她經歷過的諸多挑戰之一。她分享了自己如何調適人生——以及死亡——而她的見解與韌性令我五體投地，我要在此與各位分享。

原諒

由於露薏絲的母親不在她身邊，以致露薏絲後來被外婆的伴侶虐待，我們或許以為她會對他們滿懷敵意，然而露薏絲就是有辦法放下對母親及艱苦人生的情緒。她能夠原諒母親沒有在她身邊保護她。露薏絲大半輩子都沒有和外公往來，因為外公跟露薏絲的爸爸不合，連帶跟她斷絕往來，但當外公出席了她母親的葬禮，露薏絲原諒了外公，為了外公前來弔唁而欣慰。

露薏絲可以控制自己的痛苦，駕馭自如地應付自己的負面情緒。當她談起外婆，她告訴我：「她過世後一段時間，我知道自己必須原諒她，否則我無法前進。幾年後，我在她墳前留下一封信，信上說我原諒她，這讓我可以向前進，把往事拋在背後。」

自我覺察

露薏絲另一項了不起的本領是她可以在雞飛狗跳裡平心靜氣，省思自己的精神狀態和

7. 以《荒野求生秘技》等求生冒險節目聞名的英國電視節目主持人。

需求。她可以跟自己講道理，不會用標籤或指控來增添自己的包袱。她知道自己必須「從哀慟中強大起來」，不能逃避悲傷的歷程，她簡直是主動邀請悲傷前來。

她告訴我：「在處理持續不斷的哀慟時，參加健身競賽中給了我目標，而攀登聖母峰需要大量的訓練，誰都會覺得頗有難度，更別提是正在穿越哀慟歷程的人。」

露薏絲的坦率真是別具一格。剛開始，當她的母親過世，她覺得自己「很沒用，什麼都做不了。」自尊和驕傲有時候會讓人的腦袋不清。誰想承認自己的無助？但承認了以後，便能全面避免自己輕易地怪罪別人。就和露薏絲說的一樣，當我們臣服於哀傷，任憑發落，這本身便具有某種強大的力量。臣服蘊含著控制。臣服代表靜定，屹立不搖，但不是逃跑。

當露薏絲告訴我，其實她覺得自己跟剩餘的親族已經沒有情感的連結，我又一次欣賞起她對大局的敏銳目光。我常常說失去一位親人就像失去許多人，或者以露薏絲的例子來說是兩位，少了這兩位的連結，凝聚家族成員的向心力就消散了，感覺就像我們在海上漂流。

我問露薏絲，她覺得喪失中最辛苦的是什麼事，她便告訴我寂寞多麼折磨人；但是，在她真的把話說完之前，她宣稱寧可寂寞，也不要被她複雜的家庭狀況包圍。

她父母雙方的親族都以各自的方式在哀悼，而有些親族的痛苦又大概比別人劇烈。重點是露薏絲察覺到其他人會嚴重損害她的精神狀態，而她確實可以選擇要不要置身在那些是非之中，或是保持適當的距離。

肯定語

在我們的訪談中，露薏絲說了許多關於自己及調適能力的正向話語。諸如：「我還活得好好的」、「我比表面上更堅強」等等，這些內在指令又稱為肯定語，當你頭腦清晰且堅信不移地複誦這些句子，這些話就會發揮指令的功效，成為實際的信念，因此肯定語很重要。

我的肯定語一向都是：「我值得美好的人生。」你的肯定語是什麼？

讓記憶保持鮮活

露薏絲很早就明白在悲傷的過程中，你必須追思自己失去的人，才能走過悲傷的不同階段。在母親過世後不久，當她去拜訪母親那一方的親戚，她回憶起父母的往事，而與親族分享故事與回憶，則令她感覺與父母更親密。數不清有多少次，露薏絲說不論她的成長過程有多麼艱辛，對於把她帶到這個世界的人，她始終只有愛，沒有別的情緒。

即使感到痛苦，也允許關於至親的想法與回憶浮現在腦海，或是談論他們，這是值得讚許的正向作為，那些回憶正是讓悲傷管理引擎運作順暢的機油。

不要苟同我們尋找罪咎的內在傾向

當露薏絲回顧自己作過的一些抉擇，關於探望父母的頻率，她做得到不在省思時將沉重的罪咎施加在自己身上。她知道自己不可能隨時隨地都守護父母，當她談到自己決定離開故鄉到倫敦工作，她告訴我：「我爸爸不要我跟他住，我不會因為自己不在他身邊而愧疚，他也要我去倫敦開創我的模特兒事業，過好日子。對於我踏上了實現夢想的路，他真的很得意。」

她頭腦清晰而成熟地回憶自己的實際情況，讓自己遠離原本可以吞噬她的罪惡感。她已經盡力了；她父親生命中的每個人，也都認同她支援父親的方式。當時沒有人埋怨她，她也堅強到可以採取那種做法，她又何必在父親過世後改變標準，刁難自己？

再一次，我們從她的例子清楚看到，以合理的標準來看待自己可以讓我們從悲傷中存活下來。她沒有突然間指控自己做錯事或做得不夠；親人在世的時候，她的作為就是得體的，當親人死後，過去的做法也一樣是得體的。

找到生活重心，設定目標

常有人說悲傷是向上的迴旋，帶著你走訪各種以前沒見識過的情緒。具備求生思維的人會設定一些目標，給自己瞄準的靶子，免得不由自主地重拾壞習慣，或是覺得自己像是驅車在圓環繞了一圈又一圈，始終不曉得幾時應該打方向燈，然後彎進該走的那一條路。

露薏絲解決這個問題的方式，是給自己一些新奇又有挑戰性的目標。「我在爸爸走了以後去爬聖母峰。我要轉化所有的負面心態，去為英國肺病基金會募款，他們是對我意義重大的慈善組織。」

怪不得露薏絲會受到考驗呼吸能力的挑戰所吸引，她要藉此展示自己與父親團結一心，領略父親的痛苦。她設法讓自己淺嘗親人在死前走過的病症滋味或困境，我覺得這很動人。

做「會讓他們很得意」的事

在喪親之痛中，如果我們以某種形式實現親人的願望，或是去做他們在世時樂在其中且得意的事，那我們也能得到慰藉。露薏絲一向熱中於健身、競爭、突破自我的極限，這些都是令她的父母自豪的特質，但她打算更上一層樓，接受訓練，然後去攀登聖母峰，這不只是為了她自己，也是為了父母而爬，而這給了她額外的動機。當你將悲慟引導到正面的事物上，哀傷會給你豐沛的動力。

我們可以用許多方式來榮耀所愛的人，例如為他們支持的慈善機構或曾在他們生病時援助過他們的慈善機構募款，你會覺得別人或許能因此而免除了你受過的苦。在你籌辦這些事情的時候，你會和露薏絲一樣，在策劃的過程中釋放正向的能量，這是透過思緒與行動來和某人保持連結的美好方式。

接受現實

接受現實是悲傷歷程中的一大要件，少了這項要件，你的悲傷管理要「修成正果」就難上加難了。求生的思維模式是以接受現實為目標，提出必要的問題，好讓自己達標。你不是拚命逃避現實，就是走向現實。逃避會延誤悲傷的過程，走向現實則表示你在經歷悲傷，沒有給自己橫生枝節。

露薏絲接受了父母的選擇，儘管這並不容易。「我在成長的過程中，就知道以爸媽選擇的生活型態，他們不會像一般人的父母一樣長壽。有很多次我都想要挽救他們，但我學會了除非他們選擇要自救，否則不管我怎麼逼他們都沒用。那是他們的生活型態，那方面的事不是我說了算。」

幸好，只有少數人會面臨這種處境。有時候，由於一個人維持有害的生活型態或習慣，他們的最後下場我們不至於太意外。我們不會因此就能欣然接受他們的結局，但露薏絲沒有忽略結局降臨前的那些先兆，也全然接受父母的亡故不是她的責任，這些都是求生的思維模式。

露薏絲帶著幾分浪漫情懷地告訴我：「我媽媽死於心碎。爸爸過世後，她的心就迷失了方向。現在她是跟自己最知心的朋友在一起，那才是她想去的地方。」不是每個人都能接受這一類的綺思，但這幫助露薏絲接受母親的死，這對她有效。

我們在死亡事件後的做法取決於我們的預期心理。我們擁有求生的思維嗎？我們認定自己無法調適嗎？還是我們拒絕調適？為自己打造正向及負向思維模式的方法太多了，如果你覺得喪失比你想像中更難接受，你得想一想你預期自己會怎樣面對喪失。

韌性

「要堅強！」——以我之見，在我們對悲慟的人所說過的話語中，這是最無用也最濫用的一句。在以前，社會風氣比較不容許大家流露情緒，這句話的意思通常是「不要哭，因為哭泣的情緒讓我們所有人都不自在。」現在，我們對在公共場合流露情緒的人比較沒那麼嚴苛，允許自己哭、表達自己的脆弱一點也不是軟弱，因為眼淚乾了以後，通常就會有進展。

露薏絲在喪父後報名攀登聖母峰，在她進行登山訓練的時候，她的母親過世了。結果她壓根兒沒有放棄，反而覺得這是一個契機，便帶著母親的骨灰一起去登山，同時接受這兩次的喪失。

一點點的韌性和堅強對悲傷之旅大有助益。尋找以決心和毅力面對哀慟的方式，這可以讓悲傷的過程有所進展。

知道自己的慰藉所在

露薏絲在父親死前、死後都留下了無價的回憶，她辨識出這些回憶給她的慰藉，萬分珍惜。在她爸爸生前的最後幾天，他倚著露薏絲，父女倆一起聽他心愛的平克．佛洛伊德樂團專輯。她也牢牢記住葬禮時聚集在教堂外面的人群。從當時到現在，她都很自豪有這麼多人出席爸爸的葬禮。隨著時光流逝，你會發現這些回憶越來越寶貴，而趁著還有時間，我們每個人都可以跟所愛的人創造更多的回憶。

露薏絲心疼地回憶媽媽某次心臟病發作「出院三天後」，她的伴侶竟然對她拳腳相向。「但我人在倫敦，就打電話請阿姨去接她，把她送到我哥哥家。當我媽媽最後一次心臟病發作，她是死在我哥哥的懷裡，不是在會揍人的伴侶身邊，這讓我很安慰。」

精神慰藉就像燃料一樣，可以協助你回憶正向的往事。我們很容易就會鑽牛角尖地想著有哪些沒有發生的事、事情原本可以怎樣發展、為什麼我們沒這樣做、為什麼他們沒那樣做，但這些憾恨永遠不能改變過去，更不能讓任何人死而復生。

觀想幸福

露薏絲發揮想像力來描繪美好的畫面，刻劃出安息的父母可能在做些什麼。「他們一起在天堂，」她彷彿夢囈般說道，「他們在騎機車，玩得很開心，跟他們年輕時談戀愛差不多。」這是很棒的求生策略，幻想我們所愛的人過得幸福快樂，允許自己從中得到慰藉。而以露薏絲父母的情況，則是破鏡重圓。

溝通與許可

露薏絲告訴我：「當爸爸的慢性阻塞性肺疾患惡化，我常常覺得自己沒有回去照顧爸爸實在太自私了，也很內疚。我會在三更半夜醒來，被罪惡感淹沒，但大部分時候，當我打電話給爸爸和姑姑，他們擔保說爸爸沒有不適，很自豪我在開創自己的事業。這讓我好過多了，既然他們這樣向我擔保，我認為他們允許我繼續努力工作。」

她告訴親人她一直想回到北部，擱置自己的人生，她的家人明白她惦記著家裡，也願意回家幫忙照顧爸爸。儘管她的家人必然承受了相當的壓力，但他們照樣向她保證他們應付得來，既然如此，我相信讓她留在倫敦追求夢想，基本上是她父親本人的意思。

簡單說，如果你或其他人批准你的作為，知道你在做什麼，或是知道你做的已經夠多了，那你在任何時候都不太會浮現罪惡感。如果你無法給自己這樣的批准，那你可能會把自己承攬的怨怪化為牆壁，蓋一間牢房，把自己關進去。想像這畫面一會兒，問問自己是否把自己囚禁在牢房內？鑰匙在誰那裡？門有沒有上鎖？最重要的是，是什麼阻礙你走出牢房，不帶半點怨怪，沒有一絲的罪惡感？

責任感

度過喪親之痛的常見出路是即使承受喪失，照樣繼續過日子的能力。有兒女的人就曉得有孩子在身邊，我們就有盡力維持正常生活的強大動力，孩子協助我們發現原來我們還有一組以前都不曉得存在的傳動裝置。

露薏絲也一樣，她告訴我：「那個虐待我的男人去坐牢以後，我被送去寄養單位，直到姑姑接我回去。我哥哥待在媽媽那一邊的家族，我覺得他們真的不應該拆散我們的。那時我也跟雙胞胎妹妹們斷了線，她們是我媽跟另一個男人生的，她們直接去了她們爸爸那邊的家族，但我每年都在她們生日時寫信給她們，直到她們滿十八歲的時候，我們三姊妹才團聚。」

在我與露薏絲的訪談中，她一貫的鮮明立場就是她要照顧因為別人犯錯而遭殃的家人。很多人在相同的情境下，只會關心自己的委屈。

像這樣的承擔責任也可以是一種調適的機制，有的人會採用這種方式，讓自己不去想自己經歷的事。擔任率領大家前進的首領、為身邊的人負責，這並沒有問題，但前提是你給自己釐清情緒的空間，老老實實地面對自己的喪失。

敬意

露薏絲的童年很辛苦，有時也紛擾不休，要是別人有她的經驗，或許便會比較能夠應付喪親的難關。但露薏絲仍然可以對父母心存敬意，這幫助她跟喪失連結。

她跟我聊了一點點關於母親葬禮的回憶。「我哥哥、雙胞胎妹妹跟我給媽媽帶了一百朵鮮紅的玫瑰花，我們把五十朵排放在棺木上，那畫面美到我沒辦法形容。」那種情感上的自由與解脫讓露薏絲直到葬禮結束之後許久，仍然覺得自己與媽媽同在，而他們在緬懷母親時所流露的敬意，永遠都會留存在她心裡。

摘要

求生的思維模式並不會讓你不受悲傷的影響。那不是防護罩，也不是刀槍不入的能量場。它只表示如果悲傷是一個人，你會接受他們的到來，經營你與他們的關係，學會與他們共存，允許自己不要膽怯，從採取被動姿態轉換為平起平坐，或轉換為由你主導你們的關係。

露薏絲處理哀慟的本領或許是全班第一名，然而她的思維模式，對父母逝世時的情況釋懷的本領，尤其她還是吃了這麼多苦的人，足以啟發我們所有人。連一秒都不要懷疑她不曾掙扎過，她就和我們大家沒兩樣。只是她懂得思考，願意正視自己的實際處境與過去，並且以實際的行動去面對悲傷、擁抱悲傷。

培養求生的思維模式需要時間與耐性，而且過程中會犯下許多錯誤，因為在排遣喪失的時候並沒有失敗這回事，只有各種技巧，供你在下一次悲傷的浪潮拍擊你的岸頭時應用，協助你得到比較理想的結果。

致謝

大大感謝霍德出版（Hodder）的布萊奧妮・高列特（Briony Gowlett），她看見書店架子上迫切需要一本平易近人的悲傷教戰手冊，而且是要由普通人寫給普通人看。

卡洛琳・梅斯（Carolyn Mays）等等霍德出版的全體人員支持本書的購買及出版。他們不辭辛勞地與我合作創作這本書。

吉莉安・史騰（Gillian Stern）致力維持這部著作的最高水準，即使我有時候覺得編輯過程是我這輩子最慘的經驗！

路易絲・史汪耐爾（Louise Swannell）為我打開許多機會，讓我談論悲傷並鼓勵別人思考他們的悲傷。

莎拉・克利斯提（Sarah Christie）協助我創造我得意到極點的封面。

我美麗的伴侶凱特全心全力陪伴我創作這本書，足足四個月。

我的孩子鮑比和佛萊迪一直維持我的動力，提醒我他們很自豪我撰寫這本書。

我的經紀人尼克・凱南（Nick Canham）相信這本書的概念，牽引我找到適當的人，讓這項企劃順利過關。

無私地與我分享個人的故事，為本書貢獻一部分內容的人：

紀念瑪麗・透納（Mary Turner），一位勇敢的女性，可惜已在二〇一七年四月十二日殞命，她與我分享了她最後幾個月的生命。

雪莉・吉伯特（Shelly Gilbert）提供了一切與兒童哀慟有關的專業及知識。我總是向她尋求答案，她一直在支援我跟我的孩子。

年輕的媽媽海蒂・洛夫林（Heidi Loughlin）傾訴大限已近的預後診斷引發的絕望。

棠恩・夏普（Dawn Sharpe），創造奇蹟的人，她把醫生預估剩下兩年的壽命延長成七年……而且持續延長中。

安德莉亞・巴納坦（Aundrea Bannatyne）讓我走進她的內心世界，去看她不能讓癌症奪走生命的心跡，不管醫生怎麼診斷，她不接受那種命。

艾美・史克里夫納（Amy Scrivener）教導我當你來不及跟伴侶道別，伴侶便跟你天人永遠，留下你照顧兩個承受了最慘噩耗的孩子，那是什麼樣的滋味。

維琪・巴索（Vikki Bussell）讓我看見否認死亡是什麼樣子，以及這對當事人及當事人周遭的人必然會造成的效應。

我的奶奶莫莉・法爾多（Molly Faldo）傾吐了她對害死我父親那些人的怨怪，以及事隔將近三十年後依然不能釋懷的原因。

史蒂芬妮・橙—希克斯（Stephanie Orange-Hicks）分享了她的驚人故事，說明她如何在喪父大約十年後，才終於能夠開始哀悼父親。

艾瑪・寇兒（Emma Coare）在短時間內失去不只一人，她允許我協助她拆解因為連番的喪失而更形複雜的哀傷。

蜜雪兒・馬爾（Michelle Maher）教導我在四十出頭時成為成年孤兒的感受，她允許我協助她了解這如何影響了她教養兒女的方式。

ＬＣＦ法律事務所的蕊根・蒙哥馬利（Ragan Montgomery）與莉姿・亨利（Liz Henry）從法律及專業的角度，為我解析喪親之痛引發的家族糾紛及職場議題。

柔依・克拉克—寇滋（Zoe Clark-Coates）分享了多次失去胎兒的故事。她吐露喪失這些孩子的心情，以及由於很少人願意承認這一種喪失，了解的人也不多，哀悼起這些孩子的時候也備感寂寞。

約翰・法蘭加莫（John Frangiamore），在位於哈洛的亞伯特英格利許葬儀社（Albert English Funeral Directors）服務，他帶領我進入喪葬的世界，接觸負責安排我們幾乎每天都最怕遇到的場合的人。

詹姆斯・梅斯（James Mace）分享了母親和侄子英年早逝的細節，於是我們得以辨識他為自己訂立的哀傷規則，這其實是大家很常採用的做法。

娜塔莎分享了女兒自殺的故事，這場難以想像的喪失引發了罪惡感，令她嚴重缺乏生活的動力。

蓓弗麗・華納（Beverley Warner）是在哈洛的聖佳蘭安寧中心（St Clare's Hospice）服務的悲傷諮商師，她帶領我窺看人生的最後階段，了解萬一人生已經走到尾聲，家屬應該知道哪些瑣碎卻重要的事。

妮琪・楚曼（Nikki Truman）的父親目前飽受失智之苦，她對等待喪失降臨的心情非常有見地。

康諾・夏普（Conor Sharpe）打破沉默，分享母親棠恩背負著末期診斷過活給他的感受，和我討論他為何相信是自己讓媽媽一直活著的。

查理・唐納文（Charlie Donovan）年僅十二歲，便勇敢地吐露他的父親來日不多了，而他很害怕失去父親。

露薏絲・葛洛弗（Louise Glover）對求生的思維模式分享了最扎實的洞見，她不但失去雙親，更是一輩子都在求生存，從中磨練出各種技巧，懂得怎樣調適哀傷最有益身心。

珊曼莎・馬汀（Samantha Martin）誠實而深刻地剖析當哀傷跟原有的家庭議題融合後，會出現獨一無二的效應。

了不起的爸爸馬丁・霍爾（Martin Hall）娓娓道出喪妻及養育兩個喪親孩子的諸多難題，而當我需要聽聽別人的意見，他總是不吝於分享自己的看法。

莉迪雅・費雷朋（Lydia Frempong）讓我深入了解為何我們給自己沉重的上墳壓力，對於我們為何喜歡在特定地點悼念摯愛，也解答了我的諸多疑問。

雪柔・史密斯（Cheryle Smith）分享了最近喪父的痛苦，協助我完成設計一份評量表的挑戰，供所有喪親的人根據各種評估項目和時間尺度，一清二楚地確認自己的哀傷狀況。

我的隔壁鄰居丹・瑟谷德（Dan Thurgood）分享了自己的蛻變，從一個不懂得如何有效排遣哀慟的「一般人」變成一位家長，憑著孩子對他的愛，他學會了讓情感自由流動，在表達情感方面大有長進。

珍妮・斯威夫特（Jenny Swift）分享了會影響她就業狀態及財務穩定性的工作變化，一邊等待喪失降臨。

我學生時代的老朋友羅伯・泰曼（Rob Tadman）精闢地為我描述男性的觀點，他仔細反省了自己在喪妻後的作為，指出如今的他會做出哪些改變。

佛萊迪的國中老師哈斯威太太（Mrs Haswell）細心關照佛萊迪，願意多多了解喪親會如何影響孩子在課堂上的表現。

道別（Saying Goodbye）是蝴蝶信託基金會（Mariposa Trust）的首要單位，感恩他們提供的各種服務。如果你們在懷孕期間、分娩時、在寶寶年幼時失去了孩子，而你們需要支援，請聯絡他們，他們的網站在www.sayinggoodbye.org，推特帳號是@sayinggoodbyeUK，臉書專頁在/SayinggoodbyeUK。

我也感謝在我的臉書群組參與討論，對本書的相關內容提出意見的所有人。茉伊拉（Moira）、安琪拉（Angela）、麗莎（Lisa）、凱薩琳（Catherine）、維多利雅（Victoria）、萊恩（Ryan）、琳達（Linda）、夏洛特（Charlotte），你們的協助對我非常寶貴，讓我每一章的內容分配四平八穩。

國家圖書館出版品預行編目資料

終於，可以好好說再見：當我們失去最愛的人，該如何走出悲傷？ / 傑夫．布雷澤Jeff Brazier著；謝佳真譯.
-- 初版. -- 臺北市：平安文化. 2018.12
面；公分（平安叢書；第0618種）（Upward；96）

ISBN 978-986-97046-5-6（平裝）

1.悲傷 2.死亡 3.心理治療

176.52 107019071

平安叢書第0618種

UPWARD 096

終於，可以好好說再見

當我們失去最愛的人，該如何走出悲傷？

The Grief Survival Guide

作　　者—傑夫．布雷澤
發 行 人—平雲
出版發行—平安文化有限公司
台北市敦化北路120巷50號
電話◎02-27168888
郵撥帳號◎18420815號
皇冠出版社(香港)有限公司
香港上環文咸東街50號寶恒商業中心
23樓2301-3室
電話◎2529-1778　傳真◎2527-0904
出版主管—龔橞甄
責任編輯—張懿祥
美術設計—王瓊瑤
著作完成日期—2017年
初版一刷日期—2018年12月

法律顧問—王惠光律師

如有破損或裝訂錯誤，請寄回本社更換
讀者服務傳真專線◎02-27150507
電腦編號◎425096
ISBN◎978-986-97046-5-6
Printed in Taiwan
本書定價◎新台幣480元/港幣160元